21世纪高等学校信息安全专业规划教材

U0368173

信息安全导论

◎ 张凯 主编

清华大学出版社
北京

内 容 简 介

本书从硬件、软件、网络和应用等方面对信息安全专业课程及相应知识点进行了介绍。主要内容包括信息安全专业知识体系、信息安全发展史、计算机体系结构与物理安全、计算机网络与安全、软件系统安全、数据与数据库的安全、信息安全威胁、密码学与认证技术、信息安全防范及信息安全新技术等。另外，也介绍了微机操作、Windows操作、Word操作、Excel操作、PowerPoint演示文稿制作。本书的重点是让学生了解信息安全学科体系以及课程结构，为下一步的学习做好准备。

本书可作为普通高等学校信息安全专业本科生的教材，也可以作为相关专业技术人员的参考资料。

图书在版编目（CIP）数据

信息安全导论/张凯主编. —北京：清华大学出版社，2018（2024.8重印）
（21世纪高等学校信息安全专业规划教材）
ISBN 978-7-302-50325-5

Ⅰ．①信…　Ⅱ．①张…　Ⅲ．①信息安全—高等学校—教材　Ⅳ．①G203

中国版本图书馆 CIP 数据核字（2018）第 114985 号

责任编辑：闫红梅　赵晓宁
封面设计：刘　键
责任校对：李建庄
责任印制：杨　艳

出版发行：清华大学出版社
　　　　网　　　址：https：//www.tup.com.cn，https：//www.wqxuetang.com
　　　　地　　　址：北京清华大学学研大厦 A 座　　　　　邮　　编：100084
　　　　社 总 机：010-83470000　　　　　　　　　　　　邮　　购：010-62786544
　　　　投稿与读者服务：010-62776969，c-service@tup.tsinghua.edu.cn
　　　　质量反馈：010-62772015，zhiliang@tup.tsinghua.edu.cn
　　　　课件下载：https：//www.tup.com.cn，010-83470236
印 装 者：三河市龙大印装有限公司
经　　销：全国新华书店
开　　本：185mm×260mm　　　印　　张：15.25　　　　字　　数：373 千字
版　　次：2018 年 11 月第 1 版　　　　　　　　　　印　　次：2024 年 8 月第 6 次印刷
印　　数：5301～5600
定　　价：39.00 元

产品编号：079373-01

前　言

"信息安全导论"是信息安全专业本科生第一门专业课程,也是该专业的导入课程。其目的是引导学生对信息安全专业有一个全面的和概括的认识。本书构思基于 3 个方面:一是介绍信息安全本科专业所开的课程和这些课程所涉及的知识点;二是介绍信息安全技术前沿的信息;三是介绍计算机的一些基本操作。

全书分为两大部分,第一部分是基础理论知识;第二部分是基本操作能力。全书共 15 章,内容分别如下。

第 1 章　信息安全专业知识体系,包括信息安全学科、课程体系和专业能力要求。

第 2 章　信息安全概述,包括信息安全的基本概念、信息安全体系和信息安全的发展。

第 3 章　计算机体系结构及物理安全,包括计算机系统的组成、存储系统组织结构、输入输出系统和计算机系统分类以及物理和设备的安全。

第 4 章　计算机网络及安全,包括计算机网络的概念、Internet 和未来计算机网络以及网络安全与防范。

第 5 章　语言、程序、软件与安全,包括计算机语言、软件、操作系统、软件工程和软件系统的安全。

第 6 章　数据及数据库的安全,包括数据库与安全、数据结构与数据安全。

第 7 章　信息安全威胁,包括计算机病毒与防治、黑客攻击与防范、计算机犯罪与道德伦理。

第 8 章　密码学与认证技术,包括密码学概述、对称密码体系、非对称密码体系、密钥管理、认证技术、数字签名等。

第 9 章　信息安全技术与法规,包括防火墙技术、入侵检测技术、访问控制技术、安全扫描、信息隐藏技术、信息安全管理标准体系、信息安全法规等。

第 10 章　信息安全新技术,包括国家网络空间安全、网络监管与权利泛用、军事信息对抗、生物识别技术、人工免疫、机器人与自主武器、人工智能与安全、可信计算、量子通信、物联网及安全、云计算及安全、普适计算与 WiFi 安全、大数据与安全等。

第 11 章　微机操作与实验。

第 12 章　Windows 操作与实验。

第 13 章　Word 基本操作与实验。

第 14 章　Excel 操作与实验。

第 15 章　PowerPoint 演示文稿制作。

本书由张凯教授主编。张凯编写第 1～11 章,刘敬文编写第 12～15 章。在此,对所有关心本书的学者、同仁、学生表示感谢。

本书在编写过程中参考和引用了大量国内外的著作、论文和研究报告。由于篇幅有限,本书仅仅列举了主要参考文献。作者向所有被参考和引用论著的作者表示由衷的感谢,他们的辛勤劳动成果为本书提供了丰富的资料。如果有的资料没有查到出处或因疏忽而未列出,请原作者原谅,并告知我们,以便再版时补上。

由于水平有限,望读者对本书的不足之处提出宝贵意见。

本教材的课件、详细的参考文献可以到清华大学出版社网站下载,或直接与作者联系,我们将尽量满足您的要求。谢谢!

张　凯

2018 年 8 月

目　　录

第2部分　基本操作能力

第 1 部分　基础理论知识

第 1 部分　基础理论与知识

第1章 信息安全专业知识体系

1.1 学科概述与专业定位

1.1.1 学科概述

1. 专业建设的重要性

21世纪,信息已成为社会发展的重要战略资源。国际上,围绕信息的获取、使用和控制争斗愈演愈烈,信息安全已成为国家安全和社会稳定的焦点。信息安全涉及一个国家的政治、军事、经济、文化、社会生活的方方面面。如果解决不好,将使一国处于极大的信息风险之中。如何解决网络空间的信息安全,各国都给予了极大关注和投入。信息技术革命不仅要提高效率、增加收益,也要抵御有害信息的入侵。信息安全保障能力是21世纪综合国力、经济竞争和生存能力的重要组成部分,是世纪之交世界各国都在奋力攀登的制高点。

在中国,中央领导高度重视信息安全的工作和投入,习近平出任我国网络安全和信息化组的组长。专门从事信息安全基础研究、技术开发与技术服务工作的研究机构与高科技企业相继出现,形成了独特的信息安全产业雏形,但由于中国专门从事信息安全工作技术的人才严重短缺,阻碍了中国信息安全事业的发展。然而,我国信息安全技术方面的专业培养工作起步较晚,国内开设"信息安全"专业的高等院校不多,信息安全技术人才缺乏。该专业毕业生可在政府机关、国家安全部门、银行、金融、证券、通信领域从事各类信息安全系统、计算机安全系统的研究、设计、开发和管理工作,也可在IT领域从事计算机应用工作。我们应充分认识信息安全在信息时代的重要性和它在广阔范围内的前景。总之,信息安全专业是十分具有发展前途的专业。

2. 信息安全概述

信息作为一种资源,其普遍性、共享性、增值性、可处理性和可用性,对人类具有非常重要的意义。信息安全的实质就是要保护信息系统或信息网络中的信息资源免受各种类型侵害的威胁、干扰和破坏,即保证信息的安全性。任何国家、政府、部门、行业都对信息安全十分重视,它是重要的国家战略。不同部门和不同行业都对信息安全有其自己的要求。根据国际标准化组织的定义,信息安全是指信息系统(包括硬件、软件、数据、人、物理环境及其基础设施)受到保护,不受偶然的或者恶意的原因而遭到破坏、更改、泄露,系统连续、可靠、正常地运行,信息服务不中断,最终实现业务连续性。信息安全的核心包括完整性(Integrity)、可用性(Availability)、可控性(Controllability)、保密性(Confidentiality)和不可否认性(抗抵赖,Non-Repudiation)5个目标。

信息安全可分为狭义和广义两个层次。狭义信息安全是建立在密码学基础上的计算机安全领域,早期中国信息安全专业通常以此为基准,辅以计算机技术、通信网络技术与编程等方面的内容;广义信息安全是一门综合性学科,从传统的计算机安全到信息安全,不但是名称的变更,也是对安全发展的延伸,安全不再是单纯的技术,而是将管理、技术、法律等相结合。

1.1.2　专业定位

1. 专业分类

根据 2011 版《普通高等学校本科专业目录》,可将信息学科划分为三大类,即计算机专业、相近专业和交叉专业。

1) 计算机专业

计算机专业下设计算机科学与技术专业、信息安全专业、软件工程专业、网络工程专业、物联网工程专业、智能科学与技术专业和电子与计算机工程专业,共 7 个本科专业。

专业要求与就业方向:这些专业不仅要求学生掌握计算机基本理论和应用开发技术,具有一定的理论基础知识,同时还要求学生具有较强的实际动手能力。学生毕业后能在企事业单位、政府部门从事计算机应用以及计算机网络系统的开发与维护等工作。

2) 相近专业

与计算机相近的专业很多,包括电气工程及其自动化专业、智能电网信息工程专业、电子信息工程专业、电子科学与技术专业、通信工程专业、微电子科学与工程专业、光电信息科学与工程专业、信息与计算科学专业、信息工程专业和自动化专业,共 10 个本科专业。

3) 交叉专业

与信息科学交叉的专业很多,包括网络与虚拟媒体专业、地理信息系统专业、地球信息科学与技术专业、生物信息学专业、地理空间信息工程专业、信息对抗技术专业、信息管理与信息系统专业、电子商务专业、信息资源管理专业和动画专业,共 10 个本科专业。

2. 信息安全归类及关联

根据教育部《普通高等学校本科专业目录(2012 年)》,信息安全专业代码为 080904K,属于计算机大类(0809)。这也意味着信息安全专业属于计算机学科下的一个子类,或一个方向,即在进行信息安全专业学生的培养时,其专业基础课程基本相同。其就业领域与其他计算机专业基本相同,只是侧重面略有不同而已。

与信息安全比较接近的专业是"科技防卫",其专业代码为 071204W,属于电子信息类(0712)。"科技防卫"的目标是培养信息安全和网络安全防护方面的高级专门技术人才。要求学生掌握现代防卫理论与技能,能适应大中型企事业防卫工作要求的高级防卫技术及管理。主要课程包括电子技术、计算机应用、计算机网络基础、防卫心理学、犯罪心理学、目标防卫、要员防卫及个人防卫技术、轻武器、安全防卫概论、涉外安全防卫、计算机犯罪、刑法、经济法、涉外法规、企业安全管理、计算机在防卫中的应用、防卫系统设计、法律基础、电路基础、情报学等。该专业的设置初衷主要是为军队和国防系统提供专业人才。

1.2　课　程　体　系

1.2.1　课程体系概述

1. 培养目标

本专业培养和造就适应社会主义现代化建设需要,德智体全面发展、基础扎实、知识面宽、能力强、素质高,具有创新精神,系统掌握信息安全基本理论与应用基本技能,具有较强的实践能力,能在企事业单位、政府机关、行政管理部门从事信息安全研究与技术应用,信息安全系统开发,信息安全管理和设备维护的应用型专门技术人才。修业年限四年。授予工学或理学学士学位。

2. 专业培养要求

本专业学生主要学习信息安全方面的基本理论和基本知识,进行信息安全研究与应用的基本训练,具有研究和开发信息安全系统的基本能力。本科毕业生应具备以下几方面的知识和能力。

(1) 掌握信息安全方面的基本理论和基本知识。

(2) 掌握信息安全系统的分析和设计的基本方法。

(3) 具有研究开发信息安全软件和硬件的基本能力。

(4) 了解与信息安全有关的法规。

(5) 了解信息安全的发展动态。

(6) 掌握文献检索、资料查询的基本方法,具有获取相关信息的能力。

3. 主要课程

除学习公共课外,信息安全专业基础和专业课还包括大学物理、模拟线路、数字电路、信号与系统、信息论与编码、信息安全数学基础、C语言、数据结构、计算机原理、汇编语言、数据库、操作系统、密码学、通信原理、计算机网络、网络安全理论与技术、信息安全体系结构、软件工程等。

除上述专业基础课外,专业选修课还有信息安全概论、计算机网络安全管理、数字鉴别及认证系统、网络安全检测与防范技术、防火墙技术、病毒机制与防护技术、信息隐藏、网络安全协议与标准、信息对抗等。

主要实践教学环节包括信息安全基础训练、课程设计、工程实践、生产实习、毕业设计(论文)。

4. 个人发展方向与定位

计算机科学与技术类(包括信息安全)专业毕业生的职业发展基本上有两个方向。

(1) 纯科学方向,也称科学型。信息产业是朝阳产业,对人才提出了更高的要求。这类人员本科毕业后,一般想继续深造,攻读硕士或博士学位,甚至进行博士后研究工作。其未来的职业定位于信息安全的研究工作。

(2) 纯技术方向,也称工程或应用型。这类人员本科毕业后,开始一般从事一些低层次的开发工作,由于这是一项脑力劳动强度非常大的工作,随着年龄的增长,很多从事这个行业的专业人才往往会感到力不从心,因而由技术人才转型到管理类人才不失为一个很好的选择。

1.2.2　知识点要求

1. 信息安全专业基础课

(1) 信息安全数学基础,包括近世代数、数论和数理逻辑等。

(2) 数字电路,包括组合逻辑电路和时序逻辑电路。

(3) 信号与系统,包括基本知识、连续系统的时域分析、连续信号与系统的变换域分析、离散信号与系统分析、系统函数和系统的状态变量分析。

(4) 计算机组成原理,包括通用计算机的硬件组成以及运算器、控制器、存储器、输入输出设备等各部件的构成和工作原理。

(5) 计算机体系结构,包括计算机软硬件的总体结构、计算机的各种新型体系结构(如并行处理机系统、精简指令系统计算机、共享储存结构计算机、阵列计算机、集群计算机、网络计算机、容错计算机等)以及进一步提高计算机性能的各种新技术。

(6) 数据结构,包括数据的逻辑结构和物理结构以及它们之间的关系,并对这些结构做相应的运算,设计出实现这些运算的算法,而且确保经过这些运算后所得到的新结构仍然是原来的结构类型。常用的数据包括线性表、栈、队列、串、树、图等。相关的常用算法包括查找、内部排序、外部排序和文件管理等。

(7) 操作系统,包括进程管理、处理机管理、存储器管理、设备管理、文件管理以及现代操作系统中的一些新技术(如多任务、多线程、多处理机环境、网络操作系统、图形用户界面等)。

(8) 数据库,包括层次数据模型、网络数据模型、关系数据模型、E-R 数据模型、面向对象数据模型、给予逻辑的数据模型、数据库语言、数据库管理系统、数据库的存储结构、查询处理、查询优化、事务管理、数据库安全性和完整性约束、数据库设计、数据库管理、数据库应用、分布式数据库系统、多媒体数据库以及数据仓库等。

(9) 软件工程,包括软件生存周期方法、结构化分析设计方法、快速原型法、面向对象方法、计算机辅助软件工程(CASE)等。

(10) 信息论与编码,包括信道容量、率失真函数以及无失真信源编码、限失真信源编码、信道编码等。

(11) 计算机网络基础,包括计算机网络概述、网络数据通信基础、网络体系结构与协议、组建局域网、互联网的使用和网络管理。

(12) 数据通信与网络协议,包括实现网络上计算机之间进行数据通信的链接、原理技术以及通信双方必须共同遵守的各种规约。

2. 信息安全专业课

(1) 密码学,包括古典密码、分组密码、序列密码、Hash 函数、公钥密码、数字签名、密钥管理和计算复杂性等。

(2) 数字鉴别及认证系统,包括基于经典密码的数字鉴别与认证、经典密码基础、报文完整性鉴别、数字签名、身份认证、基于多媒体处理技术与生物识别技术的数字鉴别与认证、多媒体认证、生物识别技术、基于量子密码的数字鉴别与认证、量子密码基础知识、量子身份认证、量子签名等。

（3）防火墙技术，包括防火墙的基础理论、防火墙的工作原理、如何配置防火墙、常用防火墙设置和管理的基本操作、Linux 系统防火墙配置、Windows 防火墙配置和 ISA 网络防火墙的应用操作。

（4）病毒机制与防护技术，包括计算机病毒的结构、原理、源代码等分析，计算机病毒的自我隐藏、自加密、多态、变形等基本的对抗分析和自我保护技术，常见病毒检测技术、工作原理和特点。

（5）信息隐藏原理，包括信息隐藏的基本原理与典型算法、数字水印技术与算法、隐写分析与隐蔽通信。

（6）信息对抗，包括信息对抗的概念、产生原因及表现形式，黑客攻击技术、计算机病毒，网络防御中的网络防护、入侵检测、攻击源追踪、应急响应、入侵容忍和灾难恢复等。

1.2.3　学习方法

信息安全专业是一门以实践为主的学科。与其他学科相比，该专业的学习方法有其自身的特点。

1. 确立学习目标

信息安全科学的发展虽然时间不长，但其领域之广、内容之多、发展速度之快，是其他众多学科所不能相比的。因此，学习和掌握它的难度也比较大。要学好信息安全，必须先为自己定下一个切实可行的目标。信息安全专业毕业生的职业发展路线基本上有两条路线，即科学研究型和工程应用型。信息安全专业本科生进校的第一天就应该明确自己的职业发展定位，是成为科学研究型人才还是工程应用型人才，需要较早地确定下来。

2. 了解教学体系和课程要求

信息安全专业教学计划中的课程分为必修课和选修课。必修课指为保证人才培养的基本规格，学生必须学习的课程。必修课包括公共必修课、专业必修课和实习实践环节。选修课指学生根据学院（系）提供的课程目录可以有选择修读的课程。它分为专业选修课和公共选修课。具有普通全日制本科学籍的学生，在学校规定的修读年限内，修满专业教学计划规定的内容，达到毕业要求，准予毕业，发给毕业证书并予以毕业注册。符合国家和学校有关学士学位授予规定者，授予学士学位。

学校采用学分绩点和平均学分绩点的方法来综合评价学生的学习质量。学分绩点的计算方法、考核成绩与绩点的关系见表 1-1。在此强调学分绩点的重要性是因为学分绩点与学士学位紧密联系在一起。有些同学，大学 4 年毕业时只能拿到毕业证，不能拿到学士学位证，一个关键的问题是学分绩点不够（当然也可能是毕业论文的问题）。每个学校都对学士学位学分绩点有一个最低要求，请同学们特别注意。

表 1-1　考核成绩与绩点的关系

成　绩	绩　点	成　绩	绩　点	成　绩	绩　点	成　绩	绩　点
90～100	4.0	80～82	3.0	70～72	2.0	60～62	1.0
86～89	3.7	76～79	2.7	66～69	1.7	＜60	0
83～85	3.3	73～75	2.3	63～65	1.3		

3. 预习和复习课程内容

预习是学习中一个很重要的环节。但和其他学科中的预习不同的是,信息安全学科中的预习不是说要把教材从头到尾地看上一遍,这里的"预习"是指在学习之前,应该粗略地了解一下诸如课程内容是用来做什么的、用什么方式来实现等一些基本问题。

在复习时绝不能死记硬背条条框框,而应该在理解的基础上灵活运用。所以在复习时,首先要把基本概念、基本理论弄懂;其次要把它们串起来,多角度、多层次地进行思考和理解。由于专业的各门功课之间有着内在的相关性,如果能够做到融会贯通,无论对于理解还是记忆,都有事半功倍的效果。贯穿整个过程的具体方法是看课件、看书和做练习,以便能够更好地加深理解和触类旁通。

4. 正确把握课程的性质

除数学、英语、政治、体育和公共选修课外,信息安全专业本科课程大致可以分为三类,一是理论性质的课程;二是动手实践性质的课程;三是理论和实践结合的课程。因此,学习每一门课程时采用的方法存在很大差异。

理论性较强的课程包括信息安全概论、信息安全数学基础、计算机原理、数字逻辑、密码学原理、通信原理、信息论与编码、信息隐藏等。这类课程的学习以理解、证明和分析方法为主。

实践性较强的课程包括 C 语言、汇编语言、防火墙技术、软件工程等。这类课程的学习以理解和动手实践为主,力求做到可以应用其知识解决实际问题。

理论性和实践性都有的课程包括模拟电子、信息安全算法、信号与系统、微型计算机技术、计算机原理、计算机网络、数据结构、操作系统、数据库原理、信息安全体系结构、网络安全协议与标准、病毒机制与防护技术、信息对抗、数字鉴别及认证系统等。这类课程的学习既要理解和分析其中的原理和方法,也要动手实践以加深理解。

总之,要想学有所成,必须遵循一定的方法。尤其是信息安全这样的学科,有些课程理论性很强,而另外一些课程动手实践要求很高,这就要求信息安全专业的本科生必须方法得当;否则会事倍功半。

1.3　能　力　要　求

1.3.1　基本能力要求

进入 21 世纪以来,高等教育步入了多样化、异质化的发展阶段。近年信息安全专业作为我国一个新兴的理工科专业,开办的学校还在不断增加。在其专业教育过程中,由于这是一个新兴的专业,不同学校的教师和专家对该专业的课程设置和培育模式有不同的理解,这无形中制约了人才的培养。如何科学施教,有效发挥优势,提高办学质量,培养有特色的信息安全技术人才,已成为每个有责任感的专业教师必须面对和必须解决的问题。

信息安全专业人才的"专业基本能力"可归纳为 4 个方面:一是信息安全思维能力;二是算法设计与分析能力;三是程序设计与实现能力;四是信息安全系统的认知、开发及应用能力。其中,科学型人才以第一、第二种能力为主,以第三、第四种能力为辅;工程型和应用型人才则以第三、第四种能力为主,以第一、第二种能力为辅。

1.3.2　创新能力要求

1. 创新能力的定义

创新能力是运用知识和理论,在科学、艺术、技术和各种实践活动领域中不断提供具有经济价值、社会价值、生态价值的新思想、新理论、新方法和新发明的能力。创新能力是民族进步的灵魂、经济竞争的核心;当今社会的竞争,与其说是人才的竞争,不如说是人的创造力的竞争。

创新能力也称为创新力。创新能力按主体分,最常提及的有国家创新能力、区域创新能力、企业创新能力等,并且存在多个衡量创新能力的创新指数排名。

2. "科学研究型"人才的专业要求

研究型人才是指具有坚实的基础知识、系统的研究方法、高水平的研究能力和创新能力,在社会各个领域从事研究工作和创新工作的人才。

研究型人才要面向信息安全发展前沿,满足人类不断认识和进入新的未知领域的要求;能够预测信息安全发展趋势并在基础性、战略性、前瞻性的科学技术问题的发现和创新上有所突破。

研究型人才要有良好的智力因素,具备敏锐的观察力、较好的记忆力、高度的注意力、丰富的想象力和严谨的思维能力,以及在这些能力之上形成的个人创造力,具备能够主动发现并解决问题的能力。

研究型人才同样要具备必要的非智力因素,包括强烈的求知欲和创造欲、好奇和敢于怀疑的精神、必须勤奋好学、有恒心和坚强的毅力、不畏艰险、追求真理。

研究型人才必须具备深厚和宽泛的计算机基础知识,掌握科学的研究方法和不断创新的能力,具备宽广的科学视野,具有高尚的情操和较高的科学精神、人文精神。

研究型人才要勤于探索,不断创新,坚持真理,勇于承担时代和社会赋予的责任,积极推动社会重大进步与变革。

1.3.3　工程素质要求

1. 工程素质的定义

工程素质是指从事工程实践的工程专业技术人员的一种能力,是面向工程实践活动时所具有的潜能和适应性。工程素质的特征:一是敏捷的思维、正确的判断和善于发现问题;二是理论知识和实践的融会贯通;三是把构思变为现实的技术能力;四是具有综合运用资源、优化资源配置、保护生态环境、实现工程建设活动的可持续发展的能力并能达到预期目的。

工程素质实质上是一种以正确的思维为导向的实际操作,具有很强的灵活性和创造性。工程素质主要包含以下内容:一是广博的工程知识素质;二是良好的思维素质;三是工程实践操作能力;四是灵活运用人文知识的素质;五是扎实的方法论素质;六是工程创新素质。

2. "工程应用型"人才的专业要求

工程素质的形成并非知识的简单综合,而是一个复杂的渐进过程,需将不同学科的知识和素质要素融合在工程实践活动中,使素质要素在工程实践活动中综合化、整体化和目标化。学生工程素质的培养体现在教育全过程中,渗透到教学的每一个环节,不同工程专业的工程素质具有不同的要求和不同的工程环境,要因地制宜、因人制宜、因环境和条件差异进行综合培养。

应用型人才是指能将专业知识和技能应用于所从事信息安全专业的人才类型,是熟练掌握社会生产或社会活动的基础知识和基本技能,主要从事信息安全技术的人才,其具体内涵是随着高等教育历史的发展而不断发展的。应用型人才就是把成熟的技术和理论应用到实际的生产生活中的技能型人才。"工程应用型"人才的素质应该是有敏捷的反应能力、有学识和修养、身体状况良好、有团队精神、有领导才能、高度敬业、创新观念强、求知欲望高、对人和蔼可亲、操守把持、有良好的生活习惯、能适应环境和改善环境。

典 型 案 例

网瘾毁了人生前途

据《扬子晚报》报道,1998年内蒙古赤峰市的孙某考取内蒙古大学,然而曾经的中考状元选择了复读,他有志考上更好的大学。1999年孙某被重庆大学机械学院的材料成型及控制工程专业录取。1999年9月他来到重庆,认真学习大半个学期后,远离家乡、缺乏约束的孙某开始经常去游戏厅。打游戏累了,就在网吧通宵上网。渐渐地,他的网瘾越来越大。5元一个通宵,上网后,孙某就找个澡堂一直睡到天黑,然后接着去上网。第二个学期,其父亲接到学校电话:孙某两个月没在学校出现。2000年"五一",孙某父亲来到重庆,在内蒙古同乡的帮助下用了一个星期才从网吧将孙某找出来。此时,孙某已有5门课需要重修。面对父亲,孙某非常后悔。但父亲走后仅一周,他又钻进了网吧。一个月后,孙某父亲第二次来到重庆,因其无法正常学习,孙某选择了退学。

2000年孙某回内蒙古老家干了一个夏天农活。父亲说,如不好好读书,这辈子也就只能干农活了。经过一年的努力,2001年孙某考取了大连水产学院水产养殖专业。考到大连是因为他姐姐在大连,这样可以约束其上网。一入校,姐姐告诉辅导员他上网成瘾,希望共同管住他。军训才过4天,孙某就跑到了学校附近的网吧。辅导员发现孙某失踪后便打电话给其姐姐,找了3天才把他从网吧里找出来。此时,孙某已对大学完全失去兴趣。无奈之下,孙某还没等到军训结束就打道回府。

2002年5月孙某中学老师打电话给他希望他回去复读。这年孙某考上了东北林业大学,但因病未能就读。2003年高考科目改革,虽然考试增加了孙某未学的生物,但经过努力,他顺利考取大连民族学院。孙某父亲说,喜欢玩电脑,那就学计算机专业算了。孙某最终进入了大连民族学院的计算机科学与技术专业。然而,令其父亲失望的是,孙某喜欢的是网吧和游戏而不是计算机技术。此时,孙某已23岁,他的同班同学大多19岁左右,而他当年的高中同学已大学毕业,开始工作了。另外,他在大连民族学院的一些学长、学姐恰恰是他读高中时的学弟和学妹。他们都知道孙某的"传奇",并经常规劝他这次一定不要再上网。

第一学期孙某勉强坚持将所有课程全部通过。第二学期,内心的痛苦挣扎变得越来越激烈。同学一看他想往网吧跑,就拉着他不让他出门,可孙某还是在某个深夜从二楼窗台跳下去跑到了网吧。这一次,孙某连续 20 多天没有走出网吧的大门。2004 年 5 月,孙某最后一次大学生涯以退学告终。因无颜回老家,即使是 2005 年春节孙某父亲患肺癌去世,他也没有在老家露面。

2007 年 5 月孙某参加了一个名为"北京家庭交流中心"戒除网瘾公益夏令营。在那里有很多来自全国各大著名高校的网瘾大学生。夏令营后孙某在大连一家书店当了一名营业员,这是他艰难摆脱网瘾回归正常生活的开始。5 次考上大学,3 次退学,孙某已成为自控力强、摆脱网瘾的成功案例。

思 考 题

1-1 什么是信息安全学科?

1-2 信息学科有几个大类?

1-3 获得学士学位有什么要求?

1-4 简述信息安全专业的学习方法。

1-5 简述信息安全专业本科的能力要求。

1-6 你如何定位你自己的发展方向?对学术型人才和工程型人才分别有什么要求?

1-7 信息安全专业的创新能力有什么要求?

1-8 信息安全专业的工程素质有什么要求?

第 2 章　信息安全概述

2.1　信息安全的基本概念

信息安全涉及的范围很广,大到国家政治、军事等机密安全,小到如防范商业企业机密泄露、防范青少年对不良信息的浏览、个人信息的泄露等。网络环境下的信息安全体系是保证信息安全的关键,包括计算机安全操作系统、各种安全协议、安全机制(数字签名、信息认证、数据加密等),直至安全系统,其中任何一个安全漏洞都可能威胁全局安全。信息安全服务至少应该包括支持信息网络安全服务的基本理论,以及基于新一代信息网络体系结构的网络安全服务体系结构。

2.1.1　信息安全威胁

信息安全威胁来自方方面面,如计算机病毒、信息泄露、信息完整性被破坏、非法使用、拒绝服务、窃听、假冒、授权侵犯、抵赖、业务流被分析、旁路控制、信息安全法律法规不完善等不胜枚举。归结起来包括以下几个方面。

1. 内部泄密

内部泄密指由于不严谨的企业内部管理,导致内部信息被企业内部人员有意或无意泄露,它是企业数据外泄的最主要原因。互联网已成为企业信息泄露的巨大威胁。在利益的驱动下,员工点击鼠标,复制数据,通过 E-mail 即可将信息传出。

2. 网络窃听

网络监听工具可以监视和截获网络状态、数据流程以及网络上信息传输。如果黑客获取超级用户权限,登录主机,即可监控网络设备并截获数据。网络窃听指非法用户在未经授权的情况下,通过 Sniffer 等窃听软件,侦听网络传输信道或服务器、路由器等关键网络设备,通过窃听数据的方法来获得敏感信息。

3. 病毒感染

计算机病毒是一组计算机指令或者程序代码,它通过自我复制对计算机的功能和数据进行破坏,影响计算机的正常运转甚至导致计算机系统瘫痪。计算机病毒因其破坏性而对计算机系统产生巨大威胁。

4. 黑客攻击

黑客攻击是通过一定的技术手段进入内部网络,通过扫描系统漏洞,利用系统中安全防护的薄弱环节或系统缺陷,攻击目标主机或窃取其中存储的敏感信息。网络监听、拒绝服务、密码破解、后门程序、信息炸弹等都是黑客常用的攻击方式。

5. 非授权访问

非授权访问指未经系统授权就使用网络或计算机资源,通过各种手段规避系统的访问控制机制,越权对网络设备及资源进行的访问。假冒、身份攻击和非法用户进入网络系统进行非法操作等,这些都是非授权访问的几种常见手段。

6. 信息丢失

病毒感染或者黑客攻击都会导致文件被删除和数据被破坏,从而造成关键信息丢失。信息数据面临的安全威胁来自多个方面。通过对信息数据安全威胁的分析可以知道,造成信息数据丢失的原因主要有软件系统故障(操作系统故障、应用系统故障)、硬件故障、误操作、病毒、黑客、计算机犯罪、自然灾害等。

2.1.2　信息安全定义

1. 信息安全的概念

目前,信息安全还没有统一的定义,不同学者和部门有不同的定义。

有人认为,在技术层次上,信息安全的含义就是保证在客观上杜绝对信息安全属性的安全威胁,使得信息的主人在主观上对其信息的本源性放心。

还有人认为,信息安全是指秘密信息在生产、传输、使用、存储过程中不被泄露或破坏。信息安全所面临的威胁主要包括:利用网络的开放性,采取病毒和黑客入侵等手段渗入计算机系统,进行干扰、篡改、窃取或破坏;利用在计算机 CPU 芯片或在操作系统、数据库管理系统、应用程序中预先安置从事情报收集、受控激发破坏的程序,来破坏系统或收集和发送敏感信息;利用计算机及其外围设备电磁泄漏,拦截各种情报资料等。

美国国家安全电信和信息系统安全委员会(NSTISSC)对信息安全给出的定义是,对信息、系统以及使用、存储和传输信息硬件的保护。但是要保护信息及其相关系统,如政策、人事、培训和教育以及技术等手段都是必要的。

目前,国内外有关方面的论述大致分为两类:一类是指具体的信息技术系统的安全;另一类则是指某一特定信息体系的安全。但有人认为这两种定义均过于狭窄,信息安全定义应该为:一个国家的社会信息化状态不受外来的威胁与侵害,一个国家的信息技术体系不受外来的威胁与侵害。原因是:信息安全首先应该是一个国家宏观的社会信息化状态是否处于自主控制之下,是否稳定的问题;其次才是信息技术安全的问题。

总之,信息安全是指保护信息网络中的硬件、软件及其系统中的数据,使之不受偶然的或者恶意的原因而遭到破坏、更改和泄露,保证系统可靠、不间断地正常运行,信息服务不中断。其根本目的就是使内部信息不受外部威胁,因此信息通常要加密。为保障信息安全,要求有信息源认证、访问控制,不能有非法软件驻留,不能有非法操作。

信息安全是涉及计算机科学、网络技术、通信技术、密码技术、信息安全技术、应用数学、数论、信息论等多种学科的一门综合性学科。

2. 信息安全的演变

信息安全的发展与信息技术的发展和用户的需求密不可分,它大致分为通信安全、信息安全和信息保障(Information Assurance,IA)3 个发展阶段,即保密→保护→保障 3 个发展阶段。

（1）通信安全（COMSEC）。本阶段开始于 20 世纪 40 年代，主要目的是保障传递信息的安全，防止信源、信宿以外的对象查看到信息。1948 年，香农发表了具有划时代意义的论文——《通信的数学理论》（*A Mathematical Theory of Communication*）。香农指出，所有的通信信息都可以编码成数字 1 和 0 传输出去，接收后再进行解码，也就是说，任何信息都可以将其数字化，信息一旦数字化就可以实现通信的无损传输。香农的这一理论描绘了信息数字化的蓝图，奠定了现代通信工程学的基础。

（2）信息安全（INFOSEC）。20 世纪 70 年代以后，计算机软硬件技术、网络技术快速发展，这种环境下的信息安全可以归纳为对信息系统的保护，是针对信源、信宿之间的传递活动进行的。随着信息数字化的急速发展，信息的传播速度和信息传播的容量得到极快的提高，但同时也给人们带来了前所未有的问题与困惑，如黑客问题、信息战、病毒的传播等。

（3）信息保障（IA）。这是世界各国信息安全发展的最新阶段。进入 20 世纪 90 年代，随着互联网的飞速发展，安全不再局限于对信息的静态保护，而需要对整个信息和信息系统进行保护和防御。我国信息安全国家重点实验室对"信息保障"给出了以下定义："信息保障是对信息和信息系统的安全属性及功能、效率进行保障的动态行为过程。它运用源于人、管理、技术等因素所形成的预警能力、保护能力、检测能力、反应能力、恢复能力和反击能力，在信息和系统生命周期全过程的各状态下，保证信息内容、计算环境、边界与连接、网络基础设施的真实性、可用性、完整性、保密性、可控性、不可否认性等安全属性，从而保障应用服务的效率和效益，促进信息化的可持续健康发展。"由此可见，信息保障是主动、持续的手段和方法。

2.1.3　信息安全属性

信息安全的基本属性主要包括以下 5 个方面。

1. 保密性

保密性就是保证信息为授权者享用而不泄露给未经授权者。保密性是网络信息不被泄露给非授权的用户、实体或过程，或供其利用的特性。即防止信息泄露给非授权个人或实体，信息只为授权用户使用的特性。保密性是在可靠性和可用性基础之上，保障网络信息安全的重要手段。常用的保密技术包括防侦收（使对手侦收不到有用的信息）、防辐射（防止有用信息以各种途径辐射出去）、信息加密（在密钥的控制下，用加密算法对信息进行加密处理。即使对手得到了加密后的信息也会因为没有密钥而无法读懂有效信息）和物理保密（利用各种物理方法，如限制、隔离、掩蔽、控制等措施，保护信息不被泄露）。

2. 完整性

完整性就是保证信息从真实的发信者传送到真实的收信者手中，传送过程中没有被非法用户添加、删除、替换等。完整性是网络信息未经授权不能进行改变的特性，即网络信息在存储或传输过程中保持不被偶然或蓄意地删除、修改、伪造、乱序、重放、插入等破坏和丢失的特性。完整性是一种面向信息的安全性，它要求保持信息的原样，即信息的正确生成以及正确存储和传输。完整性与保密性不同，保密性要求信息不被泄露给未授权的人，而完整性则要求信息不致受到各种原因的破坏。影响网络信息完整性的主要因素有设备故障、误码（传输、处理和存储过程中产生的误码，定时的稳定度和精度降低造成的误码，各种干扰源造成的误码）、人为攻击、计算机病毒等。保障网络信息完整性的主要方法：一是协议，即通过各种安全协议可以有效地检测出被复制的信息、被删除的字段、失效的字段和被修改的字段；二是纠错编码方法，由此完成检错和纠错功能，最简单和常用的纠错编码方法是奇偶校验法；三是密码校验和方法，它是抗篡改和传输失败的重要手段；四是数字签名，即保障信息的真实性；五是公证，即请求网络管理或中介机构证明信息的真实性。

3. 可用性

可用性就是保证信息和信息系统随时为授权者提供服务，保证合法用户对信息和资源的使用不会被不合理地拒绝。可用性是网络信息可被授权实体访问并按需求使用的特性。即网络信息服务在需要时允许授权用户或实体使用的特性，或者是网络部分受损或需要降级使用时，仍能为授权用户提供有效服务的特性。可用性是网络信息系统面向用户的安全性能。网络信息系统最基本的功能是向用户提供服务，而用户的需求是随机的、多方面的，有时还有时间要求。可用性一般用系统正常使用时间和整个工作时间之比来度量。可用性应满足以下要求，包括身份识别与确认、访问控制（对用户的权限进行控制，只能访问相应权限的资源，防止或限制经隐蔽通道的非法访问，如自主访问控制和强制访问控制）、业务流控制（利用均分负荷方法，防止业务流量过度集中而引起网络阻塞）、路由选择控制（选择那些稳定可靠的子网、中继线或链路等）和审计跟踪（把网络信息系统中发生的所有安全事件情况存储在安全审计跟踪之中，以便分析原因，分清责任，及时采取相应的措施。审计跟踪的信息主要有事件类型、被管客体等级、事件时间、事件信息、事件回答以及事件统计等方面的信息）。

4. 可控性

可控性就是出于国家和机构的利益和社会管理的需要，保证管理者能够对信息实施必要的控制管理，以对抗社会犯罪和外敌侵犯。可控性的实施需要明确几个条件：一是可知性，即当事人有权知道将发生什么；二是可预测性，有某种方法可以预测结果；三是可操作性，即当事人有方法控制并调节对象；四是时间性，即在某一时期对象是可控的，而在另一时期对象可能就是不可控的；五是空间性，即在某一空间范围内对象是可控的，而在另一空间范围内对象可能就是不可控的；六是等级性，即在某一等级对象是不可控的，如果在上一级，对象可能就是可控的；七是授权性，即当事人必须给予一定的权利，也就是要干什么、管理什么、负责什么；八是明确性，即对象可确定、可计量、可操作，当事人的权限也可界定等。

5. 不可否认性

不可否认性就是人要为自己的信息行为负责，提供保证社会依法管理需要的公证、仲裁信息证据。不可否认性又称为抗抵赖性，即由于某种机制的存在人们不能否认自己发送信息的行为和信息的内容。传统的方法是靠手写签名和加盖印章来实现信息的不可否认性。在互联网电子环境下，可以通过数字证书机制进行的数字签名和时间戳，保证信息的抗抵赖。不可否认性的目的是为解决有关事件或行为是否发生过纠纷，而对涉及被声称事件或行为不可辩驳的证据进行收集、维护和使其可用，并且证实。与其他安全服务一样，不可否认性服务只对特定应用在一个确定的安全策略上下文背景下才能被提供。与不可否认相联系的事件序列可分为 5 个不同的行动阶段，即服务请求、证据产生、证据传递储存、证据验证和纠纷解决。

　　总之,信息安全的保密性、完整性和可用性主要强调对非授权主体的控制。而对授权主体的不正当行为如何控制呢？信息安全的可控性和不可否认性恰恰是通过对授权主体的控制,实现对保密性、完整性和可用性的有效补充,主要强调授权用户只能在授权范围内进行合法的访问,并对其行为进行监督和审查。除了上述信息安全的5个属性外,还有信息安全的可审计性、可鉴别性等。信息安全的可审计性是指信息系统的行为人不能否认自己的信息处理行为。与不可否认性的信息交换过程中行为可认定性相比,可审计性的含义更宽泛。信息安全的可见鉴别性是指信息的接收者能对信息的发送者的身份进行判定。它也是一个与不可否认性相关的概念。

2.2　信息安全体系

　　本节将介绍信息安全体系结构、信息安全管理体系、信息安全测评认证体系和信息安全研究体系。

2.2.1　信息安全体系结构

　　ISO 7498 标准是目前国际上普遍遵循的计算机信息系统互连标准,1989 年 12 月 ISO 颁布了该标准的第二部分,即 ISO 7498—2 标准,并首次确定了开放系统互连(OSI)参考模型的信息安全体系结构。我国将其作为国家标准,并予以执行。下面就来详细介绍 ISO 7498 标准,其中包括了五大类安全服务以及提供这些服务所需要的八大类安全机制。

1. 安全服务

　　安全服务是由参与通信的开放系统的某一层所提供的服务,它确保了该系统或数据传输具有足够的安全性。ISO 7498—2 确定了五大类安全服务,即鉴别、访问控制、数据保密性、数据完整性和不可否认。

　　(1) 鉴别。这种安全服务可以鉴别参与通信的对等实体和数据源,包括对等实体鉴别和数据源鉴别。

　　(2) 访问控制。这种安全服务提供的保护,能够防止未经授权而利用通过 OSI 可访问的资源。这些资源可能是通过 OSI 协议可访问的 OSI 资源或非 OSI 资源。这种安全服务可用于对某个资源的各类访问(通信资源的利用,信息资源的阅读、书写或删除,处理资源的执行等)或用于对某个资源的所有访问。

　　(3) 数据保密性。这种安全服务能够提供保护,以防止数据未经授权而泄露,包括连接保密性、无连接保密性、选择字段保密性和业务流保密性。

　　(4) 数据完整性。这种安全服务用于对付主动威胁,包括带恢复的连接完整性、不带恢复的连接完整性、选择字段连接完整性、无连接完整性和选择字段无连接完整性。

　　(5) 不可否认。其包括带数据源证明的不可否认和带递交证明的不可否认。

2. 安全机制

　　ISO 7498—2 确定了八大类安全机制,即加密、数字签名机制、访问控制机制、数据完整性机制、鉴别交换机制、业务填充机制、路由控制机制和公证机制。

（1）加密。其包括保密性、加密算法和密钥管理几个部分。

（2）数字签名机制。这种安全机制决定于两个过程，即对数据单元签名和验证已签名的数据单元。第一个过程可以利用签名者私有的（即独有和保密的）信息，第二个过程则要利用公之于众的规程和信息，但通过它们并不能推出签名者的私有信息。

（3）访问控制机制。确定访问权，建立多个限制手段，访问控制在数据源或任何中间点用于确定发信者是否被授权与收信者进行通信，或被授权可以利用所需要的通信资源。

（4）数据完整性机制。一是数据完整性机制的两个方面，即单个的数据单元或字段的完整性以及数据单元串或字段串的完整性；二是确定单个数据单元的完整性；三是编序形式；四是保护形式。

（5）鉴别交换机制。这种安全机制是通过信息交换以确保实体身份的一种机制。

（6）业务填充机制。这是一种制造假的通信实例、产生欺骗性数据单元或在数据单元中产生假数据的安全机制。该机制可用于提供对各种等级的保护，以防止业务分析。该机制只有在业务填充受到保密性服务保护时才有效。

（7）路由控制机制。其包括路由选择、路由连接和安全策略。

（8）公证机制。保证由第三方公证人提供，公证人能够得到通信实体的信任，而且可以掌握按照某种可证实方式提供所需保证的必要信息。每个通信场合都可以利用数字签名、加密和完整性机制以适应公证人所提供的服务。在用到这样一个公证机制时，数据便经由受保护的通信场合和公证人在通信实体之间进行传送。

2.2.2　信息安全管理体系

信息安全的建设是一个系统工程，它需要对整个网络中的各个环节进行统一的综合考虑，规划和构架，并要时时兼顾组织内不断发生的变化。任何单个环节上的安全缺陷都会对系统的整体安全构成威胁。据权威机构统计表明，信息安全事件中有 70% 以上的问题都是由管理方面的原因造成的，这正应了人们常说的"三分技术，七分管理"的箴言。

信息安全＝信息安全技术＋信息安全管理体系

1995 年 ISO 制定了《信息安全管理体系标准》，2000 年 12 月国际标准化组织将其第一部分正式转化为国际标准。该标准提供了 127 种安全控制指南，并对计算机网络与信息安全的控制措施做出了详尽的描述。具体说来，该标准的内容主要包括信息安全政策、信息安全组织、信息资产分类与管理、个人信息安全、物理和环境安全、通信和操作安全管理、存取控制、信息系统的开发和维护、持续运营管理等。

1．建立信息安全管理框架

信息安全管理框架的搭建必须按照下面的程序来进行：

① 定义信息安全政策。

② 定义信息安全管理体系的范围。

③ 进行信息安全风险评估。

④ 信息安全风险管理。

⑤ 确定管制目标和选择管制措施。

⑥ 准备信息安全适用性声明。

2．具体实施构架的信息安全管理

信息安全管理体系管理框架的建设只是建设信息安全管理体系的第一步。在具体实施信息安全管理体系的过程中，还必须充分考虑其他方方面面的因素，如实施的各项费用因素、与组织员工原有工作习惯的冲突、不同部门/机构之间在实施过程中的相互协作问题等。

3．在信息安全管理体系基础上建立相关的文档

在信息安全管理体系建设和实施的过程中，还必须建立起各种相关的文档、文件，如信息安全管理体系管理范围中所规定的文档内容、对管理框架的总结、在信息安全管理体系管理范围内规定的管制采取过程、信息安全管理体系管理和具体操作过程等。文档可以以各种形式保存，但必须划分为不同的等级或类型。同时，为了今后信息安全认证工作的顺利进行，文档还必须能够非常容易地被指定的第三方访问和理解。

4．安全事件的记录和反馈

必须对实施信息安全管理体系(ISMS)过程中发生的各种与信息安全有关的事件进行全面记录。安全事件的记录对高效实现 ISMS 具有很重要的作用，它为组织进行信息安全政策的定义、安全管制措施的选择等修正提供了现实的依据。安全事件记录还必须清晰，并进行适当保存以及加以维护，使得当记录被破坏、损坏或丢失时能够容易地挽救。

2.2.3　信息安全测评认证体系

1．信息安全性的度量标准

信息技术安全性评估通用准则，通常简称为通用准则(CC)，它是评估信息技术产品和系统安全特性的基础准则。此标准是现阶段最完善的信息技术安全性评估标准，我国也将采用这一标准对产品、系统和系统方案进行测试、评估和认可。通用准则内容分为 3 部分：第 1 部分是"简介和一般模型"；第 2 部分是"安全功能要求"；第 3 部分是"安全保证要求"。

2．国际测评认证体系的发展

1995 年，CC 项目组成立了代国际互认工作组，该工作组于 1997 年制定了过渡性 CC 互认协定。同年 10 月，美国的 NSA 和 NIST、加拿大的 CSE 以及英国的 CESG 签署了该协定。1998 年 5 月德国的 GISA、法国的 SCSSI 也签署了此协定。由于当时是依照了 CC1.0 版，因此互认的范围也就限于评估保证级 1～3。

1999 年 10 月澳大利亚和新西兰的 DSD 也加入了 CC 互认协定。此时互认范围已发展为评估保证级 1～4，但证书发放机构还限于政府机构。

2000 年，荷兰、西班牙、意大利、挪威、芬兰、瑞典和希腊等国也加入了该互认协定，日本、韩国、以色列等国也正在积极准备加入此协定。目前的证书发放机构已不再限于政府机构，非政府的认证机构也可以加入此协定，但必须有政府机构的参与或授权。

3．组织结构

从目前已建立的 CC 信息安全测评认证体系的有关国家来看，每个国家都具有自己的国家信息安全测评认证体系，而且基本上都成立了专门的信息安全测评认证机构，并由认证机构管理通过了实验室认可的多个 CC 评估/测试实验室，认证机构一般受国家安全或情报部门和国家标准化部门控制。归纳起来,常见的组织结构如图 2-1 所示。在这样的组织结构中,认证机构在国家安全主管部门的监管和国家技术监督主管部门的认可/授权下,负责对安全产品实施评估和认证,并颁发认证证书。认证机构作为公正的第三方,它的存在对于规范信息安全市场、强化产品生产者和使用者的安全意识都将起到积极的作用。

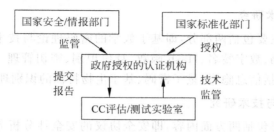

图 2-1 信息安全测评认证机构

4. 信息安全测评认证体系

目前,基于 CC 的信息安全测评认证体系如图 2-2 所示。

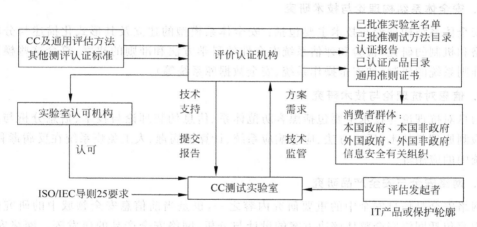

图 2-2 信息安全测评认证体系

5. 中国信息安全测评认证体系

2002 年 4 月 3 日,国家信息安全测评认证体系工作组成立暨第一次工作会议在北京召开,16 个部门的专家和领导参加了会议。这标志着国家信息安全认证体系的建立。随后,研究小组的成员讨论并初步确定了国家信息安全认证体系框架初稿。

中国国家信息安全测评认证中心是经国家授权,依据国家认证的法律、法规和信息安全管理的政策,并按照国际通用准则建立的中立技术机构。它代表国家对信息技术、信息系统、信息安全产品以及信息安全服务的安全性实施测试、评估和认证,为社会提供相关的技术服务,为政府有关主管部门的信息安全行政管理和行政执法提供必要的技术支持。"中华人民共和国国家信息安全证"是国家对信息安全技术、产品或系统安全质量的最高认可。中国国家信息安全测评认证中心开展 4 种认证业务,即产品型号认证、产品认证、信息系统安全认证及信息安全服务认证。

2.2.4　信息安全研究体系

信息安全领域人们所关注的焦点主要有以下几个方面,即密码理论与技术、安全协议理论与技术、安全体系结构理论与技术、信息对抗理论与技术以及网络安全与安全产品。

1. 密码理论与技术研究

密码理论与技术主要包括两部分,即基于数学的密码理论与技术(包括公钥密码、分组密码、序列密码、认证码、数字签名、Hash 函数、身份识别、密钥管理、PKI 技术等)和非数学的密码理论与技术(包括信息隐形、量子密码、基于生物特征的识别理论与技术)。

2. 安全协议理论与技术研究

安全协议研究主要包括两方面内容,即安全协议的安全性分析方法研究和各种实用安全协议的设计与分析研究。安全协议的安全性分析方法主要有两类:一类是攻击检验方法;另一类是形式化分析方法。其中形式化分析是安全协议研究中最关键的研究问题之一。

3. 安全体系结构理论与技术研究

安全体系结构理论与技术主要包括:安全体系模型的建立及其形式化描述与分析,安全策略和机制的研究,检验和评估系统安全性的科学方法和准则的建立,符合这些模型、策略和准则系统的研制(如安全操作系统、安全数据库系统等)。

4. 信息对抗理论与技术研究

信息对抗理论与技术主要包括黑客防范体系、信息伪装理论与技术、信息分析与监控、入侵检测原理与技术、反击方法、应急响应系统、计算机病毒、人工免疫系统在反病毒和抗入侵系统中的应用等。

5. 网络安全与安全产品研究

网络安全是信息安全中的重要研究内容之一,也是当前信息安全领域中的研究热点。研究内容包括网络安全整体解决方案的设计与分析、网络安全产品的研发等。网络安全包括物理安全和逻辑安全。物理安全指网络系统中各通信、计算机设备及相关设施的物理保护,免于破坏、丢失等。逻辑安全包含信息完整性、保密性、非否认性和可用性。它涉及网络、操作系统、数据库、应用系统、人员管理等方面。

2.3　信息安全发展史

2.3.1　信息安全发展

1. 早期的信息安全

密码学是一个古老的学科,其历史可以追溯到公元前 5 世纪希腊城邦为对抗奴役和侵略,与波斯发生多次冲突和战争。由于军事和国家安全的需要,密码学的研究从未间断。

很久以前人们便想尝试通过秘密的文字来传递信息,最早的安全事件出现在当时的凯撒时期,当时由于通信泄露导致军队的溃败成为史料记载的第一次信息安全事件,随后凯撒发布了自己的加密方法,即使用单表加密体制,这被称为密码学的第一个起源,之后由于单表密码通过概率的方式极其容易就被破解,16 世纪时,亨利 3 世改进了单表加密的凯撒密码体制,形成了维吉尼亚密码体制,这以后密码正式进入了多表密码体制的时代。

在美国南北战争时期,多表替代体制大放异彩,Vigenere 密码和 Beaufort 密码是多表代替密码的典型例子。与此同时,密码破译技术也在飞速进步,W. Firedman 在 1918 年所做的使用重合指数破译多表密码成为密码学上的里程碑,随后各国军方对此进行深入研究,一度使得当时世界的密码体制遭到冲击,在 1949 年 C. Shannon 的《保密系统的通信理论》发表在了《贝尔系统》杂志上,一方面把密码学从艺术提升到了科学,另一方面也标志着表替代体制密码的结束。在 C. Shannon 的文章发表之后的 25 年内,密码学的公开研究几乎是空白,整个信息安全界的发展也只有军方在秘密进行。

20 世纪 40—60 年代初,电子计算机出现后,因为其体积较大,不易安置,碰撞或搬动过程中容易受损。因此,人们较关心其硬件安全。

2. 20 世纪 70 年代信息安全

直到 20 世纪 70 年代中期密码学才开始真正蓬勃发展起来。另外,互联网的崛起也刺激了网络安全的研究。这个时期的研究包括以下几个方面。

(1) 在密码理论与技术研究方面。1976 年公钥密码思想被提出,比较流行的主要有两类:一类是基于大整数因子分解问题的,其中最典型的代表是 RSA;另一类是基于离散对数问题的,如 ElGamal 公钥密码和影响比较大的椭圆曲线公钥密码。在 20 世纪 70 年代中期 Diffie-Hellman 率先提出公钥密码的构想,他认为一个密钥进行加解密的这种方式安全性远远不能达到之后人们的需求,之后由 Ron Rivest、Adi Shamir 和 Len Adleman 三人开创了 RSA 算法为公钥密码体制打下了坚实的基础。

(2) 在安全体系结构理论与技术研究方面。20 世纪 70 年代,ARPANET 开始流行并投入使用,并且其使用呈无序的趋势。1973 年 12 月,Robert M. Bob Metcalfe 指出 ARPANET 存在的几个基本问题,单独的远程用户站点没有足够的控制权和防卫措施来保护数据免受授权的远程用户的攻击。20 世纪 70 年代安全体系结构理论的计算机保密模型(Bell-La Padula 模型)被提出。

(3) 20 世纪 70—80 年代为标志《可信计算机评估准则》(TCSEC)。在 20 世纪 60 年代后,人们对安全的关注已经逐渐扩展为以保密性、完整性和可用性为目标的信息安全阶段,主要保证动态信息在传输过程中不被窃取,即使窃取了也不能读出正确的信息;还要保证数据在传输过程中不被篡改,让读取信息的人能够看到正确无误的信息。1977 年美国国家标准局(NBS)公布的国家数据加密标准(DES)和 1983 年美国国防部公布的可信计算机系统评价准则(Trusted Computer System Evaluation Criteria,TCSEC,俗称橘皮书,1985 年再版)标志着解决计算机信息系统保密性问题的研究和应用迈上了历史的新台阶。

3. 20 世纪 80 年代信息安全

20 世纪 80 年代末,国际互联网的逐渐普及,安全保密事件频频发生,既有"硬破坏",也有"软破坏"。因而,这一阶段的计算机安全不但重视硬件,而且也重视软件和网络;不但注重系统的可靠性和可用性,而且因使用者多数是涉密的军事和政府部门,因此也非常关注系统的保密性。这个时期的研究和关注点包括以下几个方面。

（1）在密码理论与技术研究方面。20世纪80年代后期，认证码研究在其构造和界的估计等方面取得了长足的发展。身份识别研究有两类：一类是1984年Shamir提出的基于身份的识别方案；另一类是1986年Fiat等人提出的零知识身份识别方案。80年代中期到90年代初，序列密码研究成为热点，在序列密码的设计与生成以及分析方面出现了一大批有价值的成果。

（2）在安全协议理论与技术研究方面。80年代初安全协议的形式化分析方法起步，随着各种有效方法及思想的不断涌现，目前这一领域在理论上正在走向成熟。研究成果主要集中在基于推理知识和信念的模态逻辑、基于状态搜索工具和定理证明技术、基于新的协议模型发展证明正确性理论等3个方面。

（3）在安全体系结构理论与技术研究方面。80年代中期，美国国防部制定了"可信计算机系统安全评价准则"（TCSEC），其后又对网络系统、数据库等方面做出了系列安全解释，形成了安全信息系统体系结构的最早原则。

（4）在信息对抗理论与技术研究方面。1988年"蠕虫事件"和计算机系统Y2k问题让人们开始重视信息系统的安全。

4. 20世纪90年代信息安全

20世纪90年代，伴随着计算机及其网络的广泛应用，诸多安全事件暴露了计算机系统的缺陷，这使计算机科学家和生产厂商意识到，如果不堵住计算机及网络自身的漏洞，犯罪分子将乘虚而入，不但造成财产上的损失，而且将严重阻碍计算机技术的进一步发展和应用。这个时期的研究和关注点包括以下几个方面。

（1）在密码理论与技术研究方面。法国是第一个制定数字签名法的国家，其他国家也正在实施之中。1993年美国提出的密钥托管理论和技术、国际标准化组织制定的X.509标准以及麻省理工学院开发的Kerberos协议等。美国在1977年制定了数据加密标准，但1997年6月17日被攻破。随后制定和评估新一代数据加密标准（称为AES）。欧洲和日本也启动了相关标准的征集和制定工作。

（2）在安全协议理论与技术研究方面。目前，已经提出了大量的实用安全协议，如电子商务协议、IPSec协议、TLS协议、简单网络管理协议（SNMP）、PGP协议、PEM协议、S-HTTP协议以及S/MIME协议等。

（3）在安全体系结构理论与技术研究方面。20世纪90年代初，英、法、德、荷四国针对TCSEC准则只考虑保密性的局限，联合提出了包括保密性、完整性、可用性概念的"信息技术安全评价准则"（ITSEC），但是该准则中并没有给出综合解决以上问题的理论模型和方案。六国七方（美国国家安全局和国家技术标准研究所、加、英、法、德、荷）共同提出"信息技术安全评价通用准则"（CC for ITSEC）。CC标准于1999年7月通过国际标准化组织认可，编号为ISO/IEC 15408。

（4）在信息对抗理论与技术研究方面。黑客利用分布式拒绝服务方法攻击大型网站，导致网络服务瘫痪。计算机病毒和网络黑客攻击技术已经成为新一代军事武器。

5. 21世纪信息安全现状

进入21世纪，密码理论研究有了一些突破，安全体系结构理论更加完善，信息对抗理论的研究尚未形成系统,网络安全与安全产品丰富多彩。这个时期的研究包括以下几个方面。

(1) 在密码理论与技术研究方面。目前国际上对非数学的密码理论与技术(包括信息隐形、量子密码、基于生物特征的识别理论与技术等)非常关注。信息隐藏将在未来网络中保护信息免于破坏起到重要作用,信息隐藏是网络环境下把机密信息隐藏在大量信息中不让对方发觉的一种方法。特别是图像叠加、数字水印、潜信道、隐匿协议等的理论与技术的研究已经引起人们的重视。近年来,英、美、日等国的许多大学和研究机构竞相投入到量子密码的研究之中,更大的计划在欧洲进行。西方国家不仅在密码基础理论方面的研究做得很好,而且在实际应用方面也做得非常好。制定了一系列的密码标准,特别是规范。

(2) 在安全体系结构理论与技术研究方面。至今美国已研制出达到 TCSEC 要求的安全系统(包括安全操作系统、安全数据库、安全网络部件)多达 100 多种,但这些系统仍有其局限性,还没有真正达到形式化描述和证明的最高级安全系统。

(3) 在信息对抗理论与技术研究方面。该领域正处在发展阶段,理论和技术都还很不成熟,也比较零散。但它的确是一个研究热点。目前的成果主要是一些产品(如 IDS、防范软件、杀病毒软件等)。除攻击程序和黑客攻击外,当前该领域最引人瞩目的问题是网络攻击,美国在防网络攻击方面处于国际领先地位。该领域的另一个比较热门的问题是入侵检测与防范。这方面的研究相对比较成熟,也形成了系列产品。

(4) 在网络安全与安全产品研究方面。目前,在市场上比较流行且又能够代表未来发展方向的安全产品大致有:防火墙、安全路由器、虚拟专用网、安全服务器、电子签证机构 CA 和 PKI 产品、用户认证产品、安全管理中心、入侵检测系统(IDS)、安全数据库及安全操作系统。

(5) 进入 21 世纪的信息安全保障时代,其主要标志是建立并出版了《信息保障技术框架》(IATF)。如果说对信息的保护主要还是处于从传统安全理念到信息化安全理念的转变过程中,那么面向业务的安全保障就完全是从信息化的角度来考虑信息安全了。体系性的安全保障理念,不仅是关注系统的漏洞,而且是从业务的生命周期着手对业务流程进行分析,找出流程中的关键控制点,从安全事件出现的前、中、后 3 个阶段进行安全保障。面向业务的安全保障不是只建立防护屏障,而是建立一个深度防御体系,通过更多的技术手段把安全管理与技术防护联系起来,不再是被动地保护自己,而是主动地防御攻击。也就是说,面向业务的安全防护已经从被动走向主动,安全保障理念从风险承受模式走向安全保障模式。信息安全阶段也转化为从整体角度考虑其体系建设的信息安全保障时代。

2.3.2　中国信息安全发展

1. 初期的信息安全

早年我国的密码学应用研究主要集中在军事领域和国家安全部门。20 世纪 80 年代中期,有些部门开始注意计算机电磁辐射造成泄密问题,并将国外“计算机安全(Computer Security)”一词引入我国。

1986 年中国计算机学会计算机安全专业委员会正式开始活动,以及 1987 年国家信息中心信息安全处的成立,都从一个侧面反映了中国计算机安全事业的起步。

这个阶段的典型特征是国家尚没有相关的法律法规,没有较完整意义的专门针对计算机系统安全方面的规章,安全标准也少,还谈不上国家的统一管理,只是在物理安全及保密通信等个别环节上有些规定；广大应用部门也基本上没有意识到计算机安全的重要性，只在个别部门和部门的少数有计算机安全的意识的人开始在实际工作中进行摸索。

在此阶段计算机安全的主要内容就是实体安全；20世纪80年代后期开始了防计算机病毒及计算机犯罪的工作，但都没有形成规模。

2. 20 世纪 90 年代信息安全

20世纪90年代初，世界信息技术革命使许多国家把信息化作为国策，美国"信息高速公路"等政策也让中国意识到了信息化的重要性，在此背景下我国信息化开始进入较快发展期，中国的计算机安全事业开始起步。

我国信息安全研究经历了通信保密、计算机数据保护两个发展阶段。安全体系的构建和评估，通过学习、吸收、消化 TCSEC 准则进行了安全操作系统、多级安全数据库的研制。另外，国内一些部门开发研制防火墙、安全路由器、安全网关、黑客入侵检测、系统脆弱性扫描等方面软件，但还与国外产品存在很大差距。

在这个阶段，一个典型的标志就是关于计算机安全的法律法规开始出现——1994年公安部颁布了《中华人民共和国计算机信息系统安全保护条例》。另一个中国安全产业起步的重要标志是，在这个时期中，许多企事业单位开始把信息安全作为系统建设中的重要内容之一来对待，加大了投入，开始建立专门的安全部门来开展信息安全工作。

从90年代开始，一些学校和研究机构开始将信息安全作为大学课程和研究课题，安全人才的培养开始起步，这也是中国安全产业发展的重要标志。

3. 21 世纪的信息安全现状

20世纪90年代后期到21世纪，我国信息安全的研究发展很快，但还很不平衡。有些方面达到了世界先进水平，有些方面依然存在很大的距离。

（1）在密码理论与技术研究方面。我国学者也提出了一些公钥密码，另外在公钥密码的快速实现方面也做了一定的工作，比如在 RSA 的快速实现和椭圆曲线公钥密码的快速实现方面都有所突破。公钥密码的快速实现是当前公钥密码研究的一个热点，包括算法优化和程序优化。另一个人们所关注的问题是椭圆曲线公钥密码的安全性论证问题。我国学者在序列密码方面的研究很不错。在密钥管理方面也做了一些跟踪研究，按照 X.509 标准实现了一些 CA。在认证码方面的研究也很出色。在密码基础理论的某些方面的研究做得很好，但在实际应用方面与国外的差距较大，没有自己的标准，也不规范。目前我国在密码技术的应用水平方面与国外还有一定的差距。

（2）在安全协议理论与技术研究方面。虽然在理论研究方面和国际上已有协议的分析方面做了一些工作，但在实际应用方面与国际先进水平还有一定的差距。

（3）在安全体系结构理论与技术研究方面。我国与先进国家和地区存在很大差距。近几年来，在我国进行了安全操作系统、安全数据库、多级安全机制的研究。大部分有关的工作都以美国1985年的 TCSEC 标准为主要参照系。1999年10月发布了《计算机信息系统安全保护等级划分准则》。

（4）在信息对抗理论与技术研究方面。国内在入侵检测与防范方面的研究很不错，并形成了相应的产品。我国民间和研究机构就攻击程序和黑客攻击进行了一些非系统零散的研究。网络攻击研究刚刚起步，与国际水平尚有差距。

（5）在网络安全与安全产品研究方面。网络安全的解决是一个综合性问题，涉及诸多因素，包括技术、产品和管理等。目前国际上已有众多的网络安全解决方案和产品，但由于出口政策和自主性等原因，不能直接用于解决我国自己的网络安全问题，因此我国的网络安全只能借鉴这些先进技术和产品自行解决。可喜的是，目前国内已有一些网络安全解决方案和产品，不过这些解决方案和产品与国外同类产品相比尚有一定的差距。

思　考　题

2-1　什么是信息安全威胁？

2-2　什么是信息安全？

2-3　信息安全有哪几个属性？

2-4　信息安全发展经过几个阶段？

2-5　中国信息安全经过几个阶段？

第3章 计算机体系结构及物理安全

3.1 计算机系统组成

3.1.1 图灵模型

1936年,阿兰·图灵提出了一种抽象的计算模型——图灵机(Turing Machine),见图3-1。图灵的基本思想是用机器来模拟人们用纸笔进行数学运算的过程,他把这样的过程构造出一台假想的机器,该机器由以下几个部分组成。

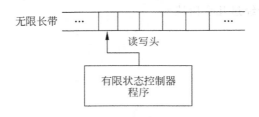

图 3-1　图灵模型

（1）一条无限长的纸带(Tape)。纸带被划分为一个接一个的小格子,每个格子上包含一个来自有限字母表的符号,字母表中有一个特殊的符号,表示空白。纸带上的格子从左到右依次被编号为 0,1,2,…,纸带的右端可以无限伸展。

（2）一个读写头(Head)。该读写头可以在纸带上左右移动,它能读出当前所指格子上的符号,并能改变当前格子上的符号。

（3）一套控制规则(Table)。它根据当前机器所处的状态以及当前读写头所指格子上的符号来确定读写头下一步的动作,并改变状态寄存器的值,令机器进入一个新的状态。

（4）一个状态寄存器。它用来保存图灵机当前所处的状态。图灵机的所有可能状态的数目是有限的,并且有一个特殊的状态,称为停机状态。

这个机器的每一部分都是有限的,但它有一个潜在的无限长的纸带,因此这种机器只是一个理想的设备。图灵认为,这样的一台机器就能模拟人类所能进行的任何计算过程。

3.1.2 冯·诺依曼模型

20世纪30年代中期,美籍科学家冯·诺依曼大胆地提出:抛弃十进制,采用二进制作为数字计算机的数制基础。同时,他还说预先编制计算程序,然后由计算机来按照人们事前制定的计算顺序来进行数值计算工作。人们把冯·诺依曼的这个理论称为冯·诺依曼体系结构,也称为普林斯顿体系结构。从 ENIAC 到当前最先进的计算机都采用的是冯·诺依曼体系结构。所以冯·诺依曼是当之无愧的"电子计算机之父"。

冯·诺依曼结构处理器具有以下几个特点：①必须有一个存储器；②必须有一个控制器；③必须有一个运算器，用于完成算术运算和逻辑运算；④必须有输入设备和输出设备，用于进行人机通信。另外，程序和数据统一存储并在程序控制下自动工作。

为了完成上述功能，计算机必须具备五大基本组成部件，包括：输入数据和程序的输入设备；记忆程序和数据的存储器；完成数据加工处理的运算器；控制程序执行的控制器；输出处理结果的输出设备。

3.1.3　计算机系统组成

计算机系统包括硬件系统和软件系统两大部分。硬件是指组成计算机的各种物理设备，由五大功能部件组成，即运算器、控制器、存储器、输入设备和输出设备，如图 3-2 所示。这五大部分相互配合，协同工作。

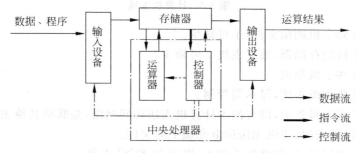

图 3-2　五大功能部件

其工作原理为：首先由输入设备接收外界信息（程序和数据），控制器发出指令将数据送入（内）存储器，然后向内存储器发出取指令命令。在取指令命令下，程序指令逐条送入控制器。控制器对指令进行译码，并根据指令的操作要求向存储器和运算器发出存数、取数命令和运算命令，经过运算器计算并把计算结果存储在存储器内。最后在控制器发出的取数和输出命令的作用下，通过输出设备输出计算结果。

3.1.4　微型计算机结构

1. 主机

主机指计算机用于放置主板及其他主要部件的容器（Mainframe），通常包括 CPU、内存、硬盘、光驱、电源以及其他输入输出控制器和接口，如 USB 控制器、显卡、网卡、声卡等。位于主机箱内的部件通常称为内设，而位于主机箱之外的部件通常称为外设（如显示器、键盘、鼠标、外接硬盘、外接光驱等），见图 3-3。

计算机主机的组成部分如下。

（1）机箱，装主机配件的箱子，没有机箱不影响使用。

（2）电源，主机供电系统，没有电源不能使用。

（3）主板，连接主机各个配件的主体，没有主板主机不能使用。

（4）CPU，主机的心脏，负责数据运算。不可缺少，属于重要设备。

图 3-3　计算机主机

（5）内存，存储主机调用文件，不可缺少。

（6）硬盘，主机的存储器，独立主机不可缺少。

（7）声卡，某些主板集成。

（8）显卡，某些主板集成，显示器控制。

（9）网卡，某些主板集成，没有网卡计算机无法访问网络，是联络其他主机的渠道。

（10）光驱，没有光驱，主机无法读取光碟上的文件。

（11）一些不常用设备，如视频采集卡、电视卡、SCSI 卡等。

2．外设

外部设备简称"外设"，是指连在计算机主机以外的硬件设备。对数据和信息起着传输、转送和存储的作用，是计算机系统中的重要组成部分。按照功能的不同，大致可以分为输入设备、显示设备、打印设备等，见图 3-4。

键盘鼠标　　　　　　　　　　　　　显示设备　　　　　　　　打印机

图 3-4　外部设备

（1）键盘、鼠标，是人或外部与计算机进行交互的一种装置，用于把原始数据和处理这些数据的程序输入到计算机中。

（2）显示器，是计算机的输出设备之一，它可以显示操作和计算结果。目前计算机显示设备主要有 CRT 显示器、LCD 显示、等离子显示器和投影机。

（3）打印机，也是计算机的输出设备之一，它将计算机的运算结果或中间结果以人所能识别的数字、字母、符号和图形等，依照规定的格式印在纸上的设备。

3.2　计算机组成原理

3.2.1　系统总线

1. 系统总线概述

系统总线,又称内总线或板级总线,是用来连接微机各功能部件而构成一个完整微机系统。系统总线上传送的信息包括数据信息、地址信息、控制信息。因此,系统总线包含有3 种不同功能的总线,即数据总线(Data Bus,DB)、地址总线(Address Bus,AB)和控制总线(Control Bus,CB),见图 3-5。

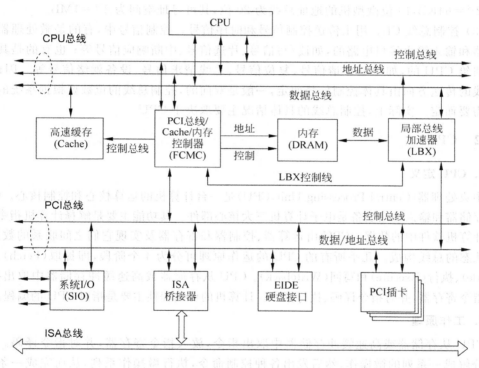

图 3-5　系统总线

2. 工作原理

CPU 通过系统总线对存储器的内容进行读、写,同样通过总线,实现将 CPU 内数据写入外设或由外设读入 CPU。总线就是用来传送信息的一组通信线。微型计算机通过系统总线将各部件连接到一起,实现了微型计算机内部各部件间的信息交换。一般情况下,CPU 提供的信号需经过总线形成电路形成系统总线。系统总线按照传递信息的功能来分,可分为地址总线、数据总线和控制总线。这些总线提供了微处理器(CPU)与存储器、输入输出接口部件的连接线。可以认为,一台微型计算机就是以 CPU 为核心,其他部件全"挂接"在与 CPU 相连接的系统总线上。

3. 功能分类

（1）数据总线 DB。用于传送数据信息。数据总线是双向三态形式的总线，既可以把 CPU 的数据传送到存储器或输入输出接口等其他部件，也可以将其他部件的数据传送到 CPU。数据总线的位数是微型计算机的一个重要指标，通常与微处理器的字长相一致。例如，Intel 8086 微处理器字长 16 位，其数据总线宽度也是 16 位。需要指出的是，数据的含义是广义的，它可以是真正的数据，也可以指令代码或状态信息，有时甚至是一个控制信息，因此，在实际工作中数据总线上传送的并不一定仅仅是真正意义上的数据。

（2）地址总线 AB。它是专门用来传送地址的，由于地址只能从 CPU 传向外部存储器或输入输出端口，所以地址总线总是单向三态的，这与数据总线不同。地址总线的位数决定了 CPU 可直接寻址的内存空间大小，比如 8 位微机的地址总线为 16 位，则其最大可寻址空间为 $2^{16}=64$KB，16 位微型机的地址总线为 20 位，其可寻址空间为 $2^{20}=1$MB。

（3）控制总线 CB。用来传送控制信号和时序信号。控制信号中，有的是微处理器送往存储器和输入输出接口电路的，如读/写信号、片选信号、中断响应信号等；也有的是其他部件反馈给 CPU 的，如中断申请信号、复位信号、总线请求信号、设备就绪信号等。因此，控制总线的传送方向由具体控制信号而定，一般是双向的，控制总线的位数要根据系统的实际控制需要而定。实际上，控制总线的具体情况主要取决于 CPU。

3.2.2　CPU

1. CPU 定义

中央处理器（Central Processing Unit，CPU）是一台计算机的运算核心和控制核心。CPU、内部存储器和输入输出设备是电子计算机三大核心部件。其功能主要是解释计算机指令以及处理计算机软件中的数据。CPU 由运算器、控制器和寄存器及实现它们之间联系的数据、控制及状态的总线构成。几乎所有的 CPU 的运作原理可分为 4 个阶段，即提取（Fetch）、解码（Decode）、执行（Execute）和写回（Writeback）。CPU 从存储器或高速缓冲存储器中取出指令，放入指令寄存器，并对指令译码、执行指令。计算机的可编程性主要是指对 CPU 的编程。

2. 工作原理

CPU 从存储器或高速缓冲存储器中取出指令，放入指令寄存器，并对指令译码。它把指令分解成一系列的微操作，然后发出各种控制命令，执行微操作系列，从而完成一条指令的执行。指令是计算机规定执行操作的类型和操作数的基本命令。指令是由一个字节或者多个字节组成，其中包括操作码字段、一个或多个有关操作数地址的字段以及一些表征机器状态的状态字和特征码。有的指令中也直接包含操作数本身。

3. 基本结构

CPU 包括运算逻辑部件、寄存器部件和控制部件，见图 3-6。

（1）运算逻辑部件，可以执行定点或浮点的算术运算操作、移位操作及逻辑操作，也可执行地址的运算和转换。

（2）寄存器部件，包括通用寄存器、专用寄存器和控制寄存器。

（3）控制部件，主要负责对指令译码，并且发出为完成每条指令所要执行的各个操作的控制信号。

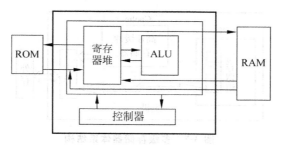

图 3-6 CPU 结构

3.2.3 存储器

1. 存储器概述

存储器(Memory)是计算机系统中的记忆设备,用来存放程序和数据。计算机中全部信息,包括输入的原始数据、计算机程序、中间运行结果和最终运行结果都保存在存储器中。它根据控制器指定的位置存入和取出信息。有了存储器,计算机才有记忆功能,才能保证正常工作。按用途存储器可分为主存储器(内存)和辅助存储器(外存),也有分为外部存储器和内部存储器的分类方法。外存通常是磁性介质或光盘等,能长期保存信息。内存指主板上的存储部件,用来存放当前正在执行的数据和程序,但仅用于暂时存放程序和数据,关闭电源或断电数据会丢失。

2. 存储器的构成

构成存储器的存储介质,目前主要采用半导体器件和磁性材料。存储器中最小的存储单位就是一个双稳态半导体电路或一个 CMOS 晶体管或磁性材料的存储元,它可存储一个二进制代码。由若干个存储元组成一个存储单元,然后再由许多存储单元组成一个存储器。一个存储器包含许多存储单元,每个存储单元可存放一个字节(按字节编址)。每个存储单元的位置都有一个编号,即地址,一般用十六进制表示。一个存储器中所有存储单元可存放数据的总和称为存储容量。假设一个存储器的地址码由 20 位二进制数(即 5 位十六进制数)组成,则可表示为 2^{20},即 1M 个存储单元地址。每个存储单元存放一个字节,则该存储器的存储容量为 1MB。

存储器的主要功能是存储程序和各种数据,并能在计算机运行过程中高速、自动地完成程序或数据的存取。存储器是具有"记忆"功能的设备,它采用具有两种稳定状态的物理器件来存储信息。这些器件也称为记忆元件。在计算机中采用只有两个数码("0"和"1")的二进制来表示数据。记忆元件的两种稳定状态分别表示为"0"和"1"。日常使用的十进制数必须转换成等值的二进制数才能存入存储器中。计算机中处理的各种字符,如英文字母、运算符号等,也要转换成二进制代码才能存储和操作。

3. 存储器用途

根据存储器在计算机系统中的作用,可分为主存储器、辅助存储器、高速缓冲存储器、控制存储器等。为了解决对存储器要求容量大、速度快、成本低三者之间的矛盾,目前通常采用多级存储器体系结构,即使用高速缓冲存储器、主存储器和外存储器,见图 3-7。

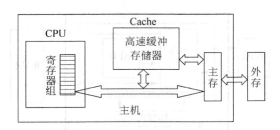

图 3-7　多级存储器体系结构

高速缓存：高速存取指令和数据存取速度快，但存储容量小。

主存储器：内存存放计算机运行期间的程序和数据，其存取速度快，存储容量不大。

外存储器：外存存放系统程序和大型数据文件及数据库，存储容量大，成本低。

按照与 CPU 的接近程度，存储器分为内存储器与外存储器，简称内存与外存。内存储器又常称为主存储器(简称主存)，属于主机的组成部分；外存储器又常称为辅助存储器(简称辅存)，属于外部设备。CPU 不能像访问内存那样直接访问外存，外存要与 CPU 或 I/O 设备进行数据传输，必须通过内存进行。在 80386 以上的高档微机中，还配置了高速缓冲存储器(Cache)，这时内存包括主存与高速缓存两部分。对于低档微机，主存即为内存。

4. 常用存储器

(1) 硬盘，是计算机主要的存储介质之一，由一个或者多个铝制或者玻璃制的碟片组成。这些碟片外覆盖有铁磁性材料。绝大多数硬盘都是固定硬盘，被永久性地密封固定在硬盘驱动器中。其物理结构为：磁头是读写合一的电磁感应式磁头；磁道是当磁盘旋转时，磁头若保持在一个位置上，则每个磁头都会在磁盘表面划出一个圆形轨迹；扇区是磁盘上的每个磁道被等分为若干个弧段，每个扇区可以存放 512B 的信息，磁盘驱动器在向磁盘读取和写入数据时以扇区为单位；每个盘面都被划分为数目相等的磁道，并从外缘的"0"开始编号，具有相同编号的磁道形成一个圆柱，即磁盘柱面。

(2) 光盘，以光信息作为存储物的载体，用来存储数据，采用聚焦的氢离子激光束处理记录介质的方法存储和再生信息。激光光盘分不可擦写光盘(如 CD-ROM、DVD-ROM 等)和可擦写光盘(如 CD-RW、DVD-RAM 等)。高密度光盘(Compact Disc)是近代发展起来不同于磁性载体的光学存储介质。常见的 CD 光盘非常薄，只有 1.2mm 厚，分为 5 层，包括基板、记录层、反射层、保护层、印刷层等。

(3) U 盘，全称"USB 闪存盘"，英文名"USB flash disk"。它是一个 USB 接口的无需物理驱动器的微型高容量移动存储产品，可以通过 USB 接口与计算机连接，实现即插即用。使用 USB 接口连到计算机的主机后，U 盘的资料可与计算机交换。U 盘最大的优点就是小巧便于携带、存储容量大、价格便宜、性能可靠。U 盘容量有 1GB、2GB、4GB、8GB、16GB、32GB、64GB 等。

(4) ROM，是只读内存(Read-Only Memory)的简称，是一种只能读出事先所存数据的固态半导体存储器。其特性是一旦储存资料就无法再将之改变或删除。通常用在不需经常变更资料的电子或计算机系统中，资料不会因为电源关闭而消失。

(5) RAM(随机存取存储器，Random Access Memory)，其存储单元的内容可按需随意取出或存入，且存取的速度与存储单元的位置无关的存储器。这种存储器在断电时将丢失其存储内容,故主要用于存储短时间使用的程序。按照存储信息的不同,随机存储器又分为静态随机存储器(Static RAM,SRAM)和动态随机存储器(Dynamic RAM,DRAM)。

3.2.4　输入输出系统

1. 输入输出系统控制方式

1) 程序查询方式

这种方式是在程序控制下由 CPU 与外设之间交换数据。CPU 通过 I/O 指令询问指定外设当前的状态,如果外设准备就绪,则进行数据的输入或输出;否则 CPU 等待,循环查询。

程序查询方式是一种程序直接控制方式,这是主机与外设间进行信息交换的最简单方式,输入和输出完全是通过 CPU 执行程序来完成的。一旦某一外设被选中并启动后,主机将查询这个外设的某些状态位,看其是否准备就绪?若外设未准备就绪,主机将再次查询;若外设已准备就绪,则执行一次 I/O 操作。

这种方式控制简单,但外设和主机不能同时工作,各外设之间也不能同时工作,系统效率很低。因此,仅适用于外设的数目不多,对 I/O 处理的实时要求不高,CPU 的操作任务比较单一且并不很忙的情况。

这种方式的优点是结构简单,只需要少量的硬件电路即可;缺点是由于 CPU 的速度远远高于外设,因此通常处于等待状态,工作效率很低。

2) 中断方式

中断是主机在执行程序过程中,遇到突发事件而中断程序的正常执行,转去对突发事情的处理,待处理完成后返回源程序继续执行。中断过程如下:中断请求、中断响应、中断处理和中断返回。

计算机中有多个中断源,有可能在同一时刻有多个中断源向 CPU 发出中断请求,这种情况下 CPU 按中断源的中断优先级顺序进行中断响应。

中断处理方式的优点是显而易见的,它不但为 CPU 省去了查询外设状态和等待外设就绪所花费的时间,提高了 CPU 的工作效率,还满足了外设的实时性要求。缺点是对系统的性能要求较高。

3) 直接存储器访问方式(DMA)

DMA 方式指高速外设与内存之间直接进行数据交换,不通过 CPU 并且 CPU 不参加数据交换的控制。工作过程如下:外设发出 DMA 请求,CPU 响应 DMA 请求,把总线让给 DMA 控制器,在 DMA 控制器的控制下通过总线实现外设与内存之间的数据交换,见图 3-8。DMA

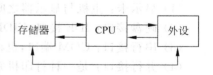

图 3-8　直接存储器访问方式

最明显的一个特点是它不是用软件而是采用一个专门的控制器来控制内存与外设之间的数据交流,无须 CPU 介入,大大提高了 CPU 的工作效率。

2. 输入输出设备

1) 输入设备

常用的输入设备有键盘、鼠标、扫描仪等。

(1) 键盘的分类。按键盘的键数分,键盘可分为 83 键、101 键盘、104 键盘、107 键盘等;

按键盘的形式分,键盘可分为有线键盘、无线键盘、带托键盘和 USB 键盘等。

（2）鼠标的分类。按照工作原理,鼠标可分为机械式鼠标、光电式鼠标两类。按鼠标的形式分,鼠标可分为有线鼠标和无线鼠标。

（3）扫描仪的分类。扫描仪通过光源照射到被扫描的材料上来获得材料的图像。扫描仪常用的有台式、手持式和滚筒式 3 种。分辨率是扫描仪很重要的特征,常见扫描仪的分辨率有 300×600、600×1200 等。

2）输出设备

常用的输出设备有显示器、打印机等。

（1）显示器。按使用的器件分类可分为阴极射线管显示器（CRT）、液晶显示器（LCD）和等离子显示器；按显示颜色可分为彩色显示器和单色显示器。显示器的主要性能指标有像素、分辨率、屏幕尺寸、点间距、灰度级、对比度、帧频、行频和扫描方式。

（2）打印机。打印机分为针式打印机、喷墨打印机、激光打印机、热敏打印机 4 种。

3）其他输入输出设备

包括数码相机 DC、数码摄像机 DV、手写笔、投影机、扫描仪、绘图仪等。

3. I/O 接口

1）接口的功能

使主机和外设能够按照各自的形式传输信息,见图 3-9。

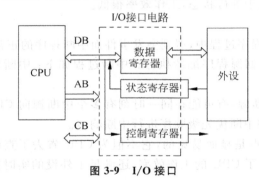

图 3-9 I/O 接口

2）几种接口

（1）显示卡：主机与显示器之间的接口。

（2）硬盘接口：IDE 接口、EIDE 接口、ULTRA 接口和 SCSI 接口等。

（3）串行接口：COM 端口,也称为串行通信接口。

（4）并行接口：是一种打印机并行接口标准。

3.3 物理与设备安全

3.3.1 物理安全概述

1. 物理安全的概念

物理安全是为保证信息系统的安全可靠运行,降低或阻止人为或自然因素从物理层面对信息系统保密性、完整性、可用性带来的安全威胁,从系统的角度采取的适当安全措施。

物理安全也称为实体安全,是系统安全的前提。硬件设备的安全性能直接决定了信息系统的保密性、完整性、可用性,信息系统所处物理环境的优劣直接影响信息系统的可靠性,系统自身的物理安全问题也会对信息系统的保密性、完整性、可用性带来安全威胁。

物理安全是以一定的方式运行在一些物理设备之上的,是保障物理设备安全的第一道防线。因为物理安全会导致系统存在风险。比如:环境事故造成的整个系统毁灭;电源故障造成的设备断电以至操作系统引导失败或数据库信息丢失;设备被盗、被毁造成数据丢失或信息泄露;电磁辐射可能造成数据信息被窃取或偷阅;报警系统的设计不足或失灵可能造成的事故等。

设备安全技术主要指保障构成信息网络的各种设备、网络线路、供电连接、各种媒体数据本身及其存储介质等安全的技术,主要包括设备的防盗、防电磁泄露、防电磁干扰等,是对可用性的要求。

物理环境安全是物理安全的最基本保障,是整个安全系统不可缺少和忽视的组成部分。环境安全技术主要是指保障信息网络所处环境安全的技术,主要技术规范是对场地和机房的约束,强调对于地震、水灾、火灾等自然灾害的预防措施,包括场地安全、防火、防水、防静电、防雷击、电磁防护、线路安全等。

2. 概念的理解

(1) 狭义物理安全。传统意义的物理安全包括设备安全、环境安全/设施安全以及介质安全。设备安全的技术要素包括设备的标志和标记、防止电磁信息泄露、抗电磁干扰、电源保护以及设备振动、碰撞、冲击适应性等方面。环境安全的技术要素包括机房场地选择、机房屏蔽、防火、防水、防雷、防鼠、防盗防毁、供配电系统、空调系统、综合布线、区域防护等方面。介质安全的安全技术要素包括介质自身安全以及介质数据安全。以上是狭义物理安全观,也是物理安全的最基本内容。

(2) 广义物理安全。广义的物理安全还应包括由软件、硬件、操作人员组成的整体信息系统的物理安全,即包括系统物理安全。信息系统安全体现在信息系统的保密性、完整性、可用性 3 个方面,从物理层面出发,系统物理安全技术应确保信息系统的保密性、可用性、完整性,如通过边界保护、配置管理、设备管理等等级保护措施保护信息系统的保密性,通过容错、故障恢复、系统灾难备份等措施确保信息系统可用性,通过设备访问控制、边界保护、设备及网络资源管理等措施确保信息系统的完整性。

3. 物理安全分类

(1) 信息系统物理安全。为了保证信息系统安全可靠地运行,确保信息系统在对信息进行采集、处理、传输、存储过程中,不致受到人为或自然因素的危害,而使信息丢失、泄露或破坏,对计算机设备、设施(包括机房建筑、供电、空调)、环境人员、系统等采取适当的安全措施。

(2) 设备物理安全。为保证信息系统的安全可靠运行,降低或阻止人为或自然因素对硬件设备安全可靠运行带来的安全风险,对硬件设备及部件所采取的适当安全措施。

(3) 环境物理安全。为保证信息系统的安全可靠运行所提供的安全运行环境,使信息系统得到物理上的严密保护,从而降低或避免各种安全风险。

(4) 介质物理安全。为保证信息系统的安全可靠运行所提供的安全存储的介质,使信息系统的数据得到物理上的保护,从而降低或避免数据存储的安全风险。

3.3.2　物理安全威胁与防范

　　物理安全威胁指物理设备及配套部件的安全威胁,而不是软件逻辑上的威胁。物理设备运行在某一个物理环境中。环境不好,对物理设备有威胁,自然会影响其运行效果。物理环境安全是物理安全的最基本保障,是整个安全系统不可缺少和忽视的组成部分。环境安全技术主要是保障物联网系统安全的相关技术。其技术规范是物联网系统运行环境内外(场地和机房)的约束。其环境分为自然环境威胁和人为干扰。自然环境威胁包括地震、水灾、火灾等自然灾害。人为干扰包括静电、雷击、电磁、线路破坏和盗窃等。

　　1) 自然环境威胁

　　(1) 地震。地震灾害具有突发性和不可预测性,并产生严重次生灾害,对机器设备会产生很大影响。但是,破坏性地震发生之前,人们对地震有没有防御,防御工作做得好坏将会大大影响到经济损失的大小和人员伤亡的多少。防御工作做得好,就可以有效地减轻地震的灾害损失。

　　(2) 水灾。水灾指洪水、暴雨、建筑物积水和漏雨等对设备造成的灾害。水灾不仅威胁人民生命安全,也会造成设备的巨大财产损失,并对物联网系统运行产生不良影响。对付水灾,可采取工程和非工程措施以减少或避免其危害和损失。

　　(3) 雷击。雷电会对人和建筑造成危害,而电磁脉冲主要影响电子设备,主要是受感应作用所致。雷击防范的主要措施是,根据电器、微电子设备的不同功能及不同受保护程度和所属保护层确定防护要点作分类保护;根据雷电和操作瞬间过电压危害的可能通道从电源线到数据通信线路都应做多层保护。

　　(4) 火灾。火灾是指在时间和空间上失去控制的燃烧所造成的灾害。在各种灾害中,火灾是最经常、最普遍地威胁公众安全和社会发展的主要灾害之一。机房发生火灾一般是由于电气原因、人为事故或外部火灾蔓延引起的。

　　2) 人为干扰威胁

　　(1) 盗窃。盗窃指以非法占有为目的,秘密窃取他人占有的数额较大的公私财物或者多次窃取公私财物的行为。物联网的很多设备和部件都价值不菲,这也是偷窃者的目标。因为偷窃行为所造成的损失可能远远超过其本身的价值,因此必须采取严格的防范措施,以确保计算机设备不会丢失。

　　(2) 人为损坏。人为损坏包括故意的和无意的设备损坏。无意的设备损坏多半是操作不当造成的;而有意破坏则是有预谋的破坏。这两种情况都存在。预防的方法是,对于重要的设备,要加强外部的物理保护,如专用间、围栏、保护外壳等。

　　(3) 静电。静电是由物体间的相互摩擦、接触而产生的。静电产生后,由于未能释放而保留在物体内,会有很高的电位(能量不大),从而产生静电放电火花,造成火灾。还可能使大规模集成电路损坏,这种损坏可能是不知不觉造成的。

　　(4) 电磁泄漏。电子设备工作时要产生电磁发射。电磁发射包括辐射发射和传导发射。这两种电磁发射可被高灵敏度的接收设备接收并进行分析、还原,造成计算机的信息泄露。屏蔽是防电磁泄漏的有效措施,屏蔽主要有电屏蔽、磁屏蔽和电磁屏蔽 3 种类型。

3.3.3　设备环境安全与防范

1. 机房环境安全

机房是各类信息设备的中枢,机房工程必须保证网络和计算机等高级设备能长期而可靠地运行。其质量的优劣直接关系到机房内整个信息系统是否能稳定、可靠地运行,是否能保证各类信息通信畅通无阻。机房的环境必须满足计算机等各种微机电子设备和工作人员对温度、湿度、洁净度、电磁场强度、噪声干扰、安全保安、防漏、电源质量、振动、防雷和接地等的要求。机房的物理环境受到了严格控制,主要包括温度、电源、地板、监控等几个方面。

(1) 温度。"数据处理环境热准则"建议温度为 20~25℃(68~75℉),湿度为 40%~55%,适宜数据中心环境的最大露点温度是 17℃。在数据中心电源会加热空气,除非热量被排除出去;否则环境温度就会上升,导致电子设备失灵。通过控制空气温度,服务器组件能够保持制造商规定的温度/湿度范围内。空调系统通过冷却室内空气下降到露点帮助控制湿度,湿度太大,水可能在内部部件上开始凝结。如果在干燥的环境中,辅助加湿系统可以添加水蒸气,因为如果湿度太低,可能导致静电放电,会损坏元器件。

(2) 电源。机房电源由一个或多个不间断电源(UPS)和/或柴油发电机组成备用电源。对关键服务器来说,最好同时连接到两个电源,以实现 $N+1$ 冗余系统的可靠性。静态开关有时用来确保在发生电力故障时瞬间从一个电源切换到另一个电源。为了保证设备用电质量和用电安全,电源应至少有两路供电,并应有自动转换开关。当一路供电有问题时,可迅速切换到备用线路供电。应安装备用电源,如 UPS,停电后可供电 8h 或更长时间。关键设备应有备用发电机组和应急电源。同时为防止、限制瞬态过压和引导浪涌电流,应配备电涌保护器(过压保护器)。为防止保护器的老化、寿命终止或雷击时造成的短路,在电涌保护器的前端应有诸如熔断器等过电流保护装置。

(3) 地板。机房的地板相对瓷砖地板要提升 60cm,这个高度现在变得更高了,是 80~100cm,以提供更好的气流均匀分布。这样空调系统可以把冷空气也灌到地板下,同时也为地下电力线布线提供更充足的空间,现代数据中心的数据电缆通常是经由高架电缆盘铺设的,但仍然有些人建议出于安全考虑还是应将数据线铺设到地板下,并考虑增加冷却系统。小型数据中心里没有提升的地板可以不用防静电地板。计算机机柜往往被安装到一个热通道中,以便使空气流通效率最好。

(4) 监控报警。按照国家有关标准设计实施,机房应具备消防报警、安全照明、不间断供电、温湿度控制系统和防盗报警,以保护系统免受水、火、有害气体、地震、静电的危害。针对重要的机房或设备应采取防盗措施,如应用视频监视系统能对系统运行的外围环境、操作环境实施监控。电源管理排查干扰,包括排除电源线的中断、异常、电压瞬变、冲击、噪声、突然失效事件。

2. 机房安全设计

如果机房的防静电、防火防水、接地防雷、室内温湿度有保障,可有效提高机房的物理安全性。机房应该符合国家标准和国家有关规定。其中,D 级信息系统机房应符合《计算机场地安全要求》(GB 9361—88)的 B 类机房要求;B 级和 C 级信息系统机房应符合《计算机场地安全要求》(GB 9361—88)的 A 类机房要求。机房建设最好进行以下设计：①机房装饰，包括抗静电地板铺设、棚顶墙体装修、天棚及地面防尘处理、门窗等；②供配电系统，包括供电系统、配电系统、照明、应急照明、UPS 电源；③空调新风系统，包括机房精密空调、新风换气系统；④消防报警系统，包括消防报警、手提式灭火器；⑤防盗报警系统，如红外报警系统；⑥防雷接地系统，包括电源防雷击抗浪涌保护、等电位连接、静电泄放等、接地系统；⑦安防系统，包括门禁、视频等；⑧机房动力环境监控系统。

3. 设备安全与策略

设备安全技术指保障构成信息网络的各种设备、网络线路、供电连接、各种媒体数据本身及其存储介质等安全的技术，主要包括设备的防盗、防电磁泄漏、防电磁干扰等，是对可用性的要求。

1) 设备安全问题

这里的设备指系统中的物理设备或一个子系统，不是指小的元器件。它指由集成电路、晶体管、电子管等电子元器件组成，应用电子技术（包括）软件发挥作用的设备等。设备安全主要是指设备被盗、设备被干扰、设备不能工作、人为损坏、设备过时等问题。

2) 设备安全策略

（1）设备改造。它是对由于新技术出现，在经济上不宜继续使用的设备进行局部的更新，即对设备的第二种无形磨损的局部补偿。

（2）设备更换。它是设备更新的重要形式，分为原型更新和技术更新。原型更新即简单更新，用结构相同的新设备更换因为严重有形磨损而在技术上不宜继续使用的旧设备。这种更换主要解决设备的损坏问题，不具有技术进步的性质。

（3）技术更新。用技术上更先进的设备去更换技术陈旧的设备。它不仅能恢复原有设备的性能，而且使设备具有更先进的技术水平，具有技术进步的性质。

（4）备份机制。即两台设备一起工作。也称双工，指两台或多台服务器均为活动，同时运行相同的应用，保证整体的性能，也实现了负载均衡和互为备份。双机双工模式是目前群集的一种形式。

（5）监控报警。监控报警是安全报警与设备监控的有效融合。监控报警系统包括安全报警和设备监控两个部分。当设备出现问题时，监控报警系统可以迅速发现问题，并及时通知责任人进行故障处理。

4. 通信线路安全

1) 线路安全威胁

线路物理安全指为保证信息系统的安全可靠运行，降低或阻止人为或自然因素对通信线路的安全可靠运行带来的安全风险，对线路所采取的适当安全措施。线路的物理安全按不同的方法分类。比如，可以分为自然安全威胁和人为安全威胁，也可以分为线路端和线路间的安全威胁，还可以分为被破坏程度的安全威胁。线路的物理安全风险主要有：地震、水灾、火灾等自然环境事故带来的威胁；线路被盗、被毁、电磁干扰、线路信息被截获、电源故障等人为操作失误或错误。

2) 线路安全对策

通信线路的物理安全是网络系统安全的前提。由于通信线路属于弱电，耐压值很低。

因此,在其设计和施工中必须优先考虑保护线路和端口设备不受水灾、火灾、强电流、雷击的侵害。必须建设防雷系统,防雷系统不仅考虑建筑物防雷,还必须考虑计算机及其他弱电耐压设备的防雷。在布线时要考虑可能的火灾隐患,线路要铺设到一般人触摸不到的高度,而且要加装外保护盒或线槽,避免线路信息被窃听。要与照明电线、动力电线、暖气管道及冷热空气管道之间保持一定距离,避免被伤害或被电磁干扰。充分考虑线路的绝缘、线路的接地与焊接的安全。线路端的接口部分要加强外部保护,避免信息泄露或线路损坏。

思 考 题

3-1　简述图灵模型。

3-2　简述冯·诺依曼模型。

3-3　简述计算机系统组成。

3-4　简述微型计算机的结构。

3-5　有几种系统总线? 它们的功能分别是什么?

3-6　CPU 由几个部分组成?

3-7　存储器怎么分类?

3-8　什么是物理安全?

3-9　物理安全有哪几方面的威胁? 怎样防范?

3-10　设备环境安全有哪几方面的威胁? 怎样防范?

第4章 计算机网络及安全

4.1 计算机网络

4.1.1 计算机网络概述

1. 定义

计算机网络指将地理位置不同的具有独立功能的多台计算机及其外部设备,通过通信线路连接起来,在网络操作系统、网络管理软件及网络通信协议的管理和协调下,实现资源共享和信息传递的计算机系统。

计算机网络最简单定义是:一些相互连接的、以共享资源为目的的、自治的计算机的集合。从广义上看,计算机网络是以传输信息为基础目的,用通信线路将多个计算机连接起来的计算机系统的集合。从用户角度看,计算机网络是可以调用用户所需资源的系统。

2. 功能

计算机网络的主要功能是硬件资源共享、软件资源共享和用户间信息交换3个方面。

(1) 硬件资源共享。可以在全网范围内提供对处理资源、存储资源、输入输出资源等昂贵设备的共享,使用户节省投资,也便于集中管理和均衡分担负荷。

(2) 软件资源共享。允许互联网上的用户远程访问各类大型数据库,可以得到网络文件传送服务、远地进程管理服务和远程文件访问服务,从而避免软件研制上的重复劳动以及数据资源的重复存储,也便于集中管理。

(3) 用户间信息交换。计算机网络为分布在各地的用户提供了强有力的通信手段。用户可以通过计算机网络传送电子邮件、发布新闻消息和进行电子商务活动。

3. 协议

协议是用来描述进程之间信息交换数据时的规则术语。在计算机网络中,为了使不同结构、不同型号的计算机之间能够正确地传送信息,必须有一套关于信息传输顺序、信息格式和信息内容等的约定,这一整套约定称为协议。在计算机网络中,两个相互通信的实体处在不同的地理位置,其上的两个进程相互通信,需要通过交换信息来协调它们的动作和达到同步,而信息的交换必须按照预先共同约定好的过程进行。网络协议一般是由网络系统决定的。网络系统不同,网络协议也就不同。

4.1.2 计算机网络结构

1. 层次结构

OSI(Open System Interconnection,开放系统互连)七层网络模型称为开放式系统互联参考模型，是一个逻辑上的定义，一个规范，它把网络从逻辑上分为了 7 层。图 4-1 所示为 OSI 网络模型。

图 4-1　OSI 网络模型

（1）物理层（Physical Layer）。该层包括物理联网媒介，如电缆连线连接器。物理层的协议产生并检测电压以便发送和接收携带数据的信号。物理层的任务就是为它的上一层提供一个物理连接，以及它们的机械、电气、功能和过程特性，如规定使用电缆和接头的类型、传送信号的电压等。在这一层，数据还没有被组织，仅作为原始的位流或电气电压处理。

（2）数据链路层（Datalink Layer）。其功能是如何在不可靠的物理线路上进行数据的可靠传递。为了保证传输，从网络层接收到的数据被分割成特定的可被物理层传输的帧。帧是用来移动数据的结构包，它不仅包括原始数据，还包括发送方和接收方的物理地址以及纠错和控制信息。其中的地址确定了帧将发送到何处，而纠错和控制信息则确保帧无差错到达。如果在传送数据时，接收点检测到所传数据中有差错，就要通知发送方重发这一帧。

（3）网络层（Network Layer）。其主要功能是将网络地址翻译成对应的物理地址，并决定如何将数据从发送方路由到接收方。网络层通过综合考虑发送优先权、网络拥塞程度、服务质量以及可选路由的花费来决定从一个网络中节点 A 到另一个网络中节点 B 的最佳路径。由于网络层处理路由，而路由器连接网络各段，并智能指导数据传送，属于网络层。在网络中，“路由”是基于编址方案、使用模式以及可达性来指引数据的发送。网络层负责在源机器和目标机器之间建立它们所使用的路由。这一层本身没有任何错误检测和修正机制，因此，网络层必须依赖于端端之间的由 DLL 提供的可靠传输服务。

（4）传输层（Transport Layer）。传输协议同时进行流量控制或是基于接收方可接收数据的快慢程度规定适当的发送速率。此外，传输层按照网络能处理的最大尺寸将较长的数据包进行强制分割。发送方节点的传输层将数据分割成较小的数据片，同时对每一数据片安排一序列号，以便数据到达接收方节点的传输层时能以正确的顺序重组。该过程即被称为排序。

（5）会话层（Session Layer）。负责在网络中的两节点之间建立、维持和终止通信。会话层的功能包括：建立通信链接，保持会话过程通信链接的畅通，同步两个节点之间的对话，决定通信是否被中断以及通信中断时决定从何处重新发送。当通过拨号向你的 ISP（因特网服务提供商）请求连接到因特网时，ISP 服务器上的会话层向你与你的 PC 客户机上的会话层进行协商连接。若你的电话线偶然从墙上插孔脱落时，你终端机上的会话层将检测到连接中断并重新发起连接。会话层通过决定节点通信的优先级和通信时间的长短来设置通信期限。

（6）表示层（Presentation Layer）。应用程序和网络之间的翻译官。在表示层，数据将按照网络能理解的方案进行格式化，这种格式化也因所使用网络的类型不同而不同。表示层管理数据的解密与加密，如系统口令的处理。例如，在 Internet 上查询你银行账户，使用的即是一种安全连接。你的账户数据在发送前被加密，在网络的另一端，表示层将对接收到的数据解密。此外，表示层协议还对图片和文件格式信息进行解码和编码。

（7）应用层（Application Layer）。负责对软件提供接口以使程序能使用网络服务。术语"应用层"并不是指运行在网络上的某个特别应用程序,应用层提供的服务包括文件传输、文件管理以及电子邮件的信息处理。

2. 拓扑结构

网络拓扑结构指的是网络上的通信链路以及各个计算机之间的相互连接的几何排列或物理布局形式。网络拓扑就是指网络形状,即网络中各个节点相互连接的方法和形式。拓扑结构通常有 5 种主要类型,即星型、环型、总线型、树型和网状型,如图 4-2 所示。

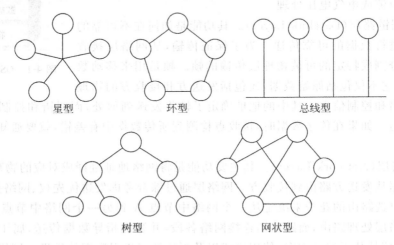

星型　　　　环型　　　　总线型

树型　　　　网状型

图 4-2　网络拓扑结构

（1）星型拓扑结构。其中央节点到各站之间呈辐射状连接,由中央节点完成集中式通信控制。星型拓扑结构的节点有两类,即中心节点和外围节点。中心节点只有一个,每个外围节点都通过独立的通信线路与中心节点相连,外围节点之间没有连线。星型结构的优点是结构简单,访问协议简单,单个故障不影响整个网络;缺点是可靠性较低,中央节点有故障,整个网络就无法工作,全网将瘫痪,且系统扩展较困难。

（2）环型拓扑结构。其中每个节点连接形成一个闭合回路,数据可以沿环单向传输,也可以设置两个环路实现双向通信。环型拓扑结构的扩充方便,传输率较高,但网络中一旦有某个节点发生故障,则可能导致整个网络停止工作。

（3）总线型拓扑结构。其中所有工作站点都连在一条总线上,通过这条总线实现通信。总线结构是目前局域网采用最多的一种拓扑结构。它连接简单,易于扩充节点和删除节点,节点的故障不会引起系统的瘫痪,但是总线出问题会使整个网络停止工作,故障检测困难。

（4）树型拓扑结构。其中有一个根节点和若干个枝节点,最末端是叶节点。形状像倒立树"根"。它与总线型比较,总线型没有"根"。根节点的功能较强,常常是高档微机,或小、中型机,叶节点可以是微型机。这种结构的优点是扩展容易,易分离故障节点,易维护,特别适合等级严格的行业或部门;缺点是整个网络对根节点的依赖性较大,这对整个网络系统的安全性是一个障碍,若根节点发生故障,整个网络的工作就受到致命影响。

（5）网状型结构。实际上是由上述 4 种拓扑结构中的两种或多种简单组合而成,形状像网一样;网状结构中计算机之间的通信有多条线路可供选择。它继承了各种结构的优点,但是其结构复杂,维护难度加大。

4.1.3 计算机网络发展历史

计算机网络的发展大致可划分为 4 个阶段。

1. 第一阶段:诞生阶段

20 世纪 60 年代中期之前的第一代计算机网络是以单个计算机为中心的远程联机系统。典型应用是由一台计算机和全美范围内 2000 多个终端组成的飞机订票系统。终端是一台计算机的外部设备,包括显示器和键盘,无 CPU 和内存。随着远程终端的增多,在主机前增加了前端机(FEP)。当时人们把计算机网络定义为"以传输信息为目的而连接起来,实现远程信息处理或进一步达到资源共享的系统",但这样的通信系统已具备了网络的雏形。

2. 第二阶段:形成阶段

20 世纪 60 年代中期至 70 年代的第二代计算机网络是以多个主机通过通信线路互联起来的,为用户提供服务,兴起于 60 年代后期,典型代表是美国国防部高级研究计划局协助开发的 ARPANET。主机之间不是直接用线路相连,而是由接口报文处理机(IMP)转接后互联的。IMP 和它们之间互联的通信线路一起负责主机间的通信任务,构成了通信子网。通信子网互联的主机负责运行程序,提供资源共享,组成了资源子网。这个时期,网络概念为"以能够相互共享资源为目的互联起来的具有独立功能的计算机的集合体",形成了计算机网络的基本概念。

3. 第三阶段:互联互通阶段

20 世纪 70 年代末至 90 年代的第三代计算机网络是具有统一的网络体系结构并遵循国际标准的开放式和标准化的网络。ARPANET 兴起后,计算机网络发展迅猛,各大计算机公司相继推出自己的网络体系结构及实现这些结构的软硬件产品。由于没有统一的标准,不同厂商的产品之间互联很困难,人们迫切需要一种开放性的标准化实用网络环境,这样应运而生了两种国际通用的最重要的体系结构,即 TCP/IP 体系结构和国际标准化组织的 OSI 体系结构。

4. 第四阶段:高速网络技术阶段

20 世纪 90 年代末至今的第四代计算机网络,由于局域网技术发展成熟,出现光纤及高速网络技术、多媒体网络、智能网络,整个网络就像一个对用户透明的大的计算机系统,发展为以 Internet 为代表的互联网。

4.1.4 万兆以太网与全光网

1. 万兆以太网

在近 20 年中,以太网由最初 10Base-5 10M 粗缆总线发展为 10Base-2 10M 细缆,其后是一个短暂的后退:1Base-5 的 1 兆以太网,随后以太网技术发展成为大家熟悉的星型的双绞线 10Base-T。随着对带宽要求的提高以及器件能力的增强出现了快速以太网:五类线传输的 100Base-TX、三类线传输的 100Base-T4 和光纤传输的 100Base-FX。随着带宽的进一步提高,千兆位以太网接口也随之出现:包括短波长光传输 1000Base-SX、长波长光传输 1000Base-LX 以及五类线传输 1000Base-T。2002 年 7 月 18 日,IEEE 通过了 802.3ae:10Gb/s 以太网又称万兆位以太网。在以太网技术中,100Base-T 是一个里程碑,确立了以太网技术在桌面的统治地位。千兆位以太网以及随后出现的万兆位以太网标准是两个比较重要的标准,以太网技术通过这两个标准从桌面的局域网技术延伸到校园网以及城域网的汇聚和骨干。

万兆位以太网技术已经成熟,适用领域十分广阔。各种迅速增长的带宽密集型项目,像高带宽园区骨干、数据中心汇聚、集群和网格计算、合一(语音、视频、图像和数据)的通信、存储组网、金融交易以及政府、医疗卫生领域、研究单位和大学的超级计算研究等,都离不开万兆位以太网技术。

2. 全光网概述

随着 Internet 应用的快速发展,网络的业务量正在以指数级的速度迅速膨胀,这就要求网络必须具有高比特率数据传输能力和大吞吐量的交叉能力。光纤通信技术出现以后,其近 30THz 的巨大潜在带宽容量给通信领域带来了蓬勃发展的机遇,特别是在提出信息高速公路以来,光技术开始渗透于整个通信网,光纤通信有向全光网推进的趋势。

全光网(All optical network;All-optical network;All-optical networks)指光信息流在网中的传输及交换时始终以光的形式存在,而不需要经过光/电、电/光转换。

全光网的主要技术有光纤技术、SDH(同步数字传输体制)、WDM(波分复用)、光交换技术、OXC、无源光网技术、光纤放大器技术等。为此,网络的交换功能应当直接在光层中完成,这样的网络称为全光网。它需要新型的全光交换器件,如光交叉连接(OXC)、光分插复用(OADM)和光保护倒换等。全光网是以光节点取代现有网络的电节点,并用光线将光节点互联成网,采用光波完成信号的传输、交换等功能,克服了现有网络在传输和交换时的瓶颈,减少信息传输的拥塞延时,提高网络的吞吐量。

4.2 Internet

4.2.1 Internet 概述

1. 定义

Internet(因特网)又称为国际互联网。它是由使用公用语言互相通信的计算机连接而成的全球网络。一旦连接到它的任何一个节点上,就意味着您的计算机已经连入 Internet 网上了。Internet 目前的用户已经遍及全球,有超过几亿人在使用 Internet,并且它的用户数还在以等比级数上升。

Internet 是一组全球信息资源的总汇,由许多小的网络(子网)互联而成的一个逻辑网,每个子网中连接着若干台计算机(主机)。Internet 以相互交流信息资源为目的,基于一些共同的协议,并通过许多路由器和公共互联网而成,它是一个信息资源和资源共享的集合。计算机网络只是传播信息的载体,而 Internet 的优越性和实用性则在于其本身。因特网最高层域名分为机构性域名和地理性域名两大类,目前主要有 14 种机构性域名。

2. Internet 功能

(1) WWW 服务。在 Web 方式下,可以浏览、搜索、查询各种信息,可以发布自己的信息,可以与他人进行实时或者非实时的交流,可以游戏、娱乐、购物等。

(2) 电子邮件 E-mail 服务。可以通过 E-mail 系统同世界上任何地方的朋友交换电子邮件。不论对方在哪个地方,只要他也可以连入 Internet,那么你发送的信息只需要几分钟的时间就可以到达对方的手中了。

(3) 远程登录 Telnet 服务。远程登录就是通过 Internet 进入和使用远距离的计算机系统,就像使用本地计算机一样。远端的计算机可以在同一间屋子里,也可以远在数千公里之外。它使用的工具是 Telnet。它在接到远程登录的请求后,就试图把你所在的计算机同远端计算机连接起来。一旦连通,你的计算机就成为远端计算机的终端。你可以正式注册(Login)进入系统成为合法用户,执行操作命令,提交作业,使用系统资源。在完成操作任务后,通过注销(Logout)退出远端计算机系统,同时也退出 Telnet。

(4) 文件传输 FTP 服务。FTP(文件传输协议)是 Internet 上最早使用的文件传输程序。它同 Telnet 一样,使用户能登录到 Internet 的一台远程计算机,把其中的文件传送回自己的计算机系统;或者反过来把本地计算机上的文件传送并装载到远方的计算机系统。利用这个协议,可以下载免费软件或者上传主页。

3. Internet 历史

20 世纪 60 年代开始,美国国防部的高级研究计划局 ARPA(Advance Research Projects Agency)建立阿帕网 ARPANET,向美国国内大学和一些公司提供经费,以促进计算机网络和分组交换技术的研究。1969 年 12 月,ARPANET 投入运行,建成了一个实验性的由 4 个节点连接的网络。到 1983 年,ARPANET 已连接了 300 多台计算机,供美国各研究机构和政府部门使用。1983 年,ARPANET 分为 ARPANET 和军用 MILNET(Military Network),两个网络之间可以进行通信和资源共享。由于这两个网络都是由许多网络互连而成的,因此它们都被称为 Internet,ARPANET 就是 Internet 的前身。1986 年,NSF(National Science Foundation,美国国家科学基金会)建立了自己的计算机通信网络。NSFnet 将美国各地的科研人员连接到分布在美国不同地区的超级计算机中心,并将按地区划分的计算机广域网与超级计算机中心相连(实际上它是一个三级计算机网络,分为主干网、地区网和校园网,覆盖了全美国主要的大学和研究所)。

4.2.2 TCP/IP 协议

1. 定义

TCP/IP(Transmission Control Protocol/Internet Protocol,传输控制协议/因特网互联协议)又叫网络通信协议,这个协议是 Internet 最基本的协议、Internet 国际互联网络的基础,简单地说,就是由网络层的 IP 协议和传输层的 TCP 协议组成的。TCP/IP 定义了电子设备(如计算机)如何连入因特网,以及数据如何在它们之间传输的标准。TCP/IP 是一个四层的分层体系结构。高层为传输控制协议,它负责聚集信息或把文件拆分成更小的包。低层是网际协议,它处理每个包的地址部分,使这些包正确地到达目的地。

2. 层次

从协议分层模型方面来讲，TCP/IP 由 4 个层次组成，即网络接口层、网络层、传输层、应用层。

(1) 网络接口层包括物理层和数据链路层。物理层是定义物理介质的各种特性，如机械特性、电子特性、功能特性、规程特性。数据链路层是负责接收 IP 数据报并通过网络发送之，或者从网络上接收物理帧，抽出 IP 数据报，交给 IP 层。

(2) 网络层负责相邻计算机之间的通信。其功能包括 3 个方面：① 处理来自传输层的分组发送请求，收到请求后将分组装入 IP 数据报，填充报头，选择去往信宿机的路径，然后将数据报发往适当的网络接口；② 处理输入数据报，首先检查其合法性，然后进行寻径，假如该数据报已到达信宿机，则去掉报头，将剩下部分交给适当的传输协议；假如该数据报尚未到达信宿，则转发该数据报；③ 处理路径、流控、拥塞等问题。

(3) 传输层提供应用程序间的通信。其功能包括：① 格式化信息流；② 提供可靠传输。为实现后者，传输层协议规定接收端必须发回确认，并且假如分组丢失，必须重新发送。传输层协议主要是：传输控制协议（Transmission Control Protocol，TCP）和用户数据报协议（User Datagram Protocol，UDP）。

(4) 应用层向用户提供一组常用的应用程序，如电子邮件、文件传输访问、远程登录等。远程登录 Telnet 使用 Telnet 协议提供在网络其他主机上注册的接口。Telnet 会话提供了基于字符的虚拟终端。文件传输访问 FTP 使用 FTP 协议来提供网络内机器间的文件复制功能。应用层一般是面向用户的服务，如 FTP、Telnet、DNS、SMTP、POP3。

4.2.3 IP 地址

1. 定义

IP 地址就是给每个连接在 Internet 上的主机分配的一个 32 位地址。按照 TCP/IP 协议规定，IP 地址用二进制来表示，每个 IP 地址长 32 位，比特换算成字节，就是 4 个字节。例如，一个采用二进制形式的 IP 地址是"00001010000000000000000000000001"，这么长的地址人们处理起来也太费劲了。为了方便使用，IP 地址经常被写成十进制的形式，中间使用符号"."分开不同的字节。于是，上面的 IP 地址可以表示为"10.0.0.1"。IP 地址的这种表示法叫作"点分十进制表示法"，这显然比 1 和 0 容易记忆得多。

2. IP 构成

Internet 上的每台主机（Host）都有一个唯一的 IP 地址。IP 协议就是使用这个地址在主机之间传递信息，这是 Internet 能够运行的基础。IP 地址的长度为 32 位，分为 4 段，每段 8 位，用十进制数字表示，每段数字范围为 0～255，段与段之间用句点隔开，如 159.226.1.1。

3. IP 地址分类

最初设计互联网络时，为了便于寻址以及层次化构造网络，每个 IP 地址包括两个标识码（ID），即网络 ID 和主机 ID。同一个物理网络上的所有主机都使用同一个网络 ID，网络上的一个主机（包括网络上工作站、服务器和路由器等）有一个主机 ID 与其对应。Internet 委员会定义了 5 种 IP 地址类型以适合不同容量的网络，即 A～E 类。其中 A、B、C 这 3 类（表 4-1）由 Internet NIC 在全球范围内统一分配，D、E 类为特殊地址。

表 4-1 IP 地址分类

网络类别	最大网络数	第一个可用的 网络号	最后一个可用的 网络号	每个网络中的 最大主机数
A	126	1	126	16 777 214
B	16 383	128.1	191.255	65 534
C	2 097 151	192.0.1	223.255.255	254

一个 A 类 IP 地址是指,在 IP 地址的四段号码中,第一段号码为网络号码,剩下的三段号码为本地计算机的号码。如果用二进制表示 IP 地址,A 类 IP 地址就由 1 字节的网络地址和 3 字节主机地址组成,网络地址的最高位必须是"0"。A 类 IP 地址中网络的标识长度为 7 位,主机标识的长度为 24 位,A 类网络地址数量较少,可以用于主机数达 1600 多万台的大型网络。A 类 IP 地址的地址范围为 1.0.0.1~126.255.255.254(二进制表示为 00000001 00000000 00000000 00000001~01111110 11111111 11111111 11111110)。A 类 IP 地址的子网掩码为 255.0.0.0,每个网络支持的最大主机数为 $256^3-2=16\ 777\ 214$ 台。

一个 B 类 IP 地址是指,在 IP 地址的四段号码中,前两段号码为网络号码。如果用二进制表示 IP 地址,B 类 IP 地址就由 2B 的网络地址和 2B 主机地址组成,网络地址的最高位必须是 10。B 类 IP 地址中网络的标识长度为 14 位,主机标识的长度为 16 位,B 类网络地址适用于中等规模的网络,每个网络所能容纳的计算机数为 6 万多台。B 类 IP 地址的地址范围为 128.1.0.1~191.255.255.254(二进制表示为 10000000 00000001 00000000 00000001~10111111 11111111 11111111 11111110)。B 类 IP 地址的子网掩码为 255.255.0.0,每个网络支持的最大主机数为 $256^2-2=65\ 534$ 台。

一个 C 类 IP 地址是指,在 IP 地址的四段号码中,前三段号码为网络号码,剩下的一段号码为本地计算机的号码。如果用二进制表示 IP 地址,C 类 IP 地址就由 3 字节的网络地址和 1 字节主机地址组成,网络地址的最高位必须是 110。C 类 IP 地址中网络的标识长度为 21 位,主机标识的长度为 8 位,C 类网络地址数量较多,适用于小规模的局域网络,每个网络最多只能包含 254 台计算机。C 类 IP 地址范围为 192.0.1.1~223.255.254.254(二进制表示为 11000000 00000000 00000001 00000001~11011111 11111111 11111110 11111110)。C 类 IP 地址的子网掩码为 255.255.255.0,每个网络支持的最大主机数为 $256-2=254$ 台。

D 类 IP 地址第一个字节以 1110 开始,它是一个专门保留的地址。它并不指向特定的网络,目前这一类地址被用在多点广播(Multicast)中。多点广播地址用来一次寻址一组计算机,它标识共享同一协议的一组计算机。地址范围为 224.0.0.1~239.255.255.254。E 类 IP 地址以 11110 开始,保留用于将来和实验使用。

4.2.4 第二代 Internet

1. Internet 2 概述

Internet 2 是美国参与开发该项目的 184 所大学和 70 多家研究机构给未来网络起的名字,旨在为美国的大学和科研群体建立并维持一个技术领先的互联网,以满足大学之间进行网上科学研究和教学的需求。与传统的互联网相比,Internet 2 的传输速率可达 2.4Gb/s,比标准拨号调制解调器快 8.5 万倍。其应用将更为广泛，从医疗保健、国家安全、远程教学、能源研究、生物医学、环境监测、制造工程到紧急情况下的应急反应、危机管理等项目。

2. 超高速网络技术

1）IPv6 协议

全世界广泛使用的是第一代国际互联网，相应的 IP 地址协议是 IPv4，即第 4 版。IPv4 设定的网络地址编码是 32 位，共提供的 IP 地址为 2^{32}，大约 43 亿个。目前，它所提供的网址资源已近枯竭。下一代互联网采用的是 IPv6 协议，它设定的地址是 128 位编码，能产生 2^{128} 个 IP 地址，地址资源极端丰富。

2）Internet 2 的结构

1996 年 10 月，美国政府宣布启动"下一代互联网 NGI"研究计划，其核心是互联网协议和路由器。它的主要目标是：建设高性能的边缘网络，为科研提供基础设施；开发具有革命性的 Internet 应用技术；促进新的网络服务及应用在 Internet 上的推广。

3）主要部分

（1）先进网络基础设施（Advanced Network Infrastructure）。

（2）光网络（Optical Networking）。

（3）中间件与安全（Middleware and Security）。

（4）核心中间件。

（5）中间件整合项目。

（6）先进应用（Advanced Applications）。

3. 超高速网络历史与现状

1996 年美国政府的下一代 Internet/研究计划 NGI 和美国 UCAID 从事的 Internet 2 研究计划，都是在高速计算机试验网上开展下一代高速计算机网络及其典型应用的研究，构造一个全新概念的新一代计算机互连网络，为美国的教育和科研提供世界最先进的信息基础设施，并保持美国在高速计算机网络及其应用领域的技术优势，从而保证 21 世纪美国在科学和经济领域的竞争力。英、德、法、日、加等发达国家目前除了拥有政府投资建设和运行的大规模教育和科研网络以外，也都建立了研究高速计算机网络及其典型应用技术的高速网试验床。2007 年 10 月 10 日，Internet 2 项目的首席负责人道格·冯·豪维灵说："现在可以为单独的计算机工作站提供 10G 的接入带宽，我们需要开发一种方法使得这种高需求的应用与普通应用能够同时运行，互不干扰。"运营商利用 Internet 2 网络开始向科研机构提供一种"临时按需获得 10Gb/s 带宽"的服务。豪维灵说，通常每个研究所以 10Gb/s 的速度连接到 100Gb/s 的 Internet 2 骨干网，另外有一个 10Gb/s 的接入口作为备份，以备突发流量之需。

4.3　计算机网络与安全

4.3.1　网络安全威胁

1. 网络安全概述

计算机网络安全指利用网络管理控制和技术措施，保证在一个网络环境里数据的保密性、完整性及可使用性受到保护。计算机网络安全包括两个方面，即物理安全和逻辑安全。

物理安全指系统设备及相关设施受到物理保护,免于破坏、丢失等。逻辑安全包括信息的完整性、保密性和可用性。计算机网络安全不仅包括组网的硬件、管理控制网络的软件,也包括共享的资源、快捷的网络服务,所以定义网络安全应考虑涵盖计算机网络所涉及的全部内容。

2. 潜在威胁

对计算机信息构成不安全的因素很多,其中包括人为因素和自然因素。其中,人为因素是指一些不法之徒利用计算机网络存在的漏洞,或者潜入计算机房,盗用计算机系统资源,非法获取重要数据、篡改系统数据、破坏硬件设备、编制计算机病毒。人为因素是对计算机信息网络安全威胁最大的因素。

3. 计算机网络的脆弱性

互联网是对全世界都开放的网络,任何单位或个人都可以在网上方便地传输和获取各种信息,互联网这种具有开放性、共享性、国际性的特点就对计算机网络安全提出了挑战。互联网的不安全性主要有以下几项。

(1)网络的开放性。网络的技术是全开放的,使得网络所面临的攻击来自多方面,或是来自物理传输线路的攻击,或是来自对网络通信协议的攻击,以及对计算机软件、硬件的漏洞实施攻击。

(2)网络的国际性。意味着对网络的攻击不仅是来自于本地网络的用户,还可以是互联网上其他国家的黑客,所以网络的安全面临着国际化的挑战。

(3)网络的自由性。大多数的网络对用户的使用没有技术上的约束,用户可以自由地上网,发布和获取各类信息。

4.3.2 网络安全策略

1. 技术层面对策

对于技术方面。计算机网络安全技术主要有实时扫描、实时监测、防火墙、完整性检验保护、病毒情况分析报告和系统安全管理。综合起来,技术层面可以采取以下对策。

(1)建立安全管理制度。提高包括系统管理员和用户在内人员的技术素质和职业道德修养。对重要部门和信息,严格做好开机查毒和及时备份数据。

(2)网络访问控制。访问控制是网络安全防范和保护的主要策略。它的主要任务是保证网络资源不被非法使用和访问。它是保证网络安全最重要的核心策略之一。访问控制涉及的技术比较广,包括入网访问控制、网络权限控制、目录级控制以及属性控制等多种手段。

(3)数据库的备份与恢复。数据库的备份与恢复是数据库管理员维护数据安全性和完整性的重要操作。备份是恢复数据库最容易和最能防止意外的保证方法。恢复是在意外发生后利用备份来恢复数据的操作。

(4)应用密码技术。应用密码技术是信息安全核心技术,密码手段为信息安全提供了可靠保证。基于密码的数字签名和身份认证是当前保证信息完整性的最主要方法之一,密码技术主要包括古典密码体制、单钥密码体制、公钥密码体制、数字签名以及密钥管理。

(5)切断传播途径。对被感染的硬盘和计算机进行彻底杀毒处理,不使用来历不明的

U 盘和程序,不随意下载网络可疑信息。

（6）提高网络反病毒技术能力。通过安装病毒防火墙进行实时过滤。对网络服务器中的文件进行频繁扫描和监测,在工作站上采用防病毒卡,加强网络目录和文件访问权限的设置。在网络中限制只能由服务器才允许执行的文件。

（7）研发并完善高安全的操作系统。研发具有高安全的操作系统,不给病毒得以滋生的温床才能更安全。

2. 管理层面对策

计算机网络的安全管理,不仅要看所采用的安全技术和防范措施,而且要看它所采取的管理措施和执行计算机安全保护法律、法规的力度。只有将两者紧密结合,才能使计算机网络安全确实有效。

计算机网络的安全管理,包括对计算机用户的安全教育、建立相应的安全管理机构、不断完善和加强计算机的管理功能、加强计算机及网络的立法和执法力度等方面。加强计算机安全管理、加强用户的法律、法规和道德观念,提高计算机用户的安全意识,对防止计算机犯罪、抵制黑客攻击和防止计算机病毒干扰是十分重要的措施。

4.3.3　VPN 技术

1. VPN 定义

虚拟专用网络(Virtual Private Network,VPN)指在公用网络上建立专用网络的技术。之所以称之为虚拟网,主要是因为整个 VPN 网络的任意两个节点之间的连接并没有传统专网所需的端到端的物理链路,而是架构在公用网络服务商所提供的网络平台,如 Internet、ATM(异步传输模式)、Frame Relay(帧中继)等之上的逻辑网络,用户数据在逻辑链路中传输。它涵盖了跨共享网络或公共网络的封装、加密和身份验证链接的专用网络的扩展。VPN 主要采用了隧道技术、加解密技术、密钥管理技术和使用者与设备身份认证技术。

VPN 属于远程访问技术,简单地说就是利用公网链路架设私有网络。例如,公司员工出差到外地,他想访问企业内网的服务器资源,这种访问就属于远程访问。怎么才能让外地员工访问到内网资源呢? VPN 的解决方法是在内网中架设一台 VPN 服务器,VPN 服务器有两块网卡,一块连接内网,一块连接公网。外地员工在当地连上互联网后,通过互联网找到 VPN 服务器,然后利用它作为跳板进入企业内网。为了保证数据安全,VPN 服务器和客户机之间的通信数据都进行了加密处理。有了数据加密,就可以认为数据是在一条专用的数据链路上进行安全传输,就如同专门架设了一个专用网络一样。但实际上 VPN 使用的是互联网上的公用链路,因此只能称为虚拟专用网,即 VPN 实质上就是利用加密技术在公网上封装出一个数据通信隧道。有了 VPN 技术,用户无论是在外地出差还是在家中办公,只要能上互联网就能利用 VPN 非常方便地访问内网资源,这就是 VPN 在企业中应用得如此广泛的原因,如图 4-3 所示。

在传统的企业网络配置中,要进行异地局域网之间的互联,传统的方法是租用 DSN(数字数据网)专线或帧中继。这样的通信方案必然导致高昂的网络通信/维护费用。对于移动用户(移动办公人员)与远端个人用户而言,一般通过拨号线路(Internet)进入企业的局域网,而这样必然带来安全上的隐患。

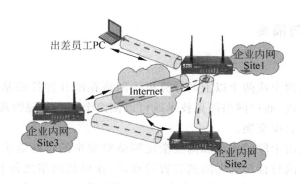

图 4-3　VPN 的原理

2. 虚拟专用网的优点

（1）使用 VPN 可降低成本。通过公用网来建立 VPN，就可以节省大量的通信费用，而不必投入大量的人力和物力去安装和维护 WAN（广域网）设备和远程访问设备。

（2）传输数据安全可靠。虚拟专用网产品均采用加密及身份验证等安全技术，保证连接用户的可靠性及传输数据的安全和保密性。

（3）连接方便灵活。用户如果想与合作伙伴联网，但没有虚拟专用网，双方的信息技术部门就必须协商如何在双方之间建立租用线路或帧中继线路，有了虚拟专用网之后，只需双方配置安全连接信息即可。

（4）完全控制。虚拟专用网使用户可以利用 ISP 的设施和服务，同时又完全掌握着自己网络的控制权。用户只利用 ISP 提供的网络资源，对于其他的安全设置、网络管理变化可由自己管理。在企业内部也可以自己建立虚拟专用网。

3. VPN 技术

基于公共网的 VPN 通过隧道技术、数据加密技术及 QoS 机制，使得企业能够降低成本、提高效率、增强安全性。VPN 产品从第一代的 VPN 路由器、交换机发展到第二代的 VPN 集中器，性能不断提高。

（1）隧道技术，简单地说就是：原始报文在 A 地进行封装，到达 B 地后把封装去掉还原成原始报文，这样就形成了一条由 A 到 B 的通信隧道。目前实现隧道技术的有一般路由封装（Generic Routing Encapsulation，GRE）、L2TP 和 PPTP。

（2）加解密技术。VPN 可直接利用现有技术实现加解密。数据加密的基本思想是通过变换信息的表示形式来伪装需要保护的敏感信息，使非受权者不能了解被保护信息的内容。

（3）QoS 技术。在网络中，服务质量（QoS）是指所能提供的带宽级别。将 QoS 融入一个 VPN，使得管理员可以在网络中完全控制数据流。

通过隧道技术和加密技术，已经能够建立起一个具有安全性、互操作性的 VPN。但是该 VPN 性能不稳定，管理上不能满足企业的要求，这就要加入 QoS 技术。实行 QoS 应该在主机网络中，即 VPN 所建立的隧道这一段，这样才能建立一条性能符合用户要求的隧道。

4.3.4　网络安全与隔离

1. 网络隔离

网络隔离技术指两个或两个以上的计算机或网络在断开连接的基础上,实现信息交换和资源共享。也就是说,通过网络隔离技术既可以使两个网络实现物理上的隔离,又能在安全的网络环境下进行数据交换。

面对新型网络攻击手段的出现和高安全度网络对安全的特殊需求,网络隔离技术应运而生。网络隔离技术的目标是确保隔离有害的攻击,在可信网络之外和保证可信网络内部信息不外泄的前提下,完成网间数据的安全交换。网络隔离技术是在原有安全技术的基础上发展起来的,它弥补了原有安全技术的不足,突出了自己的优势。

网络隔离技术的主要目标是将有害的网络安全威胁隔离开,以保障数据信息在可信网络内进行安全交互。目前,一般的网络隔离技术都是以访问控制思想为策略,物理隔离为基础,并定义相关约束和规则来保障网络的安全强度。

2. 发展历程

网络隔离(Network Isolation)主要是指把两个或两个以上可路由的网络(如 TCP/IP)通过不可路由的协议(如 IPX/SPX、NetBEUI 等)进行数据交换而达到隔离目的。由于其原理主要是采用了不同的协议,所以通常也叫协议隔离(Protocol Isolation)。

第一代隔离技术是完全隔离。此方法使得网络处于信息孤岛状态,做到了完全的物理隔离,需要至少两套网络和系统,更重要的是信息交流的不便和成本的提高,这样给维护和使用带来了极大的不便。

第二代隔离技术是硬件卡隔离。在客户端增加一块硬件卡,客户端硬盘或其他存储设备首先连接到该卡,然后再转接到主板上,通过该卡能控制客户端硬盘或其他存储设备。而在选择不同的硬盘时同时选择了该卡上不同的网络接口,连接到不同的网络。但是,这种隔离产品有的仍然需要网络布线为双网线结构,产品存在着较大的安全隐患。

第三代隔离技术是数据转播隔离。利用转播系统分时复制文件的途径来实现隔离,切换时间非常之久,甚至需要手工完成,不仅明显地减缓了访问速度,更不支持常见的网络应用,失去了网络存在的意义。

第四代隔离技术是空气开关隔离。它是通过使用单刀双掷开关,使得内、外部网络分时访问临时缓存器来完成数据交换的,其在安全和性能上存在许多问题。

第五代隔离技术是安全通道隔离。此技术通过专用通信硬件和专有安全协议等安全机制,来实现内、外部网络的隔离和数据交换,不仅解决了以前隔离技术存在的问题,并有效地把内、外部网络隔离开来,而且高效地实现了内外网数据的安全交换,透明支持多种网络应用,成为当前隔离技术的发展方向。

3. 技术原理

网络隔离技术的核心是物理隔离,并通过专用硬件和安全协议来确保两个链路层断开的网络能够实现数据信息在可信网络环境中进行交互、共享。一般情况下,网络隔离技术主要包括内网处理单元、外网处理单元和专用隔离交换单元三部分内容。其中,内网处理单元和外网处理单元都具备一个独立的网络接口和网络地址来分别对应连接内网和外网,而专用隔离交换单元则是通过硬件电路控制高速切换连接内网或外网。网络隔离技术的基本原理通过专用物理硬件和安全协议在内网和外网之间架构起安全隔离网墙,使两个系统在空间上物理隔离,同时又能过滤数据交换过程中的病毒、恶意代码等信息,以保证数据信息在可信的网络环境中进行交换、共享,同时还要通过严格的身份认证机制来确保用户获取所需的数据信息。网络隔离技术的关键点是如何有效控制网络通信中的数据信息,即通过专用硬件和安全协议来完成内、外网间的数据交换,以及利用访问控制、身份认证、加密签名等安全机制来实现交换数据的机密性、完整性、可用性、可控性,所以如何尽量提高不同网络间数据交换速度,以及能够透明支持交互数据的安全性将是未来网络隔离技术发展的趋势。

4. 网络隔离技术方案

网络隔离技术主要有以下几种类型。

(1) 双机双网。双机双网隔离技术方案是指通过配置两台计算机来分别连接内网和外网环境,再利用移动存储设备来完成数据交互操作,然而这种技术方案会给后期系统维护带来诸多不便,同时还存在成本上升、占用资源等缺点,而且通常效率也无法达到用户的要求。

(2) 双硬盘隔离。双硬盘隔离技术方案的基本思想是通过在原有客户机上添加一块硬盘和隔离卡来实现内网和外网的物理隔离,并通过选择启动内网硬盘或外网硬盘来连接内网或外网网络。由于这种隔离技术方案需要多添加一块硬盘,所以对那些配置要求高的网络而言,就造成了成本浪费,同时频繁地关闭、启动硬盘容易造成硬盘的损坏。

(3) 单硬盘隔离。单硬盘隔离技术方案的实现原理是从物理层上将客户端的单个硬盘分割为公共和安全分区,并分别安装两套系统来实现内网和外网的隔离,这样就具有了较好的可扩展性,但是也存在数据是否安全界定困难、不能同时访问内、外两个网络等缺陷。

(4) 集线器级隔离。集线器级隔离技术方案的一个主要特征在客户端只需使用一条网络线就可以部署内网和外网,然后通过远端切换器来选择连接内、外双网,避免了客户端要用两条网络线来连接内、外网络。

(5) 服务器端隔离。服务器端隔离技术方案的关键内容是在物理上没有数据连通的内、外网络下,如何快速、分时地处理和传递数据信息,该方案主要是通过采用复杂的软、硬件技术手段来在服务器端实现数据信息过滤和传输任务,以达到隔离内、外网的目的。

典 型 案 例

网络风暴

暴风影音事件,也称暴风门事件(Storm Scandal; Storm Gate Event),是发生于 2009 年 5 月 19 日的一次大范围网络故障事件。这次故障的起点在于北京暴风科技公司的域名 BAOFENG. COM 被人恶意大流量攻击。

18 日免费 DNS 服务提供商的 6 台服务器开始受到攻击。18 日 20 点 33 分 59 秒。在大流量攻击下 DNSPod 的 6 台解析服务器开始失效,大量网站开始间歇性无法访问。第一波攻击的流量在 21 点 30 分左右达到高峰,达 10Gb/s,而一个电信核心机房的带宽最多只有几十 G。18 日当晚,由于 DNSPod 消耗整个机房近 1/3 的带宽,为了不影响机房其他用户,DNSPod 的电信主力 DNS 服务器被迫离线。

19 日晚上,在另一轮高强度攻击下,DNSPod 服务完全中断,由于暴风影音播放器客户端无法解析服务器 IP,而不断向网络供应商的 DNS 服务器发送解析请求,造成当地运营商的 DNS 服务器堵塞。19 日 21 点左右,浙江电信 DNS 瘫痪,之后的两个小时内天津、北京、上海、河北、山西、内蒙古、辽宁、吉林、江苏、黑龙江、浙江、安徽、湖北、广西、广东等地区的 DNS 陆续瘫痪。在零点之前,部分地区运营商进行了处理,将暴风影音的服务器 IP 加入 DNS 缓存或者禁止了这个域名的解析,网络开始恢复。

后经了解,此次事故的罪魁祸首竟然仅仅是同样在使用 DNSPod 服务的一个私服网站,这个网站的"同行"在对其 Web 服务器攻击不成的情况下动用大量肉鸡对其 DNS 服务商 DNSPod 进行了丧心病狂的攻击,其规模之大让人心惊。本次网络瘫痪的重要原因是,DNSPod 遭遇网络攻击,遭到电信运营商断网处理,致使其托管数十万域名无法正常解析。通常情况下,如果是网民在地址栏输入"BAOFENG.COM"等托管域名,因为无法访问,网民就不会再次输入相关域名请求解析。但是,本次网络瘫痪中发起请求的不仅是网民,更多的是安装网民计算机中的暴风影音软件,它不像人是有智慧的,在访问不成功后会自动放弃,程序的设计导致其无法访问时会持续不断发起访问请求,而且这些请求全部拥塞在本地域名服务器中,无法传送到 DNSPod 完成 BAOFENG.COM 解析,大量拥塞的请求占用了大量的服务器处理性能,进而导致本地域名服务器无法对其他的正常请求进行解析,并最终酿成大规模的网络故障。

思　考　题

4-1　什么是计算机网络?

4-2　计算机网络拓扑结构有几种?

4-3　简述计算机网络发展历史。

4-4　什么是 Internet? 什么是第二代 Internet?

4-5　简述 TCP/IP 协议。

4-6　什么是 IP 地址?

4-7　什么是万兆位以太网? 什么是全光网?

4-8　什么是网络安全?

4-9　网络安全有哪几个方面的威胁?

4-10　什么是网络安全策略?

4-11　什么是 VPN?

4-12　什么是网络安全隔离?

第5章 语言、程序、软件与安全

5.1 语言与程序

5.1.1 计算机语言

计算机语言的发展是一个不断演化的过程,其根本的推动力就是抽象机制更高的要求,以及对程序设计思想的更好的支持。具体地说,就是把机器能够理解的语言提升到也能够很好地模仿人类思考问题的形式。计算机语言的演化从最开始的机器语言到汇编语言再到各种结构化高级语言,最后到支持面向对象技术的面向对象语言。

1. 机器语言

电子计算机所使用的是由"0"和"1"组成的二进制数,二进制是计算机语言的基础。计算机发明之初,人们只能降贵纡尊,用计算机的语言去命令计算机干这干那,一句话,就是写出一串串由"0"和"1"组成的指令序列交由计算机执行,这种语言就是机器语言。使用机器语言是十分痛苦的,特别是在程序有错需要修改时更是如此。而且,由于每台计算机的指令系统往往各不相同,所以,在一台计算机上执行的程序,要想在另一台计算机上执行必须另编程序,造成了重复工作。但由于使用的是针对特定型号计算机的语言,故而运算效率是所有语言中最高的。机器语言是第一代计算机语言。

2. 汇编语言

为了减轻使用机器语言编程的痛苦,人们进行了一种有益的改进:用一些简洁的英文字母、符号串来替代一个特定指令的二进制串,如用 ADD 代表加法、MOV 代表数据传递等,这样一来,人们很容易读懂并理解程序在干什么,纠错及维护都变得方便了,这种程序设计语言就称为汇编语言,即第二代计算机语言。然而计算机是不认识这些符号的,这就需要一个专门的程序,专门负责将这些符号翻译成二进制数的机器语言,这种翻译程序称为汇编程序。汇编语言同样十分依赖于机器硬件,移植性不好,但效率仍十分高,针对计算机特定硬件编制的汇编语言程序,能准确发挥计算机硬件的功能和特长,程序精练且质量高,所以至今仍是一种常用而强有力的软件开发工具。

3. 高级语言

从最初与计算机交流的痛苦经历中人们意识到,应该设计一种接近于数学语言或人的自然语言,同时又不依赖于计算机硬件,编出的程序能在所有机器上通用。经过努力,1954年第一个完全脱离机器硬件的高级语言——FORTRAN 问世了,40 多年来,共有几百种高级语言出现,有重要意义的有几十种,影响较大、使用较普遍的有 FORTRAN、ALGOL、COBOL、BASIC、LISP、SNOBOL、PL/1、Pascal、C、PROLOG、Ada、C++、VC、VB、Delphi、Java 等。高级语言的发展也经历了从早期语言到结构化程序设计语言,从面向过程到非过程化程序语言的过程。相应地,软件的开发也由最初的个体手工作坊式的封闭式生产,发展为产业化、流水线式的工业化生产。

20世纪60年代中后期,软件越来越多,规模越来越大,而软件的生产基本上是人自为战,缺乏科学规范的系统规划与测试、评估标准,其恶果是大批耗费巨资建立起来的软件系统,由于含有错误而无法使用,甚至带来巨大损失,软件给人的感觉是越来越不可靠,以致几乎没有不出错的软件。这一切极大地震动了计算机界,史称"软件危机"。人们认识到大型程序的编制不同于写小程序,它应该是一项新的技术,应该像处理工程一样处理软件研制的全过程。程序的设计应易于保证正确性,也便于验证正确性。1969年,提出了结构化程序设计方法,1970年,第一个结构化程序设计语言——Pascal出现,标志着结构化程序设计时期的开始。

20世纪80年代初,面向对象程序设计出现。在此之前的高级语言几乎都是面向过程的,程序的执行是流水线似的。在一个模块被执行完成前人们不能干别的事,也无法动态地改变程序的执行方向。这和人们日常处理事物的方式不一致,对人而言是希望发生一件事就处理一件事,也就是说,不能面向过程,而应是面向具体的应用功能,也就是对象(Object)。其方法是软件的集成化,如同硬件的集成电路一样,生产一些通用的、封装紧密的功能模块,称之为软件集成块,它与具体应用无关,但能相互组合完成具体的应用功能,同时又能重复使用。对使用者来说,只关心它的接口(输入量、输出量)及其实现的功能,至于如何实现的那是它内部的事,使用者完全不用关心,C++、VB、Delphi就是典型代表。高级语言的下一个发展目标是面向应用,也就是说:只需要告诉程序要干什么,程序就能自动生成算法,自动进行处理,这就是非过程化的程序语言。

4. 第四代语言

4GL(Fourth-Generation Language,第四代语言)是按计算机科学理论指导设计出来的结构化语言,如ADA、Modula-2、Smalltalk-80等。

4GL简单易学,用户界面良好,非过程化程度高,面向问题,只需告知计算机"做什么",而不必告知计算机"怎么做",用4GL编程使用的代码量较之COBOL、PL/1明显减少,并可成数量级地提高软件生产率。许多4GL为了提高对问题的表达能力,也为了提高语言的效率,引入了过程化语言成分,出现了过程化语句与非过程化语句交织并存的局面,如LINC、NOMAD、IDEAL、FOCUS、NATURAL等均是如此。

4GL以数据库管理系统所提供的功能为核心,进一步构造了开发高层软件系统的开发环境,如报表生成、多窗口表格设计、菜单生成系统等,为用户提供了一个良好的应用开发环境。4GL的代表性软件系统有PowerBuilder、Delphi和Informix-4GL等。

4GL的出现是出于商业需要。4GL这个词最早是在20世纪80年代初期出现在软件厂商的广告和产品介绍中的。因此,这些厂商的4GL产品不论从形式上看还是从功能上看,差别都很大。1985年,美国召开了全国性的4GL研讨会,也正是在这前后,许多著名的计算机科学家对4GL展开了全面研究,从而使4GL进入了计算机科学的研究范畴。进入20世纪90年代,随着计算机软、硬件技术的发展和应用水平的提高,大量基于数据库管理系统的4GL商品化软件已在计算机应用开发领域中获得广泛应用,成为面向数据库应用开发的主流工具,如Oracle应用开发环境、Informix-4GL、SQL Windows、Power Builder等。它们为缩短软件开发周期、提高软件质量发挥了巨大的作用,为软件开发注入了新的生机和活力。

5.1.2　程序结构与执行方式

1. 程序的基本结构

计算机程序或者软件程序(简称程序)是指一组指示计算机执行动作或做出判断的指令,通常用某种程序设计语言编写,运行于某种目标的计算机或智能仪器上。

早在 1966 年 Bohm 和 Jacopin 就证明了程序设计语言中只要有 3 种形式的控制结构,就可以表示出各式各样的其他复杂结构。这 3 种基本控制结构是顺序、选择和循环。对于具体的程序语句来说,每种基本结构都包含若干语句。

1) 顺序结构

顺序结构表示程序中的各操作是按照它们出现的先后顺序执行的。先执行 A 模块,再执行 B 模块,如图 5-1(a)所示。

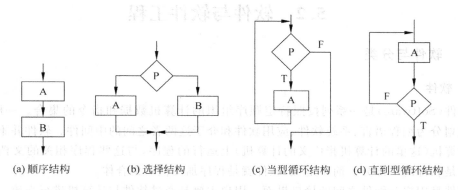

(a) 顺序结构　　　　(b) 选择结构　　　　(c) 当型循环结构　　(d) 直到型循环结构

图 5-1　程序的 3 种基本结构

2) 选择结构

选择结构表示程序的处理步骤出现了分支,它需要根据某一特定的条件选择其中的一个分支执行。选择结构有单选择、双选择和多选择 3 种形式。当条件 P 的值为真时执行 A 模块;否则执行 B 模块,如图 5-1(b)所示。

3) 循环结构

循环结构表示程序反复执行某个或某些操作,直到某条件为假(或为真)时才可终止循环。在循环结构中最主要的是什么情况下执行循环、哪些操作需要循环执行。

当型循环结构:当条件 P 的值为真时,就执行 A 模块,然后再次判断条件 P 的值是否为真,直到条件 P 的值为假时才向下执行,如图 5-1(c)所示。

直到型循环结构:先执行 A 模块,然后判断条件 P 的值是否为真,若 P 为真,再次执行 A 模块,直到条件 P 的值为假时才向下执行,如图 5-1(d)所示。

2. 程序的执行方式

一般的程序是用高级语言编写的,如 C/C++以及面向对象的 Visual 系列,而编写的程序在计算机上是不能直接执行的,因为计算机只能执行二进制程序。因此,要将编写的程序翻译成二进制程序。在计算机上执行的程序通常有两种方式:一种是编译执行方式;另一种是解释执行方式。

1) 解释方式

解释方式是每执行一句就翻译一句,即边执行边解释。这种方式每次运行程序时都要重新翻译整个程序,效率较低,执行速度慢,如 BASIC 语言。解释执行方式按照源程序中语句的动态顺序逐句进行分析解释,并立即执行。所以,解释程序是这样一种程序,它能够按照源程序中语句的动态顺序,逐句地分析解释并执行,直至源程序结束。

2) 编译方式

编译方式是在程序第一次执行前,先将编写的程序翻译成二进制形式,然后每次执行时就可以直接执行这个翻译好的二进制程序了。程序的翻译过程叫编译。现在的大多数语言都是采用这种方式。编译方式把源程序的执行过程严格地分成两大步,即编译和运行,也就是先把源程序全部翻译成目标代码,然后再运行此目标代码,获得执行结果。

5.2　软件与软件工程

5.2.1　软件与分类

1. 软件

软件(Software)是一系列按照特定顺序组织的计算机数据和指令的集合。一般来讲,软件被划分为编程语言、系统软件、应用软件和介于这两者之间的中间件。软件并不只是可以在计算机(这里的计算机指广义的计算机)上运行的程序,与这些程序相关的文档一般也被认为是软件的一部分。简单地说,软件就是程序加文档的集合体。

软件是用户与硬件之间的接口界面。用户主要是通过软件与计算机进行交流。软件是计算机系统设计的重要依据。为了方便用户,为了使计算机系统具有较高的总体效用,在设计计算机系统时,必须全局考虑软件与硬件的结合以及用户的要求和软件的要求。

2. 软件分类

一般来讲,软件分为系统软件和应用软件,其中系统软件包括操作系统和支撑软件(包括微软发布的嵌入式系统,即硬件级的软件,使计算机及其他设备运算速度更快、更节能),见图 5-2。

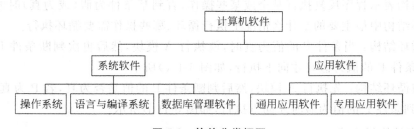

图 5-2　软件分类框图

1) 系统软件

系统软件为计算机使用提供最基本的功能,可分为操作系统、数据库管理系统、系统实用程序和程序设计语言与编译系统等。

(1) 操作系统是管理计算机硬件与软件资源的程序,同时也是计算机系统的内核与基石。操作系统身负诸如管理与配置内存、决定系统资源供需的优先次序、控制输入与输出设备、操作网络与管理文件系统等基本事务。操作系统分为 Windows、UNIX、Linux、Mac OS、OS/2 等。

（2）数据库管理系统是对数据库进行管理和操作的系统，是用户与数据库之间的接口，它提供了用户管理数据库的一套命令，包括数据库的建立、修改、检索、统计和排序等功能。关系型数据库管理系统应用广泛，常见的有 FoxPro、SQL Server、Oracle、Sybase、DB2 和 Informix 等。

（3）系统实用程序是一些工具性的服务程序，便于用户对计算机的使用和维护。主要的实用程序有语言处理程序、编辑程序、连接装配程序、打印管理程序、测试程序和诊断程序等。

（4）程序设计语言与编译系统。目前被广泛使用的高级语言有 C、BASIC、PASCAL、FORTRAN、COBOL 等。

2）应用软件

（1）通用应用软件，是某些具有通用信息处理功能的商品化软件。它的特点是通用性，因此可以被许多类似应用需求的用户使用。它所提供的功能往往可以通过选择、设置和调配来满足用户的特定需求。比较典型的通用软件有文字处理软件、表格处理软件、数值统计分析软件、财务核算软件等。

（2）专用应用软件，是满足用户特定要求的应用软件。因为某些情况下，用户对数据处理的功能需求存在很大的差异性，通用软件不能满足要求时，需要由专业人士采取单独开发的方法，为用户开发具有特定要求的专门应用软件。

5.2.2　软件工程概述

1. 定义

软件工程（Software Engineering）是一门研究用工程化方法构建和维护有效的、实用的和高质量软件的学科。它涉及程序设计语言、数据库、软件开发工具、系统平台、标准、设计模式等方面。就软件工程的概念，很多学者、组织机构都分别给出了自己的定义。

（1）BarryBoehm：运用现代科学技术知识来设计并构造计算机程序及为开发、运行和维护这些程序所必需的相关文件资料。

（2）IEEE 在软件工程术语汇编中的定义：软件工程是将系统化的、严格约束的、可量化的方法应用于软件的开发、运行和维护，即将工程化应用于软件。

（3）FritzBauer 在 NATO 会议上给出的定义：建立并使用完善的工程化原则，以较经济的手段获得能在实际机器上有效运行的可靠软件的一系列方法。

（4）《计算机科学技术百科全书》中的定义：软件工程是应用计算机科学、数学及管理科学等原理开发软件的工程。软件工程借鉴传统工程的原则、方法，以提高质量、降低成本。其中，计算机科学、数学用于构建模型与算法，工程科学用于制定规范、设计范型（Paradigm）、评估成本及确定权衡，管理科学用于计划、资源、质量、成本等管理。

2. 软件工程过程

1）软件过程

软件过程可概括为 3 类，即基本过程类、支持过程类和组织过程类。

（1）基本过程类包括获取过程、供应过程、开发过程、运作过程、维护过程和管理过程。

（2）支持过程类包括文档过程、配置管理过程、质量保证过程、验证过程、确认过程、联合评审过程、审计过程以及问题解决过程。

（3）组织过程类包括基础设施过程、改进过程及培训过程。

2）基本过程

软件过程主要针对软件生产和管理。为了获得满足工程目标的软件，不仅涉及工程开发，而且还涉及工程支持和工程管理。对于一个特定的项目，可以通过剪裁过程定义所需的活动和任务，并可使活动并发执行。与软件有关的单位，根据需要和目标可采用不同的过程、活动和任务。

软件工程过程指生产一个最终能满足需求且达到工程目标的软件产品所需要的步骤。软件工程过程主要包括开发过程、运作过程、维护过程。它覆盖了需求、设计、实现、确认及维护等活动。

3. 软件生命周期

软件生命周期（Systems Development Life Cycle，SDLC）是软件的产生直到报废的生命周期，周期内有问题定义、可行性分析、总体描述、系统设计、编码、调试和测试、验收与运行、维护升级到废弃等阶段，这种按时间分层的思想方法是软件工程中的一种思想原则，即按部就班、逐步推进，每个阶段都要有定义、工作、审查、形成文档以供交流或备查，以提高软件的质量。但随着新的面向对象的设计方法和技术的成熟，软件生命周期设计方法的指导意义正在逐步减少。

同任何事物一样，一个软件产品或软件系统也要经历孕育、诞生、成长、成熟、衰亡等阶段，一般称为软件生存周期（软件生命周期）。把整个软件生存周期划分为若干阶段，使得每个阶段有明确的任务，使规模大、结构复杂和管理复杂的软件开发变得容易控制和管理。通常，软件生存周期包括可行性分析与开发项计划、需求分析、设计（概要设计和详细设计）、编码、测试、维护等活动，可以将这些活动以适当的方式分配到不同的阶段去完成。

5.2.3　软件开发方法

1. 结构化方法

结构化方法是一种传统的软件开发方法，它由结构化分析、结构化设计和结构化程序设计三部分有机组合而成。它的基本思想：把一个复杂问题的求解过程分阶段进行，而且这种分解是自顶向下、逐层分解，使得每个阶段处理的问题都控制在人们容易理解和处理的范围内。

结构化方法的基本要点是自顶向下、逐步求精、模块化设计。结构化分析方法是以自顶向下、逐步求精为基点，以一系列经过实践的考验被认为是正确的原理和技术为支撑，以数据流图、数据字典、结构化语言、判定表、判定树等图形表达为主要手段，强调开发方法的结构合理性和系统的结构合理性的软件分析方法。

结构化方法按软件生命周期划分，有结构化分析（SA）、结构化设计（SD）、结构化实现（SP）。其中要强调的是，结构化方法学是一个思想准则的体系，虽然有明确的阶段和步骤，但是也集成了很多原则性的东西，所以学会结构化方法，不是单从理论知识上去了解就足够的,需要更多的还是在实践中慢慢理解各准则,慢慢将其变成自己的方法学。

2. 面向对象方法

面向对象方法(Object-Oriented Method)是一种把面向对象的思想应用于软件开发过程中,指导开发活动的系统方法,简称 OO (Object-Oriented)方法,是建立在"对象"概念基础上的方法学。对象是由数据和允许的操作组成的封装体,与客观实体有直接对应关系,一个对象类定义了具有相似性质的一组对象。而继承性是对具有层次关系的类的属性和操作进行共享的一种方式。面向对象就是基于对象概念,以对象为中心、以类和继承为构造机制,来认识、理解、刻画客观世界和设计,构建相应的软件系统。

OO 方法作为一种独具优越性的方法已被全世界越来越广泛的接受,它被誉为"研究高技术的好方法",更是当前计算机软件界关注的重点。

3. 软件复用和构件方法

1) 复用定义

软件复用(Software Reuse)就是将已有的软件成分用于构造新的软件系统,以缩减软件开发和维护的花费。无论对可复用构件原封不动地使用还是作适当的修改后再使用,只要是用来构造新软件,都可称为复用。被复用的软件成分一般称为可复用构件。软件复用是提高软件生产力和质量的一种重要技术。早期的软件复用主要是代码级复用,后来扩大到包括领域知识、开发经验、项目计划、可行性报告、体系结构、需求、设计、测试用例和文档等一切有关方面。对一个软件进行修改,使它运行于新的软、硬件平台不称为复用,而称为软件移植。

2) 基于构件的软件开发方法

传统软件开发过程在重用元素、开发方法上都与基于构件的软件开发(Component-Based Software Development,CBSD)有很大的不同。虽然面向对象技术促进了软件重用,但只实现了类和类继承的重用。中间件技术出现后,软件重用才得到了根本改变。CBSD实现了分析、设计、类等多层次上的重用。图 5-3 是 CBSD 重用元素分层实现的示意图。在分析抽象层上,重用元素有子系统、类;在设计层上,重用元素有系统体系结构、子系统体系结构、设计模式、成语、框架、容器、中间件、类库、模板、抽象类等。

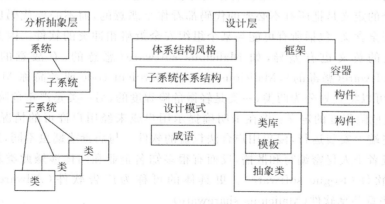

图 5-3 基于构件的软件开发

　　在软件开发方法上,CBSD引导软件开发从应用系统开发转变为应用系统集成。建立一个应用系统需要重用很多已有的中间件模块,这些中间件模块可能是在不同的时间、由不同的人员开发的,并有各种不同的用途。在这种情况下,应用系统的开发过程就变成对中间件接口、中间件上下文以及框架环境一致性的逐渐探索过程。传统的软件开发过程是串行瀑布式、流水线的过程;而CBSD是并发进化式,不断升级完善的过程。图5-4显示了传统软件开发过程与CBSD过程的不同。

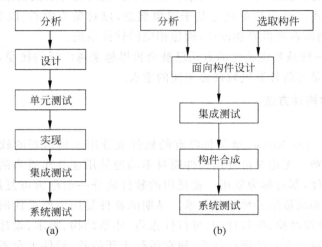

图 5-4　传统软件开发过程与 CBSD 过程

5.3　软件系统安全

5.3.1　恶意代码

1. 恶意代码概述

　　恶意代码(Unwanted Code)指没有作用却会带来危险的代码。恶意代码又称为恶意软件。比较安全的定义是把所有不必要的代码都看作是恶意的,而不必要代码比恶意代码具有更宽泛的安全含义,包括所有可能与某个组织安全策略相冲突的软件。因为危险程度不同,所以对应的英文也有差异,如 Malicious software(恶意的、有敌意的、蓄意的)或Malevolent software(恶毒的),Malicious code、Malevolent code 或者简称 Malware。从危险程度上看,可以将其划分为两类,一类是轻微危险程度的,另一类是严重危险程度的。

　　(1) 轻微危险程度的定义:指在未明确提示用户或未经用户许可的情况下,在用户计算机或其他终端上安装运行,侵犯用户合法权益的软件。与病毒或蠕虫不同,这些软件很多不是小团体或者个人秘密编写和散播,反而有很多知名企业和团体涉嫌此类软件。有时也称其为流氓软件(Rogue software)。更具体的可称为广告软件(Adware)、间谍软件(Spyware)、恶意共享软件(Malicious shareware)。

　　(2) 严重危险程度的定义:指故意编制或设置的、对网络或系统会产生威胁或潜在威胁的计算机代码。最常见的恶意代码有计算机病毒(简称病毒,Viruses)、特洛伊木马(简称木马，Trojan horses)、计算机蠕虫(简称蠕虫，Worms)、后门(System backdoor)、逻辑炸弹(Logic bombs)等。

恶意代码编写者的一种典型手法是把恶意代码邮件伪装成其他恶意代码受害者的感染报警邮件，恶意代码受害者往往是 Outlook 地址簿中的用户或者是缓冲区中 Web 页的用户，这样可以吸引受害者的注意力。一些恶意代码的作者还表现了高度的心理操纵能力，Love Letter（爱虫，情人节病毒）就是一个突出的例子。一般用户对来自陌生人的邮件附件越来越警惕，而恶意代码的作者也设计一些诱饵吸引受害者的兴趣。附件的使用正在和必将受到网关过滤程序的限制和阻断，恶意代码的编写者也会设法绕过网关过滤程序的检查。使用的手法可能包括采用模糊的文件类型、将公共的执行文件类型压缩成 zip 文件等。

2. 恶意代码类型

1) 非过滤性病毒

非过滤性病毒包括口令破解软件、嗅探器软件、键盘输入记录软件、远程访问特洛伊和课件等，组织内部或外部的攻击者使用这些软件来获取口令，侦察网络通信，记录私人通信，暗地接收和传递远程主机的非授权命令，而有些私自安装的 P2P 软件实际上等于在企业的防火墙上开了一个口子。非滤过性病毒有增长的趋势，对它的防御不是一个简单的任务。

(1) 非法访问权限。口令破解、网络嗅探和网络漏洞扫描是公司内部人员侦察同事，取得非法的资源访问权限的主要手段，这些攻击工具不是自动执行，而是隐蔽操纵。

(2) 键盘输入记录程序。某些用户组织使用 PC 活动监视软件监视使用者的操作情况，通过键盘记录，防止雇员不适当地使用资源，或者收集罪犯的证据。这种软件可以被攻击者用来进行信息刺探和网络攻击。

(3) 远程访问特洛伊。远程访问特洛伊是安装在受害者机器上，实现非授权的网络访问的程序，如 Net Bus 和 Sub Seven 可以伪装成其他程序，迷惑用户安装，如伪装成可以执行的电子邮件，或者 Web 下载文件，或者游戏和贺卡等，也可以通过物理接近的方式直接安装。

(4) 课件。课件与商业产品软件有关，有些商业软件产品在安装到用户机上时，未经用户授权就通过 Internet 连接，让用户方软件与开发商软件进行通信，这部分通信软件就叫作课件。用户只有安装了基于主机的防火墙，通过记录网络活动，才可能发现软件产品与其开发商在进行定期通信。课件作为商用软件包的一部分，多数是无害的，其目的多在于扫描系统，取得用户的私有数据。

(5) P2P 系统。基于 Internet 点到点(Peer-to-Peer)的应用程序如 Napster、Gotomypc、AIM 和 Groove，以及远程访问工具通道像 Gotomypc，都可以通过 HTTP 或者其他公共端口穿透防火墙，从而让雇员建立起自己的 VPN，这种方式对于组织或者公司有时是十分危险的。因为这些程序首先要从内部的 PC 远程连接到外边的 Gotomypc 主机，然后用户通过这个连接就可以访问办公室的 PC。这种连接如果被利用，就会给组织或者企业带来很大的危害。

2) 内外恶意攻击

(1) 逻辑炸弹和时间炸弹。逻辑炸弹和时间炸弹是以破坏数据和应用程序为目的的程序。一般是由组织内部有不满情绪的雇员植入，逻辑炸弹和时间炸弹对于网络和系统有很大的破坏性，Omega 工程公司的一个前网络管理员 Timothy Lloyd，1996 年引发了一个埋藏在原雇主计算机系统中的软件逻辑炸弹,导致了 1000 万美元的损失,而他本人也被判处 41 个月监禁。

（2）Zombies(僵尸)。恶意代码不都是从内部进行控制的,在分布式拒绝服务攻击中, Internet 的不少站点受到其他主机上 Zombies 程序的攻击。Zombies 程序可以利用网络上计算机系统的安全漏洞将自动攻击脚本安装到多台主机上,这些主机成为受害者而听从攻击者指挥,在某个时刻汇集到一起再去攻击其他的受害者。

（3）其他。近年对聊天室 IRC(Internet Relay Chat)和即时消息 IM(Instant Messaging)系统的攻击案例不断增加,其手法多为欺骗用户下载和执行自动的代理软件,让远程系统用作分布式拒绝服务的攻击平台,或者使用后门程序和特洛伊木马程序控制之。

恶意代码编写者一般利用三类手段来传播恶意代码,即软件漏洞、用户本身或者两者的混合。有些恶意代码是自启动的蠕虫和嵌入脚本,其本身就是软件。一些像特洛伊木马、电子邮件蠕虫等恶意代码,利用受害者的心理操纵他们执行不安全的代码；还有一些是哄骗用户关闭保护措施来安装恶意代码。

5.3.2　系统漏洞与后门

1. 系统漏洞概述

系统漏洞(System Vulnerabilities)指应用软件或操作系统在逻辑设计上的缺陷或错误,被不法者利用,通过网络植入木马、病毒等方式来攻击或控制计算机,窃取其中的重要资料和信息甚至破坏系统。在不同种类的软、硬件设备,同种设备的不同版本之间,由不同设备构成的不同系统之间,以及同种系统在不同的设置条件下,都会存在各自不同的安全漏洞问题。漏洞会影响到的范围很大,包括系统本身及其支撑软件、网络客户和服务器软件、网络路由器和安全防火墙等。

Windows 系统漏洞与时间紧密相关。从发布之日起,Windows 系统中存在的漏洞会被逐渐暴露出来,这些被发现的漏洞会被微软发布的补丁软件修补,或在以后发布的新版系统中得以纠正。而在新版系统纠正了旧版本中具有漏洞的同时,也会引入一些新的漏洞和错误。例如,Ani 鼠标漏洞,由于利用了 Windows 系统对鼠标图标处理的缺陷,木马作者制造畸形图标文件从而溢出,木马就可以在用户毫不知情的情况下执行恶意代码。因而随着时间的推移,旧的系统漏洞会不断消失,新的系统漏洞会不断出现。系统漏洞问题也会长期存在。

2. 系统后门概述

系统后门指绕过安全性控制而获取对程序或系统访问权的方法。在软件的开发阶段,程序员常常会在软件内创建后门程序以便修改程序设计中的缺陷。但是,如果这些后门被其他人知道,或是在发布软件之前没有删除后门程序,那么它就成了安全风险,容易被黑客当成漏洞进行攻击。即使管理员通过改变所有密码类似的方法来提高安全性,仍然能再次侵入,使再次侵入被发现的可能性减至最低。大多数后门设法躲过日志,大多数情况下即使入侵者正在使用系统也无法显示他已在线。因此,后门是系统最脆弱的地方。

不仅 Windows 系统有后门,UNIX 系统也有。系统后门大致有以下几类：密码破解后门,即薄弱的口令账号；Rhosts＋＋后门,即入侵者只要向可以访问的某用户的 Rhosts 文件中输入"＋＋",就可以允许任何人从任何地方无需口令便能进入这个账号；Login 后门,即入侵者获取 login.c 原代码并修改,使它在比较输入口令与存储口令时先检查后门口令,这样入侵者就可以长驱直入;服务后门,即入侵者连接到某个 TCP 端口的 Shell,通过后门口令就能获取网络服务。

5.3.3　软件质量、可靠性、测试与容错

无论是恶意代码或软件还是系统漏洞或后门,只要软件质量很高,系统足够可靠,容错性很强,这些问题都是可以克服的。下面介绍软件的质量、可靠性、测试和容错。

1. 软件质量

中华人民共和国国家标准《软件工程术语》(GB/T 11457—1995)中,软件质量的定义是:软件产品中能满足给定需求的性质和特性的总和。包括:符合规格说明;具有所期望的各种属性组合程度;用户觉得软件满足其综合期望程度;确定软件在使用中将满足顾客预期要求的程度。

1977 年 McCall 首先提出了软件质量要素包含的内容,后来被转为 ISO/IEC 9126—91标准,即软件质量特性有 6 个,即功能性、可靠性、易使用性、效率、可维护性和可移植性。而McCall 认为,软件质量包括 11 个要素,即正确性、可靠性、效率、完整性、可使用性、可维护性、可测试性、灵活性、可移植性、重复使用性和连接性,并提出了质量要素、评价准则和度量3 层度量模型。有学者将软件质量特性细分为 21 个二级特性,即合适性、精确性、互操作性、依从性、安全性、成熟性、容错性、易恢复性、易理解性、易学性、易操作性、时间特性、资源特性、易分析性、易改变性、稳定性、易测试性、适应性、易安装性、遵循性和易替换性。

2. 软件可靠性

在《软件工程术语》(GB/T 11457—1995)标准中软件可靠性(Software Reliability)的定义是:软件可靠性是软件系统在规定的时间内及规定的环境条件下,完成规定功能的能力。运行时间包括软件系统运行后工作与挂起(开启但空闲)的累计时间。规定的环境条件主要是描述软件系统运行时计算机的配置情况以及对输入数据的要求,并假定其他一切因素都是理想的。软件可靠性还与规定的任务和功能有关。由于要完成的任务不同,软件的运行剖面会有所区别,则调用的子模块就不同(即程序路径选择不同),其可靠性也就可能不同。所以要准确度量软件系统的可靠性必须首先明确它的任务和功能。

软件可靠性是软件系统固有的特性之一,它表明了一个软件系统按照用户的要求和设计的目标,执行其功能的正确程度。软件可靠性与软件缺陷有关,也与系统输入和系统使用有关。从理论上说,可靠的软件系统应该是正确、完整、一致和健壮的。但是实际上任何软件都不可能达到百分之百的正确,而且也无法精确度量。一般情况下,只能通过对软件系统进行测试来度量其可靠性。

3. 测试的概念

软件测试是利用测试工具按照测试方案和流程对产品进行功能和性能测试,甚至根据需要编写不同的测试工具,设计和维护测试系统,对测试方案可能出现的问题进行分析和评估。执行测试用例后需要跟踪故障,以确保开发的产品适合需求。

系统测试的目的就是尽可能多地发现系统中的问题和错误。因此,系统测试是一个查找错误的过程。由于人性的弱点,系统设计人员负责测试工作是不可取的。一般地说,这部

分工作应交给专门的人员来完成。对于一个大型信息系统来说,测试小组应该担当起这项任务,设计人员只是配合其工作。

应该指出,即使通过了系统测试也不能保证程序一定正确,因为测试只能找出程序中的部分错误,而不能证明整个程序无错。况且,没有问题的软件是不存在的。这就是系统交付给用户后也会发现问题的原因。关键是只要达到设计要求,测试就算"成功"完成。一般地说,所有发现问题和错误的活动都可以算是测试。因此,系统交付用户之后,将由用户继续扮演测试角色。值得一提的是,测试工作不只是在编码之后才开始进行,其工作一般从系统可行性阶段就已经开始,而且一直延续到维护阶段。

4. 容错性概述

容错性指软件检测应用程序所运行的软件或硬件中发生的错误并从错误中恢复的能力,通常可以从系统的可靠性、可用性、可测性等几个方面来衡量。

容错(Fault Tolerance),确切地说是容故障(Fault),而并非容错误(Error)。例如,在双机容错系统中,一台机器出现问题时,另一台机器可以取而代之,从而保证系统的正常运行。在早期计算机硬件不是特别可靠的情况下,这种情形比较常见。现在的硬件虽然比从前稳定、可靠得多,但是对于那些不允许出错的系统,硬件容错仍然是十分重要的途径。

软件的容错侧重可用性。可用性指在一年的时间中确保系统不失效的时间比率。可测性在容错系统的设计过程中也是一个非常重要的指标,如果无法对某个系统进行测试,又如何能保证它不出问题呢? 此外,还有 MTBF(故障间的平均时间),即当系统正常运行后能坚持多长时间不失效;MTTR(故障修理的平均时间),即指系统要清除故障所需的时间。MTTR 的大小直接影响着系统的可用性,而 MTBF 则反映了系统的可靠性。

典 型 案 例

系统后门与魔鬼操作员

1. 巴林银行的尼克·里森

最出名的"魔鬼交易员"是巴林银行的尼克·里森(见图 5-5),他的行为直接导致了有233 年历史的老牌银行——巴林银行倒闭。1992 年,尼克·里森是巴林银行的一颗新星,凭借其神奇的交易直觉和投资变现,28 岁就成了巴林银行新加坡分行期货与期权交易部的总经理,但很快他就失去了交易的感觉,开始出现大幅度亏损。他利用头号交易员和负责交易结算的双重身份将损失通过一个账号为88888 的秘密账户进行了掩盖。1995 年初,他在日经指数套利期权上的损失已经非常巨大,更糟糕的是在他押注市场向好的第二天,日本的神户发生了严重的地震,日经指数一路下跌。为了挽回巨大的损失,尼克·里森在地震几天后又大量买入日经指数的期货合同,寄希望于日经指数能在地震后快速回升,结果不但没有如愿,还导致更严重的损失。事发后发现尼克·里森共损失了近 14 亿美元。尼克·里森潜逃时在德国机场被捕,随后被判处 6 年半刑拘。

图 5-5 尼克·里森

2. 日本大和银行的井口俊英

1995 年 9 月日本大和银行发布消息,该行纽约分行一位高级交易员通过做假账的方式,在过去 11 年间隐瞒未经授权的交易亏损达 11 亿美元。消息公布后,许多国家的银行纷纷暂停对大和银行的资金交易活动,致使该行不得不以高出市场半厘的价格拆入资金度难;其股票也被交易所停止交易。此人是 1984—1995 年间在大和银行纽约分部负债券交易及清算的副行长井口。他既管前线交易又管后线结算,做美国国债交易时出现的亏损就通过制造假会计凭证的方式隐藏。他还一度被称为工作狂,没想到却是一直在疯狂做假账。11 年间共做假账 30 000 多笔,直到 1995 年 7 月 24 日,他致函大和银行董事长,坦白其不轨行为,大和银行管理层才知悉真相。让人难以想象的是,事发的时候井口(Toshihide Iguchi,见图 5-6)已经 44 岁,已在诈骗犯的道路上走了 11 年。随后,他被纽约地方法院判处 4 年有期徒刑及 200 万美金的罚金。

图 5-6　井口俊英

3. 法国兴业银行的杰洛米·柯维尔

图 5-7　杰洛米·柯维尔

杰洛米·柯维尔(见图 5-7)对后台管理极为熟悉,借助以前的工作经验他成功地一边做假账一边做交易。他利用公司资金对欧洲股指期货投下做空的巨额筹码,并创设虚假的对冲头寸。2008 年 1 月兴业银行管理部门发现一笔高达 500 亿欧元的多头股指期货交易源头不明,才暴露了科维尔的短期疯狂行为。随后,法国兴业银行宣布,由于该名交易员违规购入大量欧洲股指期货,导致银行损失 49 亿欧元(约合 71.6 亿美元)。幸运的是次贷危机的爆发在一定程度上帮助法国兴业银行发现问题;否则杰洛米·柯维尔可能创造更高的亏损纪录。事发时他只有 33 岁。2010 年 10 月因为违反信任、滥用计算机和伪造罪,柯维尔被巴黎法院判 5 年牢狱,并向兴业银行赔偿 49 亿欧元损失。

4. 瑞士联合银行的阿多博利

奎库·阿多博利(Kweku Adoboli,见图 5-8)在 1980 年出生于加纳一个海滨城市,父亲退休前在联合国任职。阿多博利从小有数学天赋。2003 年他毕业于英国诺丁汉大学电子商务和数码业务专业后,先留在诺丁汉,然后去了伦敦。2006 年应聘进入瑞银工作。31 岁的阿多博利是瑞银交易平台的开放式指数基金交易员。该交易平台帮助客户对一揽子证券进行投机或风险对冲,同时承担银行的自营交易。瑞银内部调查显示,阿多博利涉嫌违规交易,导致瑞银可能遭受的损失从 20 亿美元升为 23 亿美元。阿多博利被捕后,伦敦一家法院裁定其犯有欺诈罪,并对他处以 7 年监禁。

图 5-8　奎库·阿多博利

思 考 题

5-1　什么是计算机语言？什么是软件？什么是程序？

5-2　软件怎么分类？

5-3　程序有哪几种基本结构？程序有几种执行方式？

5-4　简述计算机语言发展历史。

5-5　什么是第四代语言？

5-6　什么是操作系统？

5-7　简述操作系统的历史。

5-8　简述操作系统的功能。

5-9　简述操作系统的分类。

5-10　介绍几种主要的操作系统。

5-11　什么是软件工程？什么是软件生命周期？

5-12　简述结构化方法。

5-13　简述面向对象方法。

5-14　简述软件复用和构件技术。

5-15　什么是恶意代码？

5-16　什么是系统漏洞？什么是系统后门？

5-17　什么是软件质量？什么是可靠性？什么是软件测试？什么是软件容错？

第6章 数据及数据库的安全

6.1 数据库概述

6.1.1 数据库定义和发展史

1. 数据库定义

数据库(DataBase,DB)是按照数据结构来组织、存储和管理数据的仓库。随着信息技术的发展,特别是20世纪90年代以后,数据管理不再仅仅是存储和管理数据,而转变成用户所需要的各种数据管理方式。数据库有很多种类型,从最简单的存储有各种数据的表格到能够进行海量数据存储的大型数据库系统都在各个方面得到了广泛的应用。

数据库是一个长期存储在计算机内的、有组织的、有共享的、统一管理的数据集合,它是一个按数据结构来存储和管理数据的计算机软件系统。数据库的概念实际包括两层意思:①数据库是一个实体,它是能够合理保管数据的"仓库",用户在该"仓库"中存放要管理的事务数据,"数据"和"库"两个概念结合成为数据库;②数据库是数据管理的新方法和新技术,它能更合适地组织数据、更方便地维护数据、更严密地控制数据和更有效地利用数据。

2. 数据库发展史

数据库发展大致划分为以下几个阶段,即人工管理阶段、文件系统阶段、数据库系统阶段和高级数据库阶段。

1) 人工管理阶段

20世纪50年代中期之前,计算机的软、硬件均不完善。硬件存储设备只有磁带、卡片和纸带,软件方面还没有操作系统,当时的计算机主要用于科学计算。这个阶段由于还没有软件系统对数据进行管理,程序员在程序中不仅要规定数据的逻辑结构,还要设计其物理结构,包括存储结构、存取方法、输入输出方式等。当数据的物理组织或存储设备改变时,用户程序就必须重新编制。由于数据的组织面向应用,不同的计算程序之间不能共享数据,使得不同的应用之间存在大量的重复数据,很难维护应用程序之间数据的一致性。

2) 文件系统阶段

20世纪50年代中期到60年代中期,由于计算机大容量存储设备(如硬盘)的出现,推动了软件技术的发展,而操作系统的出现标志着数据管理步入文件管理阶段。在文件系统阶段,数据以文件为单位存储在外存,且由操作系统统一管理。文件的逻辑结构与物理结构脱钩,程序和数据分离,使数据与程序有了一定的独立性。用户的程序与数据可分别存放在外存储器上,各个应用程序可以共享一组数据,实现了以文件为单位的数据共享。但由于数据的组织仍然是面向程序,所以存在大量的数据冗余。而且数据的逻辑结构不能方便地修改和扩充,数据逻辑结构的每一点微小改变都会影响到应用程序。由于文件之间互相独立,因而它们不能反映现实世界中事物之间的联系,操作系统不负责维护文件之间的联系信息。如果文件之间有内容上的联系,那也只能由应用程序去处理。

3) 数据库系统阶段

20 世纪 60 年代后,随着计算机在数据管理领域的普遍应用,人们对数据管理技术提出了更高的要求:希望面向企业或部门,以数据为中心组织数据,减少数据的冗余,提供更高的数据共享能力,同时要求程序和数据具有较高的独立性,当数据的逻辑结构改变时,不涉及数据的物理结构,也不影响应用程序,以降低应用程序研制与维护的费用。数据库技术正是在这样一个应用需求的基础上发展起来的。

4) 高级数据库阶段

随着信息管理内容的不断扩展,出现了丰富多样的数据模型(如层次模型、网状模型、关系模型、面向对象模型、半结构化模型等),新技术也层出不穷(如数据流、Web 数据管理、数据挖掘等)。

6.1.2　关系数据库及其他

1. 关系数据库

关系数据库是建立在关系数据库模型基础上的数据库,借助集合代数等概念和方法来处理数据库中的数据,同时也是一个被组织成一组拥有正式描述性的表格,该形式的表格作用的实质是装载着数据项的特殊收集体,这些表格中的数据能以许多不同的方式被存取或重新召集而不需要重新组织数据库表格。每个表格包含用列表示的一个或更多的数据种类。每行包含一个唯一的数据实体,这些数据是被列定义的种类。当创造一个关系数据库的时候,能定义数据列的可能值的范围和可能应用于该数据值的进一步约束。

2. 历史

1970 年 IBM 研究员埃德加·弗兰克·科德(Edgar Frank Codd 或 E. F. Codd)博士在刊物 *Communication of the ACM* 上发表了题为 *A Relational Model of Data for Large Shared Data banks*《大型共享数据库关系模型》的论文,文中首次提出了数据库的关系模型的概念,奠定了关系模型的理论基础。20 世纪 70 年代末,关系方法的理论研究和软件系统的研制均取得了很大成果,IBM 公司的 San Jose 实验室在 IBM370 系列机上研制的关系数据库实验系统 System R 历时 6 年获得成功。1981 年 IBM 公司又宣布了具有 System R 全部特征的新的数据库产品 SQL/DS 问世。由于关系模型简单明了,具有坚实的数学理论基础,所以一经推出就受到了学术界和产业界的高度重视和广泛响应,并很快成为数据库市场的主流。

3. 结构化查询语言

结构化查询语言(Structured Query Language,SQL)是一种数据库查询和程序设计语言,用于存取数据以及查询、更新和管理关系数据库系统;同时也是数据库脚本文件的扩展名。结构化查询语言是高级的非过程化编程语言,允许用户在高层数据结构上工作。它不要求用户指定对数据的存放方法,也不需要用户了解具体的数据存放方式,所以具有完全不同底层结构的不同数据库系统可以使用相同的结构化查询语言作为数据输入与管理的接口。结构化查询语言语句可以嵌套,这使它具有极大的灵活性和强大的功能。

6.1.3　常见数据库系统

1. Oracle

Oracle 是一种关系型面向对象的大型数据库管理系统,它可以用于商业、政府部门、管理信息系统、企业数据处理、因特网及电子商务等领域,能够处理大批量数据。因其在数据安全性与数据完整性控制方面的优势,以及跨操作系统、跨硬件平台的数据互操作能力,使得越来越多的用户将 Oracle 作为其应用数据的处理系统。Oracle 数据库是基于"客户端/服务器"模式结构。客户端应用程序执行与用户进行交互的活动。其接收用户信息,并向"服务器端"发送请求。服务器系统负责管理数据信息和各种操作数据的活动。

2. DB2

这是 IBM 公司研制的一种关系型数据库系统,它主要用于大型应用系统,具有较好的可伸缩性,可支持从大型机到单用户环境,应用于 OS/2、Windows 等平台下。DB2 提供了高层次的数据利用性、完整性、安全性、可恢复性,以及小规模到大规模应用程序的执行能力,具有与平台无关的基本功能和 SQL 命令。DB2 采用了数据分级技术,能够使大型机数据很方便地下载到 LAN 数据库服务器,使得客户机/服务器用户和基于 LAN 的应用程序可以访问大型机数据,并使数据库本地化及远程连接透明化。支持多任务并行查询,具有很好的网络支持能力,每个子系统可以连接十几万个分布式用户,可同时激活上千个活动线程,适用大型分布式应用系统。

3. Informix

1980 年 Informix 成立,其目的是为 UNIX 等操作系统提供专业关系型数据库产品。Informix 第一个真正支持 SQL 语言的关系数据库产品是 Informix SE(Standard Engine)。Informix SE 是微机 UNIX 环境下的数据库产品。它也是第一个被移植到 Linux 上的商业数据库产品。目前,Informix 是 IBM 公司出品的关系数据库管理系统家族的一员。

4. Sybase

1984 年 Sybase 公司创建立,并在 1987 年推出了 Sybase 数据库产品。它有 UNIX、Novell Netware 和 Windows NT 三个版本。Sybase 数据库主要由三部分组成:①进行数据库管理和维护的一个联机的关系数据库管理系统 Sybase SQL Server;②支持数据库应用系统的建立与开发的一组前端工具 Sybase SQL Toolset;③可把异构环境下其他厂商的应用软件和任何类型的数据连接在一起的接口 Sybase Open Client/Open Server。

5. SQL Server

SQL Server 是一个关系数据库管理系统。它最初由 Microsoft、Sybase 和 Ashton-Tate 这 3 家公司共同开发,于 1988 年推出了第一个 OS/2 版本。在 Windows NT 推出后,Microsoft 与 Sybase 在 SQL Server 的开发上分道扬镳,Microsoft 将 SQL Server 移植到 Windows NT 系统上,专注于开发推广 SQL Server 的 Windows NT 版本。Sybase 则较专注于 SQL Server 在 UNIX 操作系统上的应用。

6. Visual FoxPro

Visual FoxPro 原名 FoxBase，最初是由美国 Fox Software 公司于 1988 年推出的数据库产品，在 DOS 上运行，与 xBase 系列兼容。FoxPro 是 FoxBase 的加强版，最高版本曾出过 2.6。1992 年，Fox Software 公司被 Microsoft 收购并发展，使其可以在 Windows 上运行，更名为 Visual FoxPro。FoxPro 比 FoxBase 在功能和性能上又有了很大的改进，主要是引入了窗口、按钮、列表框和文本框等控件，进一步提高了系统的开发能力。

7. Access

Access 是微软公司推出的基于 Windows 桌面关系数据库管理系统，是 Office 系列应用软件之一。它提供了表、查询、窗体、报表、页、宏、模块 7 种用来建立数据库系统的对象；并使多种向导、生成器、模板，把数据存储、数据查询、界面设计、报表生成等操作规范化；为建立功能完善的数据库管理系统提供了方便，也使得普通用户不必编写代码，就可以完成大部分数据管理的任务。

6.2　数据库安全

6.2.1　数据库安全概述

数据库安全包含两层含义。第一层指系统运行安全。系统运行安全通常受到的威胁如下：一些网络不法分子通过网络、局域网等途径通过入侵计算机使系统无法正常启动，或超负荷让机子运行大量算法，并关闭 CPU 风扇，使 CPU 过热烧坏等破坏性活动。第二层指系统信息安全。系统安全通常受到的威胁如下：黑客对数据库入侵，并盗取想要的资料。数据库系统的安全特性主要针对数据而言，包括数据独立性、数据安全性、数据完整性、并发控制、故障恢复等几个方面。

（1）数据独立性。包括物理独立性和逻辑独立性两个方面。物理独立性指用户的应用程序与存储在磁盘上的数据库中的数据是相互独立的；逻辑独立性指用户的应用程序与数据库的逻辑结构是相互独立的。

（2）数据安全性。操作系统中的对象一般是文件，而数据库支持的应用要求更为精细。通常比较完整的数据库对数据安全性采取以下措施：将数据库中需要保护的部分与其他部分相隔；采用授权规则，如账户、口令和权限控制等访问控制方法；对数据进行加密后存储于数据库。

（3）数据完整性。包括数据的正确性、有效性和一致性。正确性指数据的输入值与数据表对应域的类型一样；有效性指数据库中的理论数值满足现实应用中对该数值段的约束；一致性指不同用户使用的同一数据应该是一样的。保证数据的完整性，需要防止合法用户使用数据库时向数据库中加入不合语义的数据。

（4）并发控制。如果数据库应用要实现多用户共享数据，就可能在同一时刻多个用户要存取数据，这种事件叫作并发事件。当一个用户取出数据进行修改，在修改存入数据库之前如有其他用户再取此数据，那么读出的数据就是不正确的。这时就需要对这种并发操作施行控制，排除和避免这种错误的发生，保证数据的正确性。

（5）故障恢复。由数据库管理系统提供一套方法，可及时发现故障和修复故障，从而防止数据被破坏。数据库系统能尽快恢复数据库系统运行时出现的故障，可能是物理上或是逻辑上的错误，如对系统的误操作造成的数据错误等。

6.2.2　数据库安全威胁

近年，"拖库"（指从数据库里导出数据。这里特指黑客入侵系统后窃取数据库）现象频发，黑客盗取数据库的技术不断提升。虽然数据库的防护能力也在提升，但相比黑客的技术手段来说，单纯的数据库防护略显不足。数据库受到的威胁大致有以下几种。

（1）内部人员错误。数据库安全的一个潜在风险就是"非故意地授权用户攻击"和内部人员错误。这类事件包括：①由于不慎而造成意外删除或泄露，非故意地规避安全策略，在授权用户无意访问敏感数据并错误地修改或删除信息时；②为了"将工作带回家"而作了非授权的备份。虽然这不是一种恶意行为，但明显违反了公司的安全策略，并会造成数据存放到存储设备上，在该设备遭到恶意攻击时就会导致非故意的安全事件。

（2）社会工程。由于攻击者使用的高级钓鱼技术，在合法用户不知不觉地将安全机密提供给攻击者时，就会发生大量的严重攻击。在这种情况下，用户会通过一个受到损害的网站或通过一个电子邮件响应将信息提供给看似合法的请求。应当通知操作者对这种非法的请求不要做出响应。

（3）内部人员攻击。很多数据库攻击源自企业内部。收入和裁员都有可能引起雇员的不满，从而导致内部人员攻击的增加。这些内部人员受到贪欲或报复欲的驱使，且不受防火墙及入侵防御系统等的影响，容易给企业带来风险。

（4）错误配置。黑客可以使用数据库的错误配置控制"肉机"访问点，借以绕过认证方法并访问敏感信息。这种配置缺陷成为攻击者借助特权提升发动某些攻击的主要手段。如果没有正确的重新设置数据库的默认配置，非特权用户就有可能访问未加密的文件，未打补丁的漏洞就有可能导致非授权用户访问敏感数据。

（5）未打补丁的漏洞。如今攻击已从公开漏洞利用发展到更精细的方法，并敢于挑战传统的入侵检测机制。漏洞利用的脚本在数据库补丁发布的几小时内就可能被发到网上。这实质上几乎把数据库的大门完全打开。

（6）高级持续性威胁。实施这种威胁的组织者就是专业公司或政府机构，它们掌握了威胁数据库安全的技术，而且有资金支持。热衷于窃取数据库中的关键数据。特别是个人私密和金融信息，一旦失窃，这些数据记录就可以在信息黑市上销售或使用，并被其他政府机构操纵。

6.2.3　数据库安全管理

1. 用户角色管理

建立不同的用户组和用户口令验证可以有效地防止非法用户进入数据库系统，造成不必要的麻烦和损坏。在数据库中，可以通过授权来对用户的操作进行限制，即允许一些用户可以对服务器进行访问，也就是说，对整个数据库具有读写的权利，而大多数用户只能在同组内进行读写或对整个数据库只具有读的权利。

2. 数据备份

有了数据备份才能在数据库的数据或者硬件出现故障时保证数据库系统得到迅速的恢复。备份是数据的一个副本。该副本会包含数据库的重要部分,如控制文件、重做日志和数据文件。备份通过提供一种还原原始数据的方法保护数据不受应用程序错误的影响并防止数据的意外丢失。备份分为物理备份和逻辑备份。

3. 网络安全设置

为了加强数据库在网络中的安全性,对于远程用户应使用加密方式通过密码来访问数据库,加强网络上数据库管理员(DBA)权限控制,如拒绝远程的 DBA 访问等。

4. 数据库系统恢复

在使用数据库时总希望数据库能够正常安全地运行,但有时会出现人为地操作数据失误,或者服务器的硬件设备出现故障。由于对数据库的数据进行了系统备份,可以很顺利地解决这些问题,即使计算机发生故障,如介质损坏、软件系统异常等情况时,可以通过备份进行不同程度的恢复,使数据库系统尽快恢复到正常状态。

6.3 数 据 结 构

6.3.1 基本概念和术语

数据结构是计算机存储、组织数据的方式。数据结构是指相互之间存在一种或多种特定关系的数据元素的集合。通常情况下,精心选择的数据结构可以带来更高的运行或者存储效率。数据结构往往同高效的检索算法和索引技术有关。

一般认为,一个数据结构是由数据元素依据某种逻辑联系组织起来的。对数据元素间逻辑关系的描述称为数据的逻辑结构;数据必须在计算机内存储,数据的存储结构是数据结构的实现形式,是其在计算机内的表示。此外,讨论一个数据结构必须同时讨论在该类数据上执行的运算才有意义。

数据结构是指同一数据元素类中各数据元素之间存在的关系。数据结构分别为逻辑结构、存储结构(物理结构)和数据运算。数据的逻辑结构是对数据之间关系的描述,有时就把逻辑结构简称为数据结构。逻辑结构形式地定义为(K,R)(或(D,S)),其中,K 是数据元素的有限集,R 是 K 上关系的有限集。

数据元素相互之间的关系称为结构。有四类基本结构,即集合结构、线性结构、树形结构、图状结构(网状结构)。树形结构和图状结构全称为非线性结构。集合结构中的数据元素除了同属于一种类型外,别无其他关系。线性结构中元素之间存在一对一关系,树形结构中元素之间存在一对多关系,图状结构中元素之间存在多对多关系。在图状结构中每个节点的前驱节点数和后继节点数可以有任意多个。

算法的设计取决于数据(逻辑)结构,而算法的实现依赖于采用的存储结构。数据的存储结构实质上是它的逻辑结构在计算机存储器中的实现,为了全面反映一个数据的逻辑结构,它在存储器中的映像包括两方面内容,即数据元素之间的信息和数据元素之间的关系。不同数据结构有其相应的若干运算。数据的运算是在数据的逻辑结构上定义的操作算法,如检索、插入、删除、更新和排序等。

　　数据结构的形式定义为：数据结构是一个二元组：Data-Structure＝(D,S)。其中：D是数据元素的有限集；S 是 D 上关系的有限集。

　　数据结构不同于数据类型，也不同于数据对象，它不仅要描述数据类型的数据对象，而且要描述数据对象各元素之间的相互关系。

6.3.2　几种典型的数据结构

1. 线性表

　　线性表是最基本、最简单也是最常用的一种数据结构。线性表中数据元素之间的关系是一对一的关系，即除了第一个和最后一个数据元素之外，其他数据元素都是首尾相接的。线性表的逻辑结构简单，便于实现和操作。因此，线性表这种数据结构在实际应用中是广泛采用的一种数据结构。

　　线性表是一个线性结构，它是一个含有 $n \geqslant 0$ 个节点的有限序列，对于其中的节点，有且仅有一个开始节点没有前驱但有一个后继节点，有且仅有一个终端节点没有后继但有一个前驱节点，其他的节点都有且仅有一个前驱和一个后继节点。一般地，一个线性表可以表示成一个线性序列：$k_1, k_2, \cdots, k_n$，其中 k_1 是开始节点，k_n 是终端节点。线性表是一个数据元素的有序（次序）集，见图 6-1。

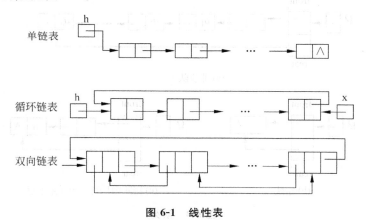

图 6-1　线性表

　　在实际应用中，线性表都是以栈、队列、字符串、数组等特殊线性表的形式来使用的。由于这些特殊线性表都具有各自的特性，因此掌握这些特殊线性表的特性，对于数据运算的可靠性和提高操作效率都是至关重要的。

2. 栈

　　在计算机系统中，栈则是一个具有以上属性的动态内存区域。程序可以将数据压入栈中，也可以将数据从栈顶弹出。在 i386 机器中，栈顶由称为 esp 的寄存器进行定位。压栈的操作使得栈顶的地址减小，弹出的操作使得栈顶的地址增大。

　　栈主要作用表现为一种数据结构，是只能在某一端插入和删除的特殊线性表。它按照后进先出的原则存储数据，先进入的数据被压入栈底，最后的数据在栈顶，需要读数据时从栈顶开始弹出数据（最后一个数据被第一个读出来），如图 6-2 所示。

栈是允许在同一端进行插入和删除操作的特殊线性表。允许进行插入和删除操作的一端称为栈顶(Top),另一端称为栈底(Bottom);栈底固定,而栈顶浮动;栈中元素个数为零时称为空栈。插入一般称为进栈(Push),删除则称为退栈(Pop)。栈也称为先进后出表。

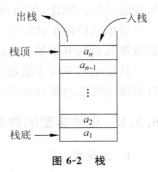

图 6-2　栈

栈在程序的运行中起着举足轻重的作用。最重要的是栈保存了一个函数调用时所需要的维护信息,这常常称为堆栈帧或者活动记录。堆栈帧一般包含以下几方面的信息:①函数的返回地址和参数;②临时变量,包括函数的非静态局部变量以及编译器自动生成的其他临时变量。

3. 队列

队列是一种特殊的线性表,它只允许在表的前端(Front)进行删除操作,而在表的后端(Rear)进行插入操作。进行插入操作的端称为队尾,进行删除操作的端称为队头。队列中没有元素时,称为空队列。在队列这种数据结构中,最先插入的元素将是最先被删除的元素;反之最后插入的元素将是最后被删除的元素。因此,队列又称为"先进先出"(First In First Out,FIFO)的线性表,见图 6-3。

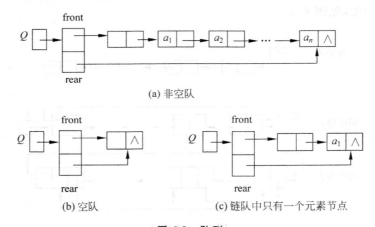

(a) 非空队

(b) 空队　　　　　(c) 链队中只有一个元素节点

图 6-3　队列

4. 树

树(Tree)是包含 $n(n>0)$ 个节点的有穷集合 K,且在 K 中定义了一个关系 N,N 满足以下条件:①有且仅有一个节点 K_0,它对于关系 N 来说没有前驱,称 K_0 为树的根节点,简称为根(root);②除 K_0 外,K 中的每个节点,对于关系 N 来说有且仅有一个前驱;③K 中各节点,对关系 N 来说可以有 $m(m\geq0)$ 个后继。

若 $n>1$,除根节点之外的其余数据元素被分为 $m(m>0)$ 个互不相交的结合 $T_1,T_2,\cdots,T_m$,其中每一个集合 $T_i(1\leq i\leq m)$ 本身也是一棵树。树 $T_1,T_2,\cdots,T_m$ 称作根节点的子树(Sub-tree)。

树是由一个集合以及在该集合上定义的一种关系构成的。集合中的元素称为树的节点,所定义的关系称为父子关系。父子关系在树的节点之间建立了一个层次结构。在这种层次结构中有一个节点具有特殊的地位,这个节点称为该树的根节点,或简称为树根。可以形式地给出树的递归定义如下:单个节点是一棵树,树根就是该节点本身。

设 $T_1,T_2,\cdots,T_k$ 是树,它们的根节点分别为 $n_1,n_2,\cdots,n_k$。用一个新节点 n 作为 n_1, $n_2,\cdots,n_k$ 的父亲,则得到一棵新树,节点 n 就是新树的根。称 $n_1,n_2,\cdots,n_k$ 为一组兄弟节点,它们都是节点 n 的儿子节点。还称 $n_1,n_2,\cdots,n_k$ 为节点 n 的子树。空集合也是树,称为空树。空树中没有节点,见图 6-4。

5. 图

图(Graph):图 G 由两个集合 V 和 E 组成,记为 $G=(V,E)$,这里,V 是顶点的有穷非空集合,E 是边(或弧)的集合,而边(或弧)是 V 中顶点的偶对。顶点(Vertex):图中的节点又称为顶点。边(Edge):相关顶点的偶对称为边,见图 6-5。

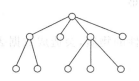

图 6-4　树结构

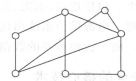

图 6-5　图结构

有向图(Digraph):若图 G 中的每条边都是有方向的,则称 G 为有向图。弧(Arc):又称为有向边。在有向图中,一条有向边是由两个顶点组成的有序对,有序对通常用尖括号表示。弧尾(Tail):边的始点。弧头(Head):边的终点。

无向图(Undigraph):若图 G 中的每条边都是没有方向的,则称 G 为无向图。

6.4　数 据 安 全

6.4.1　数据安全的威胁

1. 数据安全

数据安全有两个含义:①数据本身的安全,指采用现代密码算法对数据进行主动保护,如数据保密、数据完整性、双向强身份认证等;②数据防护的安全,指采用信息存储手段对数据进行主动防护,如通过磁盘阵列、数据备份、异地容灾等手段保证数据的安全。数据安全是一种主动的安全措施,因此,数据本身的安全必须基于可靠的加密算法与安全体系,主要有对称算法与公开密钥密码体系两种。

数据处理安全指如何有效地防止数据在录入、处理、统计或打印中由于硬件故障、断电、死机、人为的误操作、程序缺陷、病毒或黑客等造成的数据库损坏或数据丢失现象,某些敏感或保密的数据可能被不具备资格的人员或操作员阅读,而造成数据泄密等后果。

数据存储安全指数据库在系统运行之外的可读性,一个标准的 Access 数据库,稍微懂得一些基本方法的计算机人员,都可以打开阅读或修改。一旦数据库被盗,即使没有原来的系统程序,照样可以另外编写程序对盗取的数据库进行查看或修改。从这个角度说,不加密的数据库是不安全的,容易造成商业泄密。这就涉及计算机网络通信的保密、安全及软件保护等问题。

2. 数据安全威胁

硬件故障占所有数据意外故障 50% 以上，常有雷击、高压、高温等造成的电路故障，高温、振动碰撞等造成的机械故障，高温、振动碰撞、存储介质老化造成的物理坏磁道扇区故障，当然还有意外丢失损坏的固件 BIOS 信息等。威胁数据安全的因素有很多，主要有以下几个。

（1）硬盘驱动器损坏。硬盘驱动器的物理损坏意味着数据丢失。

（2）光盘损坏。光盘表面介质或人为划伤光盘表面，或光盘被压破裂等。

（3）U 盘损坏。物理损坏指 U 盘受到外界破坏。

（4）信息窃取。从电子设备上非法复制信息。

（5）自然灾害。包括地震、水灾、火灾等自然灾难。

（6）电源故障。电源供给系统出现故障。

（7）磁干扰。磁干扰指重要的数据接触到有磁性的物质，会造成数据丢失。

6.4.2　数据安全的核心技术

数据安全是为数据处理系统建立和采用的技术与管理的安全保护，使计算机硬件、软件和数据不因偶然和恶意的原因遭到破坏、更改和泄露。确保网络数据的可用性、完整性和保密性。数据存储安全是数据安全的一部分，其目的是防止其他系统未经授权访问数据或破坏数据。存储设备有能力防止未被授权的设置改动，对所有的更改都要做审计跟踪。数据存储安全目标是保护机密的数据，确保数据的完整性，防止数据被破坏或丢失。未来存储安全的核心是以数据恢复为主，兼顾数据备份、数据擦除。

1. 数据恢复

数据恢复只是一种技术手段，将保存在计算机、笔记本、服务器、存储磁带库、移动硬盘、U 盘、数码存储卡、MP3 等设备上丢失的数据进行抢救和恢复的技术。具体方法有以下几个。

（1）硬件故障的数据恢复。首先是诊断，找到问题点，修复相应的硬件故障，然后进行数据恢复。

（2）磁盘阵列（RAID）数据恢复。首先是排除硬件故障，然后分析阵列顺序、块大小等参数，用阵列卡或阵列软件重组，按常规方法恢复数据。

（3）U 盘数据恢复。U 盘、XD 卡、SD 卡、CF 卡、SM 卡、MMC 卡、MP3、MP4、记忆棒、数码相机、DV、微硬盘、光盘、软盘等各类存储设备数据介质损坏或出现电路板故障、磁头偏移、盘片划伤等情况下，采用开体更换、加载、定位等方法进行数据修复。

灾难恢复是一套完整的数据恢复的系统方案。其先决条件是要做好备份策略及恢复计划。日常备份制度描述了每天的备份以什么方式、使用什么备份介质进行，是系统备份方案的具体实施细则。在制订完毕后，应严格按照制度进行日常备份；否则将无法达到备份方案的目标。数据备份有多种方式，以磁带机为例，有全备份、增量备份、差分备份等。

2. 数据备份

1）数据丢失的问题

2001 年 9 月 11 日,当世界贸易中心大楼倒塌而灰飞烟灭时,整个大楼计算机系统里存储的大量信息也随之丢失,众多公司因此而无法开展自己的业务。2004 年 12 月 27 日因为强烈地震,东南亚出现了海啸,受灾严重地区的金融、保险、能源、交通、电信等关乎国计民生行业的信息系统几乎陷入瘫痪,大量信息系统的数据丢失。数据安全已经成为现实而又严峻的问题。当今的信息化社会,如何有效保护信息系统里存储的信息是必须认真面对的一个新问题。

2）数据备份的概念

数据备份就是将数据以某种方式加以保留以便在系统遭受破坏或其他特定情况下,重新加以利用的过程。不仅在于保证数据的一致性和完整性、防范意外事件的破坏、消除系统使用者和操作者的后顾之忧,而且还是历史数据保存归档的最佳方式,换言之,即便系统正常工作没有任何数据丢失或破坏发生,备份工作仍然具有非常大的意义。

3）数据存储管理

网络数据存储管理系统指在分布式网络环境下,通过专业的数据存储管理软件,结合相应的硬件和存储设备,对全网络的数据备份进行集中管理,从而实现自动化的备份、文件归档、数据分级存储及灾难恢复等。

4）数据备份方案

全备份就是用一盘磁带对整个系统进行完全备份,包括系统和数据;增量备份是每次备份的数据只是相当于上一次备份后增加的和修改过的数据;差分备份是每次备份的数据是相对于上一次全备份之后新增加的和修改过的数据。由此可以看出,全备份所需时间最长,但恢复时间最短,操作最方便,当系统中数据量不大时,采用全备份最可靠;差分备份在避免了另外两种策略缺陷的同时,又具有了它们的所有优点。首先,它无须每天都做系统完全备份,因此备份所需时间短,并节省磁带空间;其次,它的灾难恢复也很方便,系统管理员只需两盘磁带,即星期一的磁带与发生前一天的磁带,就可以将系统完全恢复。在备份时要根据它们各自的特点灵活使用。

3. 数据擦除

近年来,企事业单位在享受数据中心带来巨大生产力的同时,其数据中心安全漏洞也让人担忧,越来越多的企事业单位投入大量资金着手数据中心安全建设。数据泄密事件的频发让企业数据中心安全笼罩在阴影中,而对涉密数据进行硬盘数据擦除,以达到硬盘数据销毁,成为当下保障数据中心安全的有效方式之一。硬盘数据擦除技术旨在通过相关的硬盘数据擦除技术及硬盘数据擦除工具,将硬盘上的数据彻底删除,无法恢复。

6.4.3　数据保护

从保护数据的角度讲,广义数据安全可以细分为三部分,即数据加密、数据传输安全和身份认证管理。

1. 数据加密

数据加密就是按照确定的密码算法把敏感的明文数据变换成难以识别的密文数据,通过使用不同的密钥,可用同一加密算法把同一明文加密成不同的密文。当需要时,可使用密钥把密文数据还原成明文数据,称为解密。这样就可以实现数据的保密性。数据加密被公认为是保护数据传输安全唯一实用的方法和保护存储数据安全的有效方法,它是数据保护在技术上最重要的防线。数据加密技术是最基本的安全技术,被誉为信息安全的核心,最初主要用于保证数据在存储和传输过程中的保密性。它通过变换和置换等各种方法会被保护信息置换成密文,然后再进行信息的存储或传输,即使加密信息在存储或者传输过程为非授权人员所获得,也可以保证这些信息不为其认知,从而达到保护信息的目的。该方法的保密性直接取决于所采用的密码算法和密钥长度。

2. 数据传输安全

数据传输安全指数据在传输过程中必须要确保数据的安全性、完整性和不可篡改性。数据传输加密技术目的是对传输中的数据流加密,以防止通信线路上的窃听、泄露、篡改和破坏。数据传输的完整性通常通过数字签名的方式来实现,即数据的发送方在发送数据的同时利用单向的不可逆加密算法 Hash 函数或者其他信息文摘算法计算出所传输数据的消息文摘,并把该消息文摘作为数字签名随数据一同发送。接收方在收到数据的同时也收到该数据的数字签名,接收方使用相同的算法计算出接收到的数据的数字签名,并把该数字签名和接收到的数字签名进行比较,若二者相同,则说明数据在传输过程中未被修改,数据完整性得到了保证。

3. 身份认证管理

身份认证的目的是确定系统和网络的访问者是否是合法用户。主要采用登录密码、代表用户身份的物品(如智能卡、IC 卡等)或反映用户生理特征的标识鉴别访问者的身份。身份认证要求参与安全通信的双方在进行安全通信前,必须互相鉴别对方的身份。保护数据不仅仅是要让数据正确、长久的存在,更重要的是要让不该看到数据的人看不到。这方面就必须依靠身份认证技术来给数据加上一把锁。数据存在的价值就是需要被合理访问,所以,建立信息安全体系的目的应该是保证系统中的数据只能被有权限的人访问,未经授权的人则无法访问到数据。如果没有有效的身份认证手段,访问者的身份就很容易被伪造,使得未经授权的人仿冒有权限人的身份,这样任何安全防范体系就形同虚设,所有安全投入就被无情地浪费了。

6.4.4　数据容灾

1. 存在的问题

早期的容灾系统局限于小范围区域,通常称之为本地容灾系统,即只在本地构建数据备份中心和本地备用服务系统。该系统能够容忍硬件毁坏等灾难造成的单点失效问题,而对于火灾、建筑坍塌等灾难却无能为力。随着人们对容灾力度需求的不断提高,出现了异地容灾系统,即建立异地应用系统和异地数据备份中心。根据异地备份中心与本地系统距离的远近,系统所能容忍的灾难有所不同。如果其间距离在 100km 之内,可容忍火灾、建筑物坍塌等灾难;如果距离达到了几百公里,则可容忍地震、水灾等大规模灾难。但是这种容灾系统降低了数据恢复的速度,面对一些小范围故障恢复时效率低下。

为了克服上述问题,出现了设备级虚拟化产品在容灾系统中的应用,可以有效提高数据的备份和恢复速度。从理论上讲,将虚拟存储技术应用到容灾系统,可以在不中断应用的情况下在线增加存储容量,更换存储设备,实现数据的透明备份、恢复、迁移等,从而极大提高容灾的有效性和灵活性。但是现阶段基于这种设备级虚拟存储技术的应用范围仍具有一定的局限性,而且也未能实现真正意义上的容灾系统透明化管理。

目前容灾系统仍存在以下 3 个问题:针对已有系统增加容灾功能,需要对原有系统进行大量的修改,并且在面对大量备份数据时管理复杂度高;面对大规模数据容灾,容灾的灵活性有限,总体效率不高;未对备份数据提供良好的加密保护机制,存在很大的安全隐患。

2. 数据容灾的概念

数据级容灾指通过建立异地容灾中心,做数据的远程备份,在灾难发生之后要确保原有的数据不会丢失或者遭到破坏,但在数据级容灾这个级别,发生灾难时应用会中断。在数据级容灾方式下,所建立的异地容灾中心可以简单地把它理解成一个远程的数据备份中心。数据级容灾的恢复时间比较长,但是与其他容灾级别相比,它的费用比较低,而且构建实施也相对简单。

数据容灾指建立一个异地的数据系统,该系统是本地关键应用数据的一个可用复制。在本地数据及整个应用系统出现灾难时,系统至少在异地保存有一份可用的关键业务的数据。该数据可以是与本地生产数据的完全实时复制,也可以比本地数据略微落后,但一定是可用的。采用的主要技术是数据备份和数据复制技术。

数据容灾技术又称为异地数据复制技术,按照其实现的技术方式来说,主要可以分为同步传输方式和异步传输方式(各厂商在技术用语上可能有所不同)。另外,也有如“半同步”这样的方式。半同步传输方式基本与同步传输方式相同,只是在 Read 占 I/O 比例比较大时,相对同步传输方式,可以略微提高 I/O 的速度。而根据容灾的距离,数据容灾又可以分成远程数据容灾和近程数据容灾方式。下面将主要按同步传输方式和异步传输方式对数据容灾展开讨论,其中也会涉及远程容灾和近程容灾的概念,并作相应的分析。

3. 数据容灾备份的等级

通常可将容灾备份分为 4 个等级。

第 0 级:没有备援中心。这一级容灾备份实际上没有灾难恢复能力,它只在本地进行数据备份,并且被备份的数据只在本地保存,没有送往异地。

第 1 级:本地磁带备份,异地保存。在本地将关键数据备份,然后送到异地保存。灾难发生后,按预定数据恢复程序、恢复系统和数据。这种方案成本低,易于配置。但当数据量增大时,存在存储介质难管理的问题,并且当灾难发生时存在大量数据难以及时恢复的问题。为了解决此问题,灾难发生时先恢复关键数据,后恢复非关键数据。

第 2 级:热备份站点备份。在异地建立一个热备份点,通过网络进行数据备份。即通过网络以同步或异步方式,把主站点的数据备份到备份站点,备份站点一般只备份数据,不承担业务。当出现灾难时,备份站点接替主站点的业务,从而维护业务运行的连续性。

第 3 级:活动备援中心。在相隔较远的地方建立两个数据中心,它们都处于工作状态,并进行相互数据备份。当某个数据中心发生灾难时,另一个数据中心接替其工作任务。

4. 容灾备份的关键技术

在建立容灾备份系统时会涉及多种技术,具体包括以下几个。

1) 远程镜像技术

远程镜像技术是在主数据中心和备援数据中心之间的数据备份时用到。镜像是在两个或多个磁盘或磁盘子系统上产生同一个数据的镜像视图的信息存储过程,一个叫主镜像系统,另一个叫从镜像系统。按主、从镜像存储系统所处的位置可分为本地镜像和远程镜像。远程镜像又叫远程复制,是容灾备份的核心技术,同时也是保持远程数据同步和实现灾难恢复的基础。远程镜像按请求镜像的主机是否需要远程镜像站点的确认信息,又可分为同步远程镜像和异步远程镜像。

2) 快照技术

快照是通过软件对要备份的磁盘子系统的数据快速扫描,建立一个要备份数据的快照逻辑单元号 LUN 和快照 Cache。在快速扫描时,把备份过程中即将要修改的数据块同时快速复制到快照 Cache 中。快照 LUN 是一组指针,它指向快照 Cache 和磁盘子系统中不变的数据块(在备份过程中)。在正常业务进行的同时,利用快照 LUN 实现对原数据的完全备份。它可使用户在正常业务不受影响的情况下(主要指容灾备份系统),实时提取当前在线业务数据。其"备份窗口"接近于零,可大大增加系统业务的连续性,为实现系统真正的 7×24h 运转提供了保证。

3) 互联技术

早期的主数据中心和备援数据中心之间的数据备份,主要是基于 SAN(存储区域网络)的远程复制(镜像),即通过光纤通道 FC 把两个 SAN 连接起来,进行远程镜像(复制)。当灾难发生时,由备援数据中心替代主数据中心保证系统工作的连续性。这种远程容灾备份方式存在一些缺陷。目前,出现了多种基于 IP 的 SAN 的远程数据容灾备份技术。它们是利用基于 IP 的 SAN 的互联协议,将主数据中心 SAN 中的信息通过现有的 TCP/IP 网络,远程复制到备援数据中心 SAN 中。当备援数据中心存储的数据量过大时,可利用快照技术将其备份到磁带库或光盘库中。这种基于 IP 的 SAN 的远程容灾备份,可以跨越 LAN、MAN 和 WAN,其成本低、可扩展性好,具有广阔的发展前景。基于 IP 的互联协议包括 FCIP、iFCP、Infiniband、iSCSI 等。

4) 高效数据备份恢复

数据备份恢复速率是容灾系统的一个重要指标,基于缓存的高效数据备份恢复技术可以有效提高其效率。衡量容灾备份的两个技术指标:

① RPO(Recovery Point Objective),即数据恢复点目标,主要指的是业务系统所能容忍的数据丢失量。

② RTO(Recovery Time Objective),即恢复时间目标,主要指的是所能容忍的业务停止服务的最长时间,也就是从灾难发生到业务系统恢复服务功能所需要的最短时间周期。

RPO 针对数据丢失,而 RTO 针对服务丢失,二者没有必然的关联性。RTO 和 RPO 的确定必须在进行风险分析和业务影响分析后根据不同的业务需求确定。对于不同企业的同一种业务,RTO 和 RPO 的需求也会有所不同。

典 型 案 例

"9·11"事件启示,互联网金融灾备不容忽视

"9·11"事件发生后,金融机构聚集的世贸大厦里的大量数据化为乌有。直到 2001 年

"9·11"事件发生之后,金融行业才真正重视金融灾备,并投入大量财力保证业务连续性。

早在 1993 年德意志银行(Deutsche Bank)就制订了严谨可行的业务连续性计划(BCP),灾难发生后,德意志银行调动 4000 多名员工及全球分行的资源,短时间内在距离纽约 30km 的地方恢复了业务运行,得到了客户和行业的好评。

摩根士丹利(Morgan Stanley)在 25 层办公场所全毁,3000 多名员工被迫紧急疏散的情况下,半小时内就在灾备中心建立了第二办公室,第二天就恢复全部业务,可谓金融灾备的典范。

与之相反,纽约银行(Bank of New York)数据中心全毁。通信线路中断后,因为缺乏灾备系统和有力的应急业务恢复计划,一个月后不得不关闭一些分支机构,数月后不得不破产清盘。

据统计,金融业在数据系统遭到破坏的两天内所受损失为日营业额的 50%,如果两个星期内无法恢复信息系统,75% 的公司将业务停顿,43% 的公司将再也无法开业,没有实施灾难备份措施的公司 60% 将在灾难后 2～3 年间破产。

在互联网金融行业里,金融灾备对投资人来说至关重要。如果一个 P2P 平台的机房被火烧或者遇到地震等天灾,导致平台上所有用户的信息全部被毁,而这个平台在此之前也没有做灾备,那每个投资人的交易记录也都会随之消失,到时候投资人该怎么追偿损失? 相反,如果这个平台在其他地方有灾备中心,能够对数据进行实时复制,那问题就很好解决了。

与银行等传统金融机构相比,互联网金融机构不仅出现问题的影响面更大,相反在灾备方面做得还远远不够。比如,目前国有大型银行基本上是采用"两地三中心"模式,即同城除了有一个灾备中心以外,异地也有一个灾备中心,这样就可以应对战争、重大灾难等极端情形。因此,当一个机房出问题时,系统会切换到同城或者异地的灾备中心。

思 考 题

6-1　什么是数据库? 数据库的历史有几个阶段? 数据库有几种类型?

6-2　什么是关系数据库? 什么是数据仓库?

6-3　简述几种常用数据库系统。

6-4　什么是数据库安全? 其威胁有哪几个方面?

6-5　如何进行数据库安全管理?

6-6　什么是数据结构?

6-7　什么是线性表? 什么是栈? 什么是队列? 什么是树? 什么是图?

6-8　数据安全有哪些威胁?

6-9　数据安全有哪些核心技术?

6-10　如何进行数据保护?

6-11　什么是数据容灾?

第7章　信息安全威胁

7.1　计算机病毒及防治

7.1.1　计算机病毒概述

1. 计算机病毒的概念

计算机病毒(Computer Virus)是一种人为编制能够对计算机正常程序的执行或数据文件造成破坏,并且能够自我复制的一组指令程序代码。

国务院颁布的《中华人民共和国计算机信息系统安全保护条例》以及公安部出台的《计算机病毒防治管理办法》将计算机病毒均定义如下:计算机病毒是指编制或者在计算机程序中插入的破坏计算机功能或者毁坏数据,影响计算机使用,并能自我复制的一组计算机指令或者程序代码。这是目前官方最权威的关于计算机病毒的定义,此定义也被目前通行的《计算机病毒防治产品评级准则》的国家标准所采纳。

2. 计算机病毒的特点

(1) 繁殖性。计算机病毒像生物病毒一样可进行繁殖,当正常程序运行时它也进行自身复制,是否具有繁殖、感染的特征是判断某段程序为计算机病毒的首要条件。

(2) 破坏性。计算机中毒后,可能会导致正常的程序无法运行,把计算机内的文件删除或受到不同程度的损坏,通常表现为增、删、改、移。

(3) 传染性。传染性是病毒的基本特征。计算机病毒也会通过各种渠道从已被感染的计算机扩散到未被感染的计算机,在某些情况下造成被感染的计算机工作失常甚至瘫痪。如果一台计算机染毒,且未及时处理,那么病毒就会在这台计算机上迅速扩散,计算机病毒可通过各种可能的渠道,如软盘、硬盘、移动硬盘、计算机网络去传染其他的计算机。是否具有传染性是判别一个程序是否为计算机病毒的最重要条件。

(4) 潜伏性。有些病毒什么时间发作是预先设计好的。计算机病毒程序进入系统之后一般不会马上发作。一旦时机成熟才会发作。潜伏性的第二种表现是指,计算机病毒的内部往往有一种触发机制,不满足触发条件时计算机病毒除了传染外不做什么破坏。触发条件一旦得到满足,它才会产生破坏性。

(5) 隐蔽性。计算机病毒具有很强的隐蔽性,有的可以通过病毒软件检查出来,有的根本就查不出来,有的时隐时现、变化无常,这类病毒处理起来通常很困难。

(6) 可触发性。病毒因某个事件或数值的出现,诱使病毒实施感染或进行攻击的特性称为可触发性。病毒的触发机制就是用来控制感染和破坏动作的频率。病毒具有预定的触发条件,这些条件可能是时间、日期、文件类型或某些特定数据等。病毒运行时触发机制检查预定条件是否满足,如果满足则启动感染或破坏动作,使病毒进行感染或攻击;如果不满足则使病毒继续潜伏。

3. 计算机病毒分类

根据多年对计算机病毒的研究,按照科学的、系统的、严密的方法,计算机病毒可分类如下:按照计算机病毒属性的方法进行分类,计算机病毒可以根据下面的属性进行分类。

1) 按病毒存在的媒体分类

根据病毒存在的媒体,病毒可以划分为网络病毒、文件病毒、引导型病毒。网络病毒通过计算机网络传播感染网络中的可执行文件,文件病毒感染计算机中的文件(如 COM、EXE、DOC 等),引导型病毒感染启动扇区(Boot)和硬盘的系统引导扇区(MBR),还有这 3 种情况的混合型。例如,多型病毒(文件和引导型)感染文件和引导扇区两种目标,这样的病毒通常都具有复杂的算法,它们使用非常规的办法侵入系统,同时使用了加密和变形算法。

2) 按病毒传染的方法分类

根据病毒传染的方法可分为驻留型病毒和非驻留型病毒,驻留型病毒感染计算机后,把自身的内存驻留部分放在内存(RAM)中,这一部分程序挂接系统调用且合并到操作系统中去,它处于激活状态,一直到关机或重新启动。非驻留型病毒在得到机会激活时并不感染计算机内存,一些病毒在内存中留有小部分,但是并不通过这一部分进行传染,这类病毒也被划分为非驻留型病毒。

3) 按病毒破坏的能力分类

(1) 无害型。除了传染时减少磁盘的可用空间外,对系统没有其他影响。

(2) 无危险型。这类病毒仅仅是减少内存、显示图像、发出声音及同类音响。

(3) 危险型。这类病毒在计算机系统操作中造成严重的错误。

(4) 非常危险型。这类病毒删除程序、破坏数据、清除内存和操作系统的信息。

4) 按病毒的算法分类

(1) 伴随型病毒。这类病毒并不改变文件本身,它们根据算法产生 EXE 文件的伴随体,具有同样的名字和不同的扩展名(COM)。病毒把自身写入 COM 文件并不改变 EXE 文件,当 DOS 加载文件时伴随体优先被执行,再由伴随体加载执行原来的 EXE 文件。

(2) 蠕虫型病毒。通过计算机网络传播,不改变文件和资料信息,利用网络从一台机器的内存传播到其他机器的内存,计算网络地址,将自身的病毒通过网络发送。有时它们在系统存在,一般除了内存外不占用其他资源。

(3) 寄生型病毒。除了伴随和"蠕虫"型,其他病毒均可称为寄生型病毒,它们依附在系统的引导扇区或文件中,通过系统的功能进行传播,按其算法不同可分为:练习型病毒,病毒自身包含错误,不能进行很好地传播,如一些病毒在调试阶段;诡秘型病毒,一般不直接修改 DOS 中断和扇区数据,而是通过设备技术和文件缓冲区等 DOS 内部修改,不易看到资源,使用比较高级的技术,利用 DOS 空闲的数据区进行工作;变型病毒(又称幽灵病毒),使用一个复杂的算法,使自己每传播一份都具有不同的内容和长度。它们一般的做法是一段混有无关指令的解码算法和被变化过的病毒体共同作用。

4. 计算机病毒的历史

计算机病毒的概念其实很早就出现了。现有记载的最早涉及计算机病毒概念的是计算机之父冯·诺依曼。他在 1949 年发表的一篇名为《复杂自动装置的理论及组织的进行》的论文中第一次给出了病毒程序的框架。1960年程序的自我复制技术首次在美国人约翰·康维编写"生命游戏"程序中实现。"磁芯大战"游戏是在美国电报电话公司贝尔实验室的3个工作人员麦耀莱、维索斯基以及莫里斯编写的。这个游戏体现了计算机病毒具有感染性的特点。经过50多年的发展，计算机病毒可以大致划分为以下几个阶段：

① DOS引导阶段。

② DOS可执行阶段。

③ 伴随、批次型阶段。

④ 幽灵、多形阶段。

⑤ 生成器、变体机阶段。

⑥ 网络、蠕虫阶段。

⑦ 视窗阶段。

⑧ 宏病毒阶段。

⑨ 互联网阶段。

⑩ 邮件炸弹阶段。

7.1.2　计算机病毒的防治

如何有效地防范黑客、病毒的侵扰，保障计算机网络运行安全，已为广大计算机用户所重视。其中，如何防范计算机网络免受病毒侵袭又成为网络安全的重中之重。

1. 提高防毒意识

进行计算机安全教育，提高安全防范意识，建立对计算机使用人员的安全培训制度，定期进行安全培训。掌握病毒防治的基本知识和防病毒产品的使用方法。了解病毒知识，及时发现新病毒并采取相应措施，在关键时刻使自己的计算机免受病毒破坏。

2. 建立完善的病毒防治机制

建立相应的规章制度和法律法规，在管理上应建立相应的组织机构，采取行之有效的管理方法。各级部门要设立专职或兼职的安全员，形成以各地公安计算机监察部门为龙头的计算机安全管理网，加强配合、信息共享和技术互助。建立一套行之有效的防范计算机病毒的应急措施和应急事件处理机构，以便对发现的计算机病毒事件进行快速反应和处置，为遭受计算机病毒攻击、破坏的计算机信息系统提供数据恢复方案，保障计算机信息系统和网络的安全、有效运转。根据2000年公安部颁布的《计算机病毒防治管理办法》，结合各自的情况建立自己的计算机病毒防治制度和相应组织，将病毒防治工作落到实处。

3. 建立病毒防治和应急体系

据统计，80%网络病毒是通过系统安全漏洞传播，所以应定期到微软网站去下载最新的补丁，以防患于未然。默认情况下，许多操作系统会安装一些辅助服务。这些服务为攻击者提供了方便，而又对用户没有太大用处，如果关闭或删除系统中不需要的服务，就能大大减少被攻击的可能性。各单位应建立病毒应急体系，与国家的计算机病毒应急体系建立信息交流机制，发现病毒疫情及时上报，同时，注意国家计算机病毒应急处理中心发布的病毒疫情。

4. 安全风险评估

对使用的系统和业务需求的特点,进行计算机病毒风险评估。通过评估了解自身系统主要面临的病毒威胁有哪些,有哪些风险必须防范,有哪些风险可以承受。确定所能承受的最大风险,以便制定相应的病毒防治策略和技术防范措施。适时进行安全评估,调整各种病毒防治策略,根据病毒发展动态,定期对系统进行安全评估,了解当前面临的主要风险,评估病毒防护策略的有效性,及时发现问题,调整病毒防治的各项策略。

5. 选用病毒防治产品

根据风险评估的结果,选择经过公安部认证的病毒防治产品,安装专业的杀毒软件进行全面监控。还应经常升级,将一些主要监控经常打开(如邮件监控),内存监控等,遇到问题要上报,这样才能真正保障计算机的安全。

6. 建立安全的计算机系统

使用病毒防火墙技术,防止未知病毒。必要时内外网分离,不仅防止外来病毒对内网的侵入,还可以防止银行内部信息、资源、数据被盗。对系统敏感文件定期检查,保证及时发现已感染的病毒和黑客程序。对发生的病毒事故要认真分析原因,找到病毒突破防护系统的原因,及时修改病毒防治策略,并对调整后的病毒防治策略进行重新评估。

7. 备份系统、备份重要数据

对重要、有价值的数据应该定期和不定期备份,对特别重要的数据做到每修改一次便备份一次,一般病毒都从硬盘的前端开始破坏,所以重要的数据应放在 C 盘以后的分区,这样即使病毒破坏了硬盘前面部分的数据,只要能及时发现,后面这些数据还是有可能挽回的。此外,合理设置硬盘分区,预留补救措施,如用 Ghost 软件备份硬盘,可快速恢复系统。一旦发生了病毒侵害事故后,启动灾难恢复计划,尽量将病毒造成的损失减小到最低,并尽快恢复系统正常工作。

7.2 黑客攻击与防范

7.2.1 黑客

1. 黑客的概念

黑客(Hacker)这个字的原意指的是熟悉某种计算机系统,并具有极高的技术能力,长时间将心力投注在信息系统的研发,并且乐此不疲的人。黑客最早源自英文 Hacker,早期在美国计算机界是带有褒义的词。但在媒体报道中,黑客一词往往指那些“软件骇客”(Software Cracker)。黑客一词原指热心于计算机技术,水平高超的计算机专家,尤其是程序设计人员。但到了今天,黑客一词已被用于泛指那些专门利用计算机网络搞破坏或恶作剧的家伙。对这些人的正确英文叫法是 Cracker,有人翻译成“骇客”。开放源代码的创始人 Eric Raymond 认为 Hacker 与 Cracker 是分属两个不同世界的族群,基本差异在于,Hacker 是有建设性的,而 Cracker 则专门搞破坏。

黑客所做的不是恶意破坏,他们是一群纵横于网络上的技术人员,热衷于科技探索、计算机科学研究。在黑客圈中,Hack 一词无疑是带有正面的意义,如 System hack 熟悉操作的设计与维护;Password hacker 精于找出使用者的密码,若是 Computer hacker 则是通晓计算机,可让计算机乖乖听话的高手。Hacker 原意是指用斧头砍柴的工人,最早被引进计算机圈则可追溯自 20 世纪 60 年代。加州柏克莱大学计算机教授 Brian Harvey 在考证此字时曾写到,当时在麻省理工学院中(MIT)的学生通常分成两派,一派是 Tool,意指乖乖的学生,成绩都拿甲等;另一派则是所谓的 Hack,也就是常逃课,上课爱睡觉,但晚上却又精力充沛喜欢搞课外活动的学生。

Cracker 是以破解各种加密或有限制的商业软件为乐趣的人,这些以破解(Crack)最新版本的软件为己任的人,从某些角度来说是一种义务性的、发泄性的,他们讲究 Crack 的艺术性和完整性,从文化上体现的是计算机大众化。他们以年轻人为主,对软件的商业化怀有敌意。

很多人认为 Hacker 与 Cracker 之间没有明显的界线,但实际上,Hacker 和 Cracker 不但很容易分开,而且可以分出第三群"互联网海盗(Internet Pirate)",他们是大众认定的"破坏分子"。但是,人们还是把这群人称为"黑客"。

2. 黑客分类

网络中常见的黑客大体有以下 3 种。

(1)业余爱好者。他们偶尔从网络上得到一些入侵的工具,一试之下居然攻无不胜,然而却不懂得消除证据,因此也是最常被揪出来的黑客。这些人多半并没有恶意,只觉得入侵是证明自己技术能力的方式,是一个有趣的游戏,有一定成就感。即使造成什么破坏也多半是无心之过。只要有称职的系统管理员,是能预防这类无心破坏发生的。

(2)职业的入侵者。这些人把入侵当成事业,认真并且有系统地整理所有可能发生的系统弱点,熟悉各种信息安全攻防工具。他们有能力成为一流的信息安全专家,也许他们的正式工作就是信息安全工程师;但是也绝对有能力成为破坏力极大的黑客。只有经验丰富的系统管理员,才有能力应付这种类型的入侵者。

(3)计算机高手。他们对网络、操作系统的运作了如指掌,对信息安全、网络侵入也许丝毫不感兴趣,但是只要系统管理员稍有疏失,整个系统在他们眼中看来就会变得不堪一击。因此可能只是为了不想和同学分享主机的时间,也可能只是懒得按正常程序申请系统使用权,就偶尔客串,扮演入侵者的角色。这些人通常对系统的破坏性不高,取得使用权后也会稍许使用,避免造成系统损坏。使用后也多半会记得消除痕迹。因此,此类入侵比职业的入侵者更难找到踪迹。这类高手通常有能力演变成称职的系统管理员。

3. 黑客的目的

黑客入侵的目的主要有以下几个方面。

(1)好奇心和满足感。这类人入侵他人的网络系统,以成功与否为技术能力的指标,借以满足其内心的好奇和成就感。

(2)作为入侵其他系统的跳板。安全敏感度较高的机器,通常有多重使用记录,有严密的安全保护,入侵必须负担的法律责任也更大,所以多数的入侵者会选择安全防护较差的系统,作为访问敏感度较高的机器的跳板。让跳板机器承担责任。

(3)盗用系统资源数。互联网上的上亿台计算机是一笔庞大的财富。破解密码,盗取资源可获取巨大的经济利益。

（4）窃取机密资料。互联网中存放有许多重要资料，如信用卡号、交易资料等，这些有价机密资料对入侵者具有很大的吸引力。他们入侵系统的目的就是得到这些资料。

（5）出于政治目的或报复心理。这类人入侵的目的就是要破坏他人的系统，以达到报复或政治目的。

4. 黑客攻击方式

黑客攻击通常分为以下 7 种典型的模式。

（1）监听。这种攻击指监听计算机系统或网络信息包以获取信息。监听实质上并没有进行真正的破坏性攻击或入侵，但却通常是攻击前的准备动作，黑客利用监听来获取他想攻击对象的信息，像网址、用户账号、用户密码等。这种攻击可以分成网络信息包监听和计算机系统监听两种。

（2）密码破解。这种攻击指使用程序或其他方法来破解密码。破解密码主要有两个方式，即猜出密码或是使用遍历法一个一个尝试所有可能试出密码。这种攻击程序相当多，如果是要破解系统用户密码的程序，通常需要一个储存着用户账号和加密过的用户密码的系统文件，如 UNIX 系统的 Password 和 Windows NT 系统的 SAM，破解程序就利用这个系统文件来猜或试密码。

（3）漏洞。漏洞指程序在设计、实现或操作上的错误，而被黑客用来获得信息、取得用户权限、取得系统管理者权限或破坏系统。由于程序或软件的数量太多，所以这种攻击数量相当庞大。缓冲区溢出是程序在实现上最常发生的错误，也是最多漏洞产生的原因。缓冲区溢出的发生原因是把超过缓冲区大小的数据放到缓冲区，造成多出来的数据覆盖到其他变量，绝大多数的状况是程序发生错误而结束。但是如果适当地放入数据，就可以利用缓冲区溢出来执行自己的程序。

（4）扫描。这种攻击指扫描计算机系统以获取信息。扫描和监听一样，实质上并没有进行真正的破坏性攻击或入侵，但却通常是攻击前的准备动作，黑客利用扫描来获取他想攻击对象的信息，像开放哪些服务、提供服务的程序，甚至利用已发现的漏洞样本作对比直接找出漏洞。

（5）恶意程序码。这种攻击指黑客通过外部设备和网络把恶意程序代码安装到系统内。它通常是黑客成功入侵后做的后续动作，可以分成两类，即病毒和后门程序。病毒有自我复制性和破坏性两个特性，这种攻击就是把病毒安装到系统内，利用病毒的特性破坏系统和感染其他系统。最有名的病毒就是世界上第一位因特网黑客所写的蠕虫病毒，它的攻击行为其实很简单，就是复制，复制同时做到感染和破坏的目的。后门程序攻击通常是黑客在入侵成功后，为了方便下次入侵而安装的程序。

（6）阻断服务。这种攻击的目的并不是要入侵系统或是取得信息，而是阻断被害主机的某种服务，使得正常用户无法接受网络主机所提供的服务。这种攻击有很大部分是从系统漏洞这个攻击类型中独立出来的，它是把稀少的资源用尽，让服务无法继续，如 TCP 同步信号洪泛攻击是把被害主机的等待队列填满。最近出现一种有关阻断服务攻击的新攻击模式，即分布式阻断服务攻击，黑客从 Client 端控制 Handler，而每个 Handler 控制许多 Agent，因此黑客可以同时命令多个 Agent 来对被害者做大量的攻击。而且 Client 与 Handler 之间的沟通是经过加密的。

（7）社会工程。这种是指不通过计算机或网络的攻击行为。例如，黑客自称是系统管理者,发电子邮件或打电话给用户,要求用户提供密码,以便测试程序或其他理由。其他像是躲在用户背后偷看他人的密码也属于社会工程。

7.2.2　木马攻击

1. 木马的概念

木马之称源于《荷马史诗》的特洛伊战记。故事说的是希腊人围攻特洛伊城10年后仍不能得手,于是阿伽门农受雅典娜的启发:把士兵藏匿于巨大无比的木马中,然后佯作退兵。当特洛伊人将木马作为战利品拖入城内时,高大的木马正好卡在城门间,进退两难。夜晚木马内的士兵爬出来,与城外的部队里应外合而攻下了特洛伊城。而计算机世界的木马是指隐藏在正常程序中的一段具有特殊功能的恶意代码,是具备破坏和删除文件、发送密码、记录键盘和攻击DOS等特殊功能的后门程序。

木马病毒和其他病毒一样都是一种人为的程序,属于计算机病毒。与以前计算机病毒不同,木马病毒的作用是赤裸裸地偷偷监视别人的所有操作和盗窃别人的各种密码和数据等重要信息,如盗窃系统管理员密码搞破坏;偷窃ADSL上网密码和游戏账号密码用于牟利;更有甚者直接窃取股票账号、网上银行账户等机密信息达到盗窃别人财物的目的。所以木马病毒的危害性更大。这个现状就导致了许多别有用心的程序开发者大量编写这类带有偷窃和监视别人计算机的侵入性程序,这就是目前网上大量木马病毒泛滥成灾的原因。鉴于木马病毒的巨大危害性和它与其他病毒的作用性质的不同,所以木马病毒虽然属于病毒中的一类,但是要单独地从病毒类型中剥离出来,独立地称之为"木马病毒"程序。

2. 木马的发展历史

第一代木马:伪装型病毒。这种病毒通过伪装成一个合法性程序诱骗用户上当。第一个计算机木马是出现在1986年。它伪装成共享软件PC-write的2.72版本,一旦用户信以为真运行该木马程序,那么他的下场就是硬盘被格式化。

第二代木马:1989年出现了Aids木马。Aids作者利用邮件散播。给其他人寄去一封含有木马程序软盘的邮件。之所以叫这个名称是因为软盘中包含有Aids和Hiv疾病的药品、价格、预防措施等相关信息。软盘中的木马程序在运行后,虽然不会破坏数据,但是它将硬盘加密锁死,然后提示受感染用户花钱消灾。

第三代木马:网络传播型木马。随着Internet的普及,这一代木马兼备伪装和传播两种特征,并结合TCP/IP网络技术四处泛滥。

7.2.3　DDoS攻击

1. DoS攻击定义

DoS(Denial of Service,拒绝服务)攻击是对网络服务有效性的一种破坏,使受害主机或网络不能及时接收并处理外界请求,或无法及时回应外界请求,从而不能提供给合法用户正常的服务,即对外拒绝服务。

DDoS攻击是利用足够数量的傀儡机产生数目巨大的攻击数据包对一个或多个目标实施DoS攻击,耗尽受害端的资源,使受害主机丧失提供正常网络服务的能力。DDoS攻击是当前网络安全最严重的威胁之一,是对网络可用性的挑战。反弹攻击和IP源地址伪造技术的使用使得攻击更加难以察觉。就目前的网络状况而言,世界每一个角落都有可能受到 DDoS 攻击,但是只要能够尽可能检测到这种攻击并且作出反应,损失就能够减到最小程度。因此,DDoS 攻击检测方法的研究一直受到关注。

2. DDoS 的攻击原理

DDoS 攻击原理如图 7-1 所示。

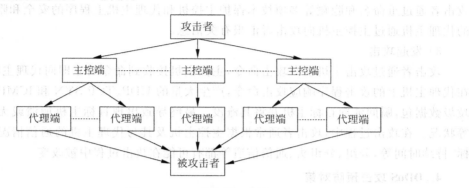

图 7-1　DDoS 攻击原理框图

(1) 攻击者。它可以是网络上的任何一台主机。在整个攻击过程中,它是攻击主控台,向主控端发送攻击命令,包括目标主机地址,控制整个过程。攻击者与主控端的通信一般不包括在 DDoS 工具中,可以通过多种连接方法完成。

(2) 主控端。主控端和代理端都是攻击者非法侵入并控制的一些主机,它们分成了两个层次,分别运行非法植入的不同攻击程序。每个主控端控制数十代理端,有其控制的代理端的地址列表,它监听端口接收攻击者发来的命令后,将命令转发给代理端。主控端与代理端的通信根据 DDoS 工具的不同而有所不同。

(3) 代理端。在它们上面运行攻击程序,监听端口接收和运行主控端发来的命令,是真正进行攻击的机器。

(4) 被攻击者。可以是路由器、交换机、主机等。遭受攻击时,它们的资源或带宽被耗尽。防火墙、路由器的阻塞还可能导致恶性循环,加重网络阻塞情况。

3. DDoS 攻击的实施过程

1) 收集目标主机信息

攻击者要入侵网络,首要工作是收集和了解目标主机的情况。下列信息是 DDoS 攻击者所关心的内容:目标主机的数量和地址配置;目标主机的系统配置和性能;目标主机的网络带宽。比如,攻击者对网络上的某个站点发动攻击,他必须确定有多少台主机支持这个站点,因为一个大的站点很可能需要多台主机利用负载均衡技术提供同一站点的 WWW 服务。根据目标主机的数量,攻击者就能够确定要占领多少台代理主机实施攻击才能实现其企图。假如攻击一台目标主机需要一台代理主机,那么攻击一个由 10 台主机支持的站点,就需要 10 台代理主机。

2) 占领主控机和代理主机

攻击者首先利用扫描器或其他工具选择网上一台或多台代理主机用于执行攻击行动。为了避免目标网络对攻击的有效响应和攻击被跟踪检测,代理主机通常应位于攻击目标网络和发动攻击网络域以外。代理主机必须具有一定脆弱性以方便攻击者能够占领和控制，且需具备足够资源用于发动强大攻击数据流。代理主机一般应具备以下条件：链路状态好和网络性能好；系统性能好；安全管理水平差。

攻击者侵入代理主机后，选择一台或多台作为主控主机，并在其中植入特定程序，用于接受和传达来自攻击者的攻击指令。其余代理主机被攻击者植入攻击程序，用于发动攻击。攻击者通过重命名和隐藏等多项技术保护主控机和代理主机上程序的安全和隐秘。被占领的代理主机通过主控主机向攻击者汇报有关信息。

3）发起攻击

攻击者通过攻击主机发布攻击命令，主控主机接收到命令后立即向代理主机传达，隐蔽在代理主机上的攻击程序响应攻击命令，产生大量的 UDP、TCP SYN 和 ICMP 响应请求等垃圾数据包，瞬间涌向目标主机并将其淹没。最终导致出现目标主机崩溃或无法响应请求等状况。在攻击过程中，攻击者通常根据主控主机及其与代理主机的通信情况改变攻击目标、持续时间等，分组、分组头、通信信道等都有可能在攻击过程中被改变。

4. DDoS 攻击预防对策

DDoS 攻击的研究主要在预防、检测和响应追踪 3 个方面。防范 DDoS 攻击的第一道防线就是攻击预防。预防的目的是在攻击尚未发生时采取措施，阻止攻击者发起 DDoS 攻击进而危害网络。在 DDoS 攻击的预防研究方面，目前研究最多的还是提高 TCP/IP 协议的质量，如延长缓冲队列的长度和减少超时时间。

仅仅预防攻击是不够的，当攻击真的发生时需要进行响应。响应追踪的目的是消除或缓解攻击，尽量减小攻击对网络造成的危害。响应追踪研究又可以分为攻击发生时追踪和攻击发生后追踪。攻击发生后追踪的主要方法包括路由器产生 ICMP 追踪消息法、分组标记法和数据包日志记录法；攻击发生时追踪的主要方法包括基于 IPSec 的动态安全关联追踪法、链路测试法和逐跳追踪法等。

为了尽快响应攻击，就需要尽量快地检测出攻击的存在。在检测研究方面，目前已有很多种方法以及不同的分类。DDoS 是一种基于 DoS 的分布、协作的大规模攻击方式，它直接或间接通过互联网上其他受控制的计算机攻击目标系统或者网络资源的可用性。同 DoS 一次只能运行一种攻击方式攻击一个目标不同，DDoS 可以同时运用多种 DoS 攻击方式，也可以同时攻击多个目标。攻击者利用成百上千个被"控制"节点向受害节点发动大规模的协同攻击。通过消耗带宽、CPU 和内存等资源，达到被攻击者的性能下降甚至瘫痪和死机，从而造成其他合法用户无法正常访问。与 DoS 相比，其破坏性和危害程度更大，涉及范围更广，更难发现攻击者。

7.3 计算机犯罪与道德伦理

7.3.1 计算机犯罪

1. 定义

计算机犯罪指在信息活动领域中，利用计算机信息系统或计算机信息知识作为手段，或者针对计算机信息系统,对国家、团体或个人造成危害,依据法律规定,应当予以刑罚处罚的行为。

计算机犯罪的概念有广义和狭义之分。广义的计算机犯罪指行为人故意直接对计算机实施侵入或破坏,或者利用计算机实施有关金融诈骗、盗窃、贪污、挪用公款、窃取国家秘密或其他犯罪行为的总称;狭义的计算机犯罪仅指行为人违反国家规定,故意侵入国家事务、国防建设、尖端科学技术等计算机信息系统,或者利用各种技术手段对计算机信息系统的功能及有关数据、应用程序等进行破坏,制作、传播计算机病毒,影响计算机系统正常运行且造成严重后果的行为。

计算机犯罪(Computer Crime)始于 20 世纪 60 年代,到了 80 年代、特别是进入 90 年代在国内外呈愈演愈烈之势。为了预防和降低计算机犯罪,给计算机犯罪合理的、客观的定性已是当务之急。

2. 计算机犯罪的原因

(1)经济利益驱动。贪欲是犯罪的原始动力,计算机犯罪也不例外。目前,从掌握的资料分析,多数计算机犯罪的案件是属于财产犯罪。利用计算机盗窃、诈骗、贪污、盗版等财产犯罪已经成为计算机犯罪的主流,从而成为导致计算机犯罪的最主要的原因。

(2)计算机网络安全方面的缺陷。过去的十几年中,网络黑客们一直在通过计算机的漏洞来对计算机系统进行攻击,而且这种攻击的方法变得越来越复杂。这就给网络安全提出了严峻的挑战。

(3)法律不健全。网络犯罪之所以如此猖獗,其最主要的原因就在于网络空间还不是一个法制社会。计算机犯罪是一种新兴的高技术、高智能犯罪,计算机犯罪的立法又严重滞后,从而在一定程度上放纵了计算机犯罪。

(4)为寻求刺激。黑客喜欢挑战,并对计算机技术细节着迷不已,正是这种痴迷常常使他们越过界限,利用计算机进行不同程度的犯罪活动。

(5)存有侥幸心理。由于网络犯罪没有固定的犯罪现场,网上作案后不留任何痕迹,因此犯罪很难被发现,而电子取证更是难上加难。

3. 计算机犯罪的特点

(1)作案手段智能化、隐蔽性强。大多数的计算机犯罪,都是行为人经过狡诈而周密的安排,运用计算机专业知识所从事的智力犯罪行为。进行这种犯罪行为时,犯罪分子只需要向计算机输入错误指令,篡改软件程序,作案时间短且对计算机硬件和信息载体不会造成任何损害,作案不留痕迹,使一般人很难觉察到计算机内部软件上发生的变化。

(2)目标相对集中。就国内已经破获的计算机犯罪案件来看,作案人主要是为了非法占有财富和蓄意报复,因而目标主要集中在金融、证券、电信、大型公司等重要经济部门和单位,其中以金融、证券等部门尤为突出。

(3)侦查取证困难,破案难度大。据统计,99%的计算机犯罪不能被人们发现。另外,在受理的这类案件中,侦查工作和犯罪证据的采集相当困难。

(4)后果严重,社会危害性大。国际计算机安全专家认为,计算机犯罪社会危害性的大小,取决于计算机信息系统的社会作用,取决于社会资产计算机化的程度和计算机普及应用的程度,其作用越大,计算机犯罪的社会危害性也越大。

4. 计算机犯罪对策

（1）健全人事管理和规章制度，以减少作案可能。在管理中要分工明确，严格规章制度，形成必要的监督制约机制。

（2）改进技术，堵塞漏洞，以控制诱发犯罪。与计算机有关的安全防护措施需要不断完善。它们包括对有关系统的物理和技术安全防范。

（3）完善有关的监察惩治法律，使案犯得到相应的惩罚。任何安全防范的技术措施都会有不足之处，因此国家必须通过立法对高技术犯罪实施社会控制以减少犯罪条件、打击犯罪分子。

（4）重视政治思想和道德品质教育，以消除不良文化的影响。科学知识、专业技术不能代替政治思想和道德品质教育。学校、家庭和社会应重视政治思想、道德和法制方面的教育，使年轻人树立正确的世界观和人生观。

7.3.2　计算机道德伦理

1. 信息伦理失范产生的背景

1）信息伦理失范现象

（1）信息泛滥。可以用信息爆炸来形容社会信息总量的急剧增长。网络信息已经远远超过了人们的信息处理能力，并产生了巨大的冲击。现如今，信息已经超过了人类和社会的处理和利用的容忍限度，并成为一种严重的社会负担。

（2）信息污染。网络信息污染主要是指虚假、错误、色情、暴力、恐怖、迷信等信息。由于网络信息发布自由性和无控制性，这类信息随处可见，其结果是严重腐蚀人们的灵魂，玷污人类的文明，对人类文明的发展构成严重的威胁。

（3）个人隐私。网络的开放性和数字化已经对个人隐私的保护提出了挑战，个人隐私仿佛置于光天化日之下，个人资料更容易被获得。由于个人信息具有商业价值，有些人则搜集个人隐私出售。信息网络变成了侵犯隐私最合适的温床。

（4）知识产权。信息技术使得知识和信息产品容易被复制，且被监控和约束十分困难。如个人作品被随意上网，知识被任意复制，目前由知识产权保护而引发的法律和道德问题越来越复杂，且知识产权的保护界线处于较模糊的状态。据统计，每年有关著作权、技术专利和软件盗版等所涉及的金额达数亿元人民币。

（5）信息垄断。由于西方国家在资金和技术上的优势，他们在信息方面已经占有信息垄断地位。信息垄断不仅可以带来巨大的经济利益，而且也能实现对其他国家的文化扩张，由于信息的大量输出，他们可以将本国的社会价值观和意识形态观传递给其他国家，并对其产生巨大影响。如何在竞争中打破信息垄断，已成为弱小国家面临的信息伦理学难题。

（6）信息安全。黑客和计算机病毒是信息安全的巨大隐患。它使信息安全极端脆弱，并产生程度不等的安全失范。由于目前所采用的信息安全技术措施无法从根本上解决信息安全问题，因此如何进行信息安全防范已成为信息伦理急需解决的问题。

2）原因分析

（1）数字分离是起因。数字分离是信息社会发展过程中所产生的大多数伦理问题的根源所在。数字分离是人类内部、内部人与外部人之间的一种新的分离。信息圈不是一个地理、政治、社会或语言意义上的空间，它是一种精神生活空间。各个地区、不同领域、不同职业的人都可能居住于这个信息圈，形成一个虚拟社区。由于国家的差距、政治体系的不同、宗教信仰的区别、年轻人与老年人之间鸿沟，信息圈中也存在着明显的分界线。另外，经济和社会文化也将导致数字分离距离的扩大。

（2）虚拟网络创造冷漠的环境。网络是虚拟世界，目前尚未有一个部门能够对网络社会进行完全的控制。在一定程度上，网络超越了时间和空间的限制。由于网络交流方式以语言符号为主，它不需要面对面的交流，于是，人们慢慢失去对现实世界的亲和力。由于人是通过他人的反馈不断地调整自己的行为，来使自己的行为符合社会规范、符合自己的社会角色的目的。而网络却没有这种作用，其结果是直接导致伦理问题的出现。

（3）权利与义务的脱节。网络采用的是匿名机制和没有权威的控制，网络的无主权性和身份匿名的机制使将社会控制更加困难。当一方拒绝承担诚信、公平等一系列社会责任的时候，权力受损的是与其进行交往的另一方或其他方，却没有任何的措施来对逃脱责任方进行惩罚。其结果是权利与义务脱节。

2. 信息伦理的概念

伦理指通过社会舆论、个人内心信念和价值观以及必要的行政手段，调节人与自然、个人与他人、个人与社会关系的行为准则和规范的总和，同时也是个人自我完善的一种手段、一种目标。

信息伦理指在信息开发、信息传播、信息加工分析、信息管理和利用等方面的伦理要求、伦理准则、伦理规范，以及在此基础上形成的新型伦理关系。

信息伦理的本质是信息伦理系统中最根本的方面，它决定着信息伦理的特点，对信息伦理本质的探究可以从起源、应用、目的3个方面入手。从信息伦理的起源上看，信息伦理是人类交往活动的现实需要和规律反映；从信息伦理的应用上看，信息伦理调节着人们在信息交往活动中的功利实现；从信息伦理的目的上看，信息伦理追求人类社会在信息时代的和谐与进步。

信息伦理是一种新的伦理思潮和价值观念，是人们在信息技术发展之下寻找新型人际关系的一种道德新知。信息伦理属于应用伦理学这一交叉学科，是研究伦理道德在人类信息交往这一社会实践领域的应用。

信息伦理源于计算机伦理研究，主要研究信息技术对社会伦理问题产生的影响。20世纪90年代以来，与信息领域有关的伦理研究范围不断扩大，从计算机伦理、网络伦理、媒体伦理直至范围更加广泛的信息开发利用活动的伦理学研究，即信息伦理。

3. 信息伦理建设的实施

在当前形势下，对传播伦理作进一步的规范是一个切实可行的办法。如何改进我国的传播伦理规范，必须充分重视以下几个方面。

1）信息立法与信息伦理互补

信息伦理只是一种软性的社会控制手段，它的实施依赖于人们的自主性和自觉性，因此在针对各类性质严重的信息犯罪时，信息伦理规范将显得软弱无力。只有法律法规才能构筑信息安全的第一道防线。信息立法尽管已经超出了信息伦理的研究范畴，但相关的法律条文可以在一定程度上划出一条底线,为信息环境下的伦理决策提供有力的依据。法律法规不是万能的,信息立法也需要信息伦理的补充。只有二者互相配合、互相补充形成良性互动,才能让信息领域在有序中发展。

2) 技术消除数字分离

数字分离有可能导致新的殖民主义和种族隔离,因此必须对其进行限制。技术不仅是一种工具,也是一种平台。目前,国际上过滤因特网中违法与有害信息最全面、最有效的技术手段是采用因特网内容选择平台——“中性标签系统”。它主要是对每一个网页的内容进行分类,并根据内容特性加上标签,同时由计算机软件对网页的标签进行监测,以限制对特定内容网页的检索。任何重要技术都有伦理感情色彩,以前的技术创新都有自己的伦理后果,且至今仍存在。计算机技术已经对信息伦理产生了巨大的影响,伦理进展远远落后于技术的发展,更新道德敏感性依然是一个缓慢的过程。

3) 制定信息伦理准则,约束个体行为

在信息技术不太健全、信息立法不太完善和信息安全受到威胁的情况下,制定行业准则显得非常重要。在我国,新闻界为保护网上的信息产权和知识产权,联合抵制侵权行为,由新华社等国内 23 家新闻网络媒体共同制定了《中国新闻界网络媒体公约》,实际上是中国的行业伦理准则。为贯彻该公约的实施,已成立了专门的组织来实施监督,使网络信息得到正常合理的使用,防止非法、有害信息的传播和渗透,防止对信息产权和知识产权造成破坏。

4) 加强网络道德教育、不断提高个体自律水平

信息伦理是依靠个体的内心信念来进行制约的,为此,首先应从提高公民的伦理意识入手来树立正确的信息伦理观。对此,可通过各类媒体的宣传,加强对普通公民的信息伦理观念进行引导,特别是培养青少年树立正确的信息伦理价值观。明确告诉他们,什么是必须遵守的道德规范? 什么是应当遵循的游戏规则? 什么是不道德的行为? 从而使他们自觉形成网络自律,最大限度地减少各种不道德和犯罪行为的发生。这个目标的实现需要在职业场所、公共生活、家庭生活、学校等各个领域,通过传媒、讲授、报刊杂志等方式对个体施加影响。在这个过程中,良好的社会风尚和道德准则对个体自律的形成起着重要作用。

典 型 案 例

计算机病毒的典型事件

1. 磁蕊大战

1949 年冯·诺伊曼在其论文“复杂自动装置的理论及组织的进行”中勾勒出了病毒程式的蓝图。当时,绝大部分计算机专家都无法想象这种会自我繁殖的程式是可能的。10 年后,在贝尔实验室,他的概念在电子游戏“磁蕊大战”(Core War)中被实现。磁蕊大战是当时贝尔实验室中 3 个年轻程式人员在工间想出来的,他们是道格拉斯麦耀莱(Douglas Mcllroy)、维特·维索茨基(Victor Vysottsky)以及罗伯特·莫里斯(Robert T. Morris,见图 7-2),当时 3 人年纪都只有 20 多岁。

2. 莫里斯蠕虫病毒

1988 年 11 月 2 日美国 6000 多台计算机被病毒感染,造成 Internet 不能正常运行。这

是一次非常典型的计算机病毒入侵计算机网络的事件,迫使美国政府立即作出反应,国防部成立了计算机应急行动小组。这次事件中遭受攻击的包括 5 个计算机中心和 12 个地区节点,连接着政府、大学、研究所和拥有政府合同的 250 000 台计算机。这次病毒事件导致计算机系统直接经济损失达 9600 万美元。始作俑者是 23 岁的罗伯特·莫里斯,康乃尔(Cornell)大学的研究生。罗伯特·莫里斯设计的病毒程序利用了系统存在的弱点。由于罗伯特·莫里斯成了入侵 ARPANET 网的最大的电子入侵者,而获准参加康乃尔大学的毕业设计,并获得哈佛大学 Aiken 中心超级用户的特权。他被判 3 年缓刑,罚款 1 万美元,被命令做 400h 新区服务。

3. CIH 病毒

CIH 病毒由台湾大学生陈盈豪(见图 7-3)编写,然后从台湾地区传入大陆地区。CIH 的载体是一个名为"ICQ 中文 Chat 模块"的工具,并以热门盗版光盘游戏如"古墓奇兵"或 Windows 95/98 为媒介,经互联网各网站互相转载,使其迅速传播。传播的途径主要通过 Internet 和电子邮件。1999 年 4 月 26 日 CIH 大爆发,全球超过 6000 万台计算机被破坏,2000 年 CIH 再度爆发,全球损失超过 10 亿美元。CIH 病毒发作时,一方面全面破坏计算机系统硬盘上的数据,另一方面对某些计算机主板的 BIOS 进行改写。BIOS 被改写后系统无法启动,只有将计算机送回厂家修理,更换 BIOS 芯片。由于 CIH 病毒对数据和硬件的破坏不可逆,所以一旦 CIH 病毒爆发,用户上万元的计算机和积累多年的重要数据将毁于一旦。

图 7-2 罗伯特·莫里斯　　　　图 7-3 陈盈豪

4. 美丽莎病毒

1999 年 4 月 1 日史密斯(见图 7-4)被捕,他被指控制造并传播了 3 月 26 日以来肆虐互联网的美丽莎病毒。史密斯是在美国在线(AOL)的帮助下落网的。1999 年 12 月 9 日他在州法院表示认罪,承认美丽莎造成了 8000 万美元的损失,这种病毒曾一度肆虐全球电子邮件系统。根据与史密斯的律师达成的协议,新泽西检察官建议处史密斯以 10 年监禁,15 万美元的罚款。

图 7-4 史密斯

5. 勒索病毒

2017 年 5 月 12 日勒索病毒袭击全球 150 多个国家和地区,影响领域包括政府部门、医疗服务、公共交通、邮政、通信和汽车制造业。2017 年 6 月 27 日欧洲、北美地区多个国家再次遭到 NotPetya 病毒变种的攻击。2017 年 10 月 24 日俄罗斯、乌克兰等国遭到勒索病毒"坏兔子"的进一步攻击。乌克兰敖德萨国际机场、首都基辅的地铁支付系统及俄罗斯三家媒体中招,德国、土耳其等国随后也发现此病毒。勒索病毒是一种新型计算机病毒,主要以邮件、程序木马、网页挂马的形式进行传播。该病毒性质恶劣、危害极大,一旦感染将给用户带来无法估量的损失。这种病毒利用各种加密算法对文件进行加密,被感染者一般无法解密,必须拿到解密的私钥才有可能破解。

6. 熊猫烧香病毒

2007 年 1 月 7 日国家计算机病毒应急处理中心发出"熊猫烧香"的紧急预警。2007 年 1 月 31 日各路专家齐聚湖北省公安厅成立联合工作组。2007 年 2 月 3 日回出租屋取东西准备潜逃的李俊(男,25 岁,武汉新洲区人)被当场抓获。2006 年 10 月 16 日他编写的"熊猫烧香"病毒在网上广泛传播,并以自己出售和他人代卖的方式在网络上将该病毒销售给 120 余人,非法获利 10 万余元。2007 年 9 月 24 日李俊被湖北省仙桃市人民法院以破坏计算机信息系统罪判处有期徒刑 4 年。

"熊猫烧香"是一款拥有自动传播、自动感染硬盘,破坏力很强的病毒,它不但能感染系统中的很多文件,还能中止大量反病毒软件进程。被感染用户系统中所有 exe 可执行文件全部被改成熊猫举着 3 根香的模样,见图 7-5。

图 7-5　熊猫烧香病毒与李俊

2009 年 12 月 24 日李俊因狱中表现良好而提前出狱。2010 年 1 月 3 日李俊拜访了金山公司,并递交了简历。金山安全曾有意让李俊加盟做客服,不过 3000 元工资让李俊无法接受。其他安全厂商如瑞星、奇虎、江民对李俊的拜访都显得冷淡,这让他很失落和尴尬。

2013 年 6 月 13 日浙江省丽水市人民政府官方微博发布了一条微博称:"熊猫烧香"病毒两名制造者在丽水"出山",设立网络赌场,敛财数百万元。经查明,2011 年 4 月至 2012 年 5 月,"金元宝棋牌"网络游戏平台非法获利数百万元,涉及赌资达数千万元。2014 年,张顺、李俊被法院以开设赌场罪分别判处有期徒刑 5 年和 3 年,分别被处罚 20 万元和 8 万元。

思　考　题

7-1　什么是计算机病毒? 如何防治?

7-2　什么是计算机黑客? 什么是黑客攻击? 如何防范?

7-3　什么是木马攻击? 什么是 DDoS 攻击?

7-4　什么是计算机犯罪? 如何应对?

7-5　什么是计算机道德伦理? 如何进行计算机道德伦理建设?

第8章 密码学与认证技术

8.1 密 码 学

8.1.1 密码学历史

密码学(Cryptography)是一种加密和解密信息的科学。它起源于希腊单词"Kryptos",意思是秘密的,而"Graphia"意思是写下来。密码学是一种存储与传输数据的方法,这种方法传输的数据只能被授权者所获取与阅读。它是通过把信息加密成不可读格式来保护信息的一种科学。当需要在介质中存储或是通过网络通信通道传输敏感信息时,加密就是一种保护敏感信息的有效方法。尽管密码学的最终目的和建立密码学的机制是对未经授权的个人隐藏信息,但是,如果攻击者有足够的时间、强烈的愿望和充足资源的话,大部分的密码算法都能被攻破,信息也会被暴露出去。所以密码学的一个更现实的目标就是,使得对于攻击者来说,要破译密码来获取信息所需的工作强度是令人难以接受的。

密码学的发展历史大致可划分为 3 个阶段。

1. 第一个阶段(从古代到 1949 年)

最早的加密方法要追溯到 4000 年前。古代密码术主要用来在危险的环境中传递消息,如在战争、危机和对立双方的谈判中。在历史上,个人和政府都使用过加密来达到保护信息的目的。随着时间的推移,加密算法以及使用加密算法设备的复杂性越来越高,新的方法和算法不断被提出,密码学已经成为信息技术中不可分割的部分。

公元前 2000 年,埃及人用象形文字雕刻墓碑以记录亡人的生平。象形文字的目的并不是隐藏信息,而是使死去的人显得更加高贵、庄重和宏伟。加密方法来源于把信息显示在用来隐藏信息的实际物体上。希伯莱人的一种加密方法是把字母表调换顺序,这样原来的字母表中的每一个字母就被映射成调换顺序后的字母表中的另一个字母。

大约公元前 400 年,斯巴达人使用的加密信息的方法是:把消息写在纸草上,然后再把纸草缠绕在一根木棒上。只有当写着消息的纸草缠绕在正确的木棒上时,才能使得字母正确匹配,才能被阅读。这就是"Scytale"密文。当纸草从木棒上移下来时,它上面所写的只是一堆随机的字符。希腊政府用马车把这些纸草运输给不同的部队。战士把这些纸草正确地缠绕在直径大小、长度都合适的木棒上,这样,这些看似随机的字符就被正确地组合成可读的消息。这种方法可以用来指挥战士进行战略策略行动,下达军事命令。

后来,朱利叶斯·恺撒发明了一种近似于"Atbash"替换字母的方法。当时,没多少人能够在第一时间读懂,这种方法提供了较高的机密性。中世纪,欧洲人在不断利用新的方法、新的工具和新的实践优化自己的加密方案。19 世纪晚期,密码学已经被广泛地用作军事上的通信方法。

第二次世界大战期间,简单的加密装置应用在战术通信上。随着机械和电子技术的发展以及电报和无线电通信的出现,加密装置得到了突飞猛进的提高。转子加密机是军事密码学上的一个里程碑。这种加密机是在机器内用不同的转子来替换字母。德国的 Enigma 机被称为历史上最著名的加密机。这种机器有 3 个转子、一个线路连接板和一个反转转子。在加密过程开始之前,消息产生者将 Enigma 机配置成初始设置。操作员把消息的第一个字母输入加密机,加密机用另一个字母来代替并把这个字母显示给操作员看。尽管 Enigma 机的装置在当时非常复杂,但还是被一组波兰密码学家攻破,从而使得英国知道了德国的进攻计划和军事行动。有人说,Enigma 机的破译使第二次世界大战缩短了两年。

2. 第二个阶段(从 1949—1975 年)

1949 年 Shannon 发表的“保密系统的信息理论”一文为对称密码系统建立了理论基础,从此密码学成为一门科学,人们将此阶段使用的加密方法称为传统加密方法,其安全性依赖于密钥的秘密性,而不是算法的秘密性,也就是说,使得基于密文和加解密算法的知识去解密一段信息在实现上不可能。

随着计算机的出现,加密方法和装置得到了改善,密码学成就也呈指数增长。Lucifer 引入复杂的数学方程和函数,后来被美国国家安全局(NSA)采用和改进,形成了著名的数据加密标准(Data Encryption Standard,DES)。DES 已被广泛使用在金融交易上,它还被嵌入到许多商业应用中。1977 年美国国家标准局正式公布实施了美国的数据加密标准(DES),公开它的加密算法,并批准用于非机密单位和商业上的保密通信。

3. 第三个阶段(1976 年至今)

1976 年 Diffie 和 Hellman 的“密码学的新方向”一文导致了密码学的一场革命。他们首次证明了在发送端和接收端无密钥传输的保密信息是可能的,从而开创了公钥密码学的新纪元。公钥密码学是整个密码学发展历史中最伟大的一次革命,也可以说是唯一的一次革命。公钥密码学与传统的密码学完全不同,它的出现使密码学的研究发生了巨大的变化。与传统加密系统不同的是,使用这种方法的加密系统,不仅公开加密算法本身,也公开了加密用的密钥。首先,公钥算法是基于数学函数而不是基于替换和置换,更重要的是,与只使用一个密钥的对称传统密码不同,公钥密码学是非对称的,它使用两个独立的密钥。将会看到,使用两个密钥在消息的秘密性、密钥分配和认证领域有着重要意义。

在密码学的发展过程中,数学和计算机科学作出了卓越的贡献。数学中许多分支,如数论、概率统计、近世代数、信息论、椭圆曲线理论、算法复杂性理论、自动机理论、编码理论等都可以在其中找到各自的位置。它的踪影遍及数学许多分支,而且还推动了并行算法的研究,从而成为近若干年来非常引人瞩目的领域。

大部分协议在计算机刚刚开始的时候得到了发展,并升级为利用密码术来获得必要的多层保护的协议。加密应用在硬件设备和软件上保护数据,密码学同时被广泛应用在银行交易、社团的对外联系、电子邮件、Web 交易、无线通信、存储机密信息、传真和电话中。

8.1.2　密码学概述

1. 相关概念

加密是将原始数据(称为明文,Plaintext 或 Cleartext)转化成一种看似随机的、不可读的形式(称为密文,Ciphertext)。明文是能够被人理解(文件)或者被机器所理解(可执行代码)的一种形式。一旦明文被转化为密文,不管是人还是机器都不能正确地处理它,除非它被解密。其作用是机密信息在传输过程中不会泄露。

能够提供加密和解密机制的系统称为密码系统(Cryptosystem),它可由硬件组件和应用程序代码构成。密码系统使用一种加密算法,该算法决定了这个加密系统的简单或复杂的程度。大部分的加密算法都是复杂的数学公式,这种算法以特定顺序作用于明文。

加密方法使用一种秘密的数值,称为密钥(通常是一长串二进制数),密钥使算法得以具体实现,用来加密和解密。

算法(Algorithm)是一组数学规则,规定加密和解密是如何进行的。许多算法是公开的,而不是加密过程的秘密部分。加密算法的工作机制可以保密,但是大部分加密算法都被公开并为人们所熟悉。如果加密算法的内在机制被公开,那么必须有其他的方面是保密的。被秘密使用的一种众所周知的加密算法就是密钥(Key)。密钥可以由一长串随机比特组成。一个算法包括一个密钥空间(Keyspace),密钥空间是一定范围的值,这些值能被用来产生密钥。密钥是由密钥空间中的随机值构成的。密钥空间越大,那么可用的随机密钥也就越多,密钥越随机,入侵者就越难攻破它。

较大的密钥空间能允许更多的密钥。加密算法应该使用整个密钥空间,并尽可能随机地选取密钥空间中的值构成密钥。密钥空间越小,可供选择的构成密钥的值就越少。这样,攻击者计算出密钥值、解密被保护信息的机会就会增大。

当消息在两个人之间传递时,如果窃听者截获这个消息,他可以看这个消息,但是消息已经被加密,因此毫无用处。即使攻击者知道这两者之间使用的加密和解密信息的算法,但是不知道密钥,攻击者所拦截的消息也是毫无用处的。

2. 保密通信模型

保密通信的基本模型如图 8-1 所示,其中信源(发送者)、信宿(接受者)、密钥管理、密码机、密钥、加密和解密的定义如下:

① 信源,信息的发送者。

② 信宿,信息的接收者。

③ 密钥管理是第三方的密钥分发中心(密钥管理之间通信的密钥的信道是假设为绝对安全信道)。

④ 密钥,由密钥管理中心分发,用于密码机加/解密的信息(Key)。

⑤ 密码机,负责相关的加密运算的机器。

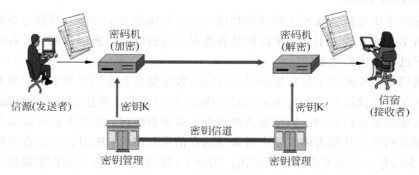

图 8-1　保密通信的基本模型

⑥ 加密,通过加密机再结合密钥(Key)使明文变成密文。

⑦ 解密,通过加密机再结合密钥(key)使密文变成明文,这是加密的逆过程(其使用的
Key 和加密使用的 Key 未必完全相同)。

3. 密码的类型

有两种基本的密码类型,即代换密码和置换密码。代换密码(Substitution cipher)就是
用不同的比特、字符和字符串来代替原来的比特、字符和字符串。置换密码(Transposition
cipher)不是用不同的文本来替换原来的文本,而是将原来的文本做一个置换,即将原来的
比特、字符和字符串重新排列以隐藏其意义。

代换密码使用密钥来规定代换是怎样实现的。代换在今天的算法中仍旧使用,但是与
这个例子相比要复杂得多。很多不同类型的代换在不止一个字母表中进行。

置换算法的核心是搅乱字母。密钥规定字符移动到的位置。今天使用的大部分密码都
在消息上作用长而复杂的代换和置换序列。密钥值被输入算法中,结果是一系列作用在明
文上的操作(代换与置换)最终生成了密文。简单的代换和置换密码对于使用频率分析的攻
击来说是脆弱的。对每一种语言来说,有些词语和结构使用的频率远远高于其他词语。更
加复杂的算法通常使用多于一个的字母表来代换和置换,以减小对频率分析的脆弱性。越
难解的算法,最终文本(密文)与明文之间的差异就越大,因此寻找与之匹配的模式类型就变
得更加困难。

4. 密码系统的强度

加密方法的强度来源于算法的强弱、密钥的机密性、密钥的长度、原始向量以及它们是
怎样共同运作的。保密系统的强度指在不公开加密算法或密钥的情况下,破译算法或密钥
的难度。要破解一个密钥,就需要处理数量惊人的可能值,且在这些可能值中希望找到一个
值,该值可以用来加密一个特定的消息。密码系统的强度还跟攻破密钥或计算出密钥值所
必需的能力和时间有关。破译密码可以使用强力法,强力法就是穷举所有可能的密钥值,直
到得到有意义的明文。依赖于加密算法和密钥长度的不同,这可能是一个非常简单的任务,
也可能是一件不可能实现的任务。设计加密方法的目的是使破译花费过于昂贵或者耗时
过量。

8.1.3　现代密码学

1. 现代密码学概述

现代密码学研究信息从发送端到接收端的安全传输和安全存储。其核心是密码编码学
和密码分析学。前者致力于建立难以被敌方或对手攻破的安全密码体制;后者则力图破译
敌方或对手已有的密码体制。

编码密码学主要致力于信息加密、信息认证、数字签名和密钥管理方面的研究。信息加
密的目的在于将可读信息转变为无法识别的内容,使得截获这些信息的人无法阅读,同时信
息的接收人能够验证接收到的信息是否被敌方篡改或替换过;数字签名就是信息的接收人
能够确定接收到的信息是否确实是由所希望的发信人发出的;密钥管理是信息加密中最难
的部分,因为信息加密的安全性在于密钥。历史上,各国军事情报机构在猎取别国的密钥管
理方法上要比破译加密算法成功得多。

2. 密码分析学

密码分析学是一门研究在不知道通常解密所需要的秘密信息的情况下对加密的信息进行解密的学问,也称为破解密码。其工作是寻找秘密的钥匙。

密码分析也被用来指广义上绕开某个密码学算法或密码协议的尝试,而不仅仅是针对加密算法。但是,密码分析通常不包括并非主要针对密码算法或协议的攻击。尽管这些攻击方式是计算机安全领域里的重要考虑因素,而且通常比传统的密码分析更加有效。

密码和密码分析是共同演化的。这从密码学史中可以看得很明显。总是有新的密码机被设计出来并取代已经被破解的设计,同时也总是有新的密码分析方法被发明出来以破解那些改进了的方案。事实上,密码和密码分析是同一枚硬币的正反两面:为了创建安全的密码,就必须考虑到可能的密码分析。

8.2　对称密码体制

8.2.1　对称密码概述

1. 对称密码简述

对称密码术早已被人们使用了数千年。对称系统速度非常快,却易受攻击,因为用于加密的密钥必须与需要对消息进行解密的所有人一起共享。非对称密码术的过程有一个公共元素,而且几乎从不共享私钥。与非对称密码术不同,对称密码术通常需要在一个受限组内共享密钥并同时维护其保密性。对于一个查看用对称密码加密数据的人来说,如果对用于加密数据的密钥根本没有访问权,那么他完全不可能查看加密数据。如果这样的密钥落入坏人之手,那么就会彻底危及使用该密钥加密数据的安全性。

对称密码体制是一种传统密码体制,也称为私钥密码体制。在对称加密系统中,加密和解密采用相同的密钥。因为加解密密钥相同,需要通信双方必须选择和保存他们共同的密钥,各方必须信任对方不会将密钥泄密出去,这样就可以实现数据的机密性和完整性。

2. 密码长度

通常提到的密钥都有特定的位长度,如 56 位或 128 位。这些长度都是对称密钥密码的长度,而非对称密钥密码中至少私有元素的密钥长度是相当长的。而且,这两组的密钥长度之间没有任何相关性,除非偶尔在使用某一给定系统的情况下,达到某一给定密钥长度提供的安全性级别。但是,Phil Zimmermann 提出 80 位的对称密钥目前在安全性方面与 1024 位的非对称密钥近似相等;要获得 128 位对称密钥提供的安全性,可能需要使用 3000 位的非对称密钥。

8.2.2　DES 加密

DES(Data Encryption Standard)是美国国家标准局(NBS)于 1977 年公布的由 IBM 公司研制的一种加密算法,并批准把它作为非机要部门使用的数据加密标准。DES 自从公布以来,一直超越国界而成为国际上商用保密通信和计算机通信最常用的加密算法。当时规定 DES 的使用期为 10 年。后来美国政府宣布延长它的使用期,其原因大概有两条:一是

DES 尚未受到严重的威胁；二是一直没有新的数据加密标准问世。DES 超期服役了很长时间，在国际通信保密的舞台上活跃了 20 年。分组的长度为 64 位。

DES 算法为密码体制中的对称密码体制。明文按 64 位进行分组，密钥长 64 位，密钥事实上是 56 位参与 DES 运算分组后的明文组和 56 位的密钥按位替代或交换的方法形成密文组的加密方法。

入口参数有 3 个即 key、data 和 mode。key 为加密解密使用的密钥，data 为加密解密的数据，mode 为其工作模式。当模式为加密模式时，明文按照 64 位进行分组，形成明文组，key 用于对数据加密；当模式为解密模式时 key 用于对数据解密。

8.2.3 AES 加密

鉴于 DES 不安全性的增加，美国政界和商界一直在寻求高强度、高效率的替代算法。1997 年，美国国家标准技术研究所（NIST）为了履行其法定职责，发起了一场推选用于保护敏感的（无密级的）联邦信息的对称密钥加密算法的活动。于是密码学界的精英们纷纷加入竞争的行列，提交自己设计的分组密码算法。与此同时，NIST 制定了用于比较候选算法的评估准则。该评估准则分为三大项，即安全性、成本、算法和实现特性。1998 年，NIST 宣布接受 15 个候选算法并提请全世界密码学界协助分析这些候选算法。分析的内容包括对每个算法的安全性和效率进行初步检验。NIST 通过对这些初步研究结果的考察，于 1999 年 8 月 20 日选定了 MARS、RC6、Rijndael、Serpent、Twofish 等 5 个算法作为参加决赛的算法。经公众对决赛算法的进一步分析评论，NIST 决定推荐 Rijndael 作为高级加密标准（AES）。2000 年 10 月 2 日，美国商业部长 Norman Y. Mineta 宣布，"RIJNDAEL 数据加密算法"最终获胜，同时为此而在全球范围内角逐了 3 年的激烈竞争随即结束。2006 年高级加密标准已然成为对称密钥加密中最流行的算法之一。该算法为比利时密码学家 Joan Daemen 和 Vincent Rijmen 所设计，结合两位作者的名字，以 Rijndael 命名。AES 是一种分组加密算法，它加密数据块分组长度为 128 位，密钥长度可以是 128 位、192 位、256 位中的任意一个。AES 加密过程是在一个 4×4 的字节矩阵上运作，这个矩阵又称为"体（State）"，其初值就是一个明文区块（矩阵中一个元素大小就是明文区块中的一个 Byte）。

8.2.4 IDEA 加密算法概述

1990 年瑞士的 James Massey、Xuejia Lai 等人在 EuroCrypt'90 年会上提出了分组密码建议 PES（Proposed Encryption Standard）。在 EuroCrypt'91 年会上，他们又提出了 PES 的修正版 IPES（Improved PES）。目前 IPES 已经商品化，并改名为 IDEA（International Data Encryption Algorithm，国际数据加密算法）。IDEA 已由瑞士的 Ascom 公司注册专利，以商业目的使用 IDEA 算法必须向该公司申请许可。IDEA 在密码学中属于数据块加密算法（Block Cipher）类。IDEA 使用长度为 128bit 的密钥，数据块大小为 64bit。从理论上讲，IDEA 属于"强"加密算法，至今还没有出现对该算法的有效攻击算法。

这种算法是在 DES 算法的基础上发展起来的，类似于三重 DES。发展 IDEA 也是因为感到 DES 具有密钥太短等缺点。IDEA 的密钥为 128 位，这么长的密钥在今后若干年内应该是安全的。IDEA 属于一个比较新的算法，其安全性研究也在不断进行之中。在 IDEA

算法公布后不久,就有学者指出:IDEA 的密钥扩展算法存在缺陷,导致在 IDEA 算法中存在大量弱密钥类,但这个弱点通过简单的修改密钥扩展算法(加入异或算子)即可克服。在 1997 年的 EuroCrypt'97 年会上,John Borst 等人提出了对圈数减少的 IDEA 的两种攻击算法:对 3.5 圈 IDEA 的截短差分攻击(Truncate Differential Attack)和对 3 圈 IDEA 的差分线性攻击(Differential Linear Attack)。但作者也同时指出,这两种攻击算法对整 8.5 圈的 IDEA 算法不可能取得实质性的攻击效果。目前尚未出现新的攻击算法,一般认为攻击整 8.5 圈 IDEA 算法唯一有效的方法是穷尽搜索 128bit 的密钥空间。

8.3　非对称密码体制

8.3.1　非对称密码体制

1. 非对称密钥加密体制

非对称密钥加密体制,又称为公钥密码体制,指对信息加密和解密时所使用的密钥是不同的,即有两个密钥,一个是可以公开的,另一个是私有的,这两个密钥组成一对密钥对。如果使用其中一个密钥对数据进行加密,则只有用另一个密钥才能解密。由于加密和解密时所使用的密钥不同,这种加密体制称为非对称密钥加密体制。非对称加密体制是由明文、加密算法、公开密钥和私有密钥对、密文、解密算法组成。一个实体的非对称密钥对中,由该实体使用的密钥称为私有密钥,私有密钥是保密的;能够被公开的密钥称为公开密钥,这两个密钥相关但不相同。在公开密钥算法中,用公开的密钥进行加密,用私有密钥进行解密的过程,称为加密。而用私有密钥进行加密,用公开密钥进行解密的过程称为认证。非对称加密技术是建立在数学函数基础上的一种加密方法,它使用两个密钥,在保密通信、密钥分配和鉴别等领域都产生了深远的影响。

在运用非对称密码技术传送数据文件时,文件发送者也可以使用接收者的公开密钥对原始文件进行加密,这样只有掌握了相应的私用密钥的接收者才能对其进行解密,任何没有相应私用密钥的其他人都无法对其解密和阅读文件内容,而接收者收到文件并解密后,则可以从文件的内容来识别文件的来源。因此,将对称密钥密码技术与非对称密钥密码技术结合起来使用,再加上数字摘要、数字签名等安全认证手段,则可以解决电子商务交易中信息传送的安全性和身份的认证问题。

2. 公钥加密技术

公钥加密系统具有以下功能:①机密性,保证非授权人员不能非法获取信息,通过数据加密来实现;②确认,保证对方属于所声称的实体,通过数字签名来实现;③数据完整性,保证信息内容不被篡改,入侵者不可能用假消息代替合法消息,通过数字签名来实现;④不可抵赖性,发送者不可能事后否认他发送过消息,消息的接收者可以向中立的第三方证实所指的发送者确实发出了消息,通过数字签名来实现。可见,公钥加密系统满足信息安全的所有主要目标。

公钥密码体制算法中最著名的代表是 RSA 系统,此外还有背包密码、McEliece 密码、Diffie_Hellman、Rabin、零知识证明、椭圆曲线、ElGamal 算法等。

在实际应用中,对称密码系统与公钥密码系统经常有两种结合方式,即电子信封和交换会话密钥。电子信封指使用对称密码系统对明文加密,然后用公钥系统对对称密码的密钥加密,最后将明文加密结果和密钥加密结果一起传给接收者;接收者接到数据后,先通过公钥系统解密出对称密码的密钥,再用对称密码系统解出明文。交换会话密钥指在实际通信之前,通信双方先使用公钥系统,共享一个随机的对称密码的密钥。然后再用这个密钥,通过对称密码系统进行实质的数据交换。这两种结合方式都能有效地发挥两种密码系统的优势,达到两全其美的效果。

8.3.2　RSA 公钥密码体制

RSA 公钥加密算法是 1977 年由 Ron Rivest、Adi Shamir 和 Len Adleman 在美国麻省理工学院开发的。RSA 取名来自开发者的名字。RSA 是目前最有影响力的公钥加密算法,它能够抵抗到目前为止已知的所有密码攻击,已被 ISO 推荐为公钥数据加密标准。RSA 算法基于一个十分简单的数论事实:将两个大素数相乘十分容易,但那时想要对其乘积进行因式分解却极其困难,因此可以将乘积公开作为加密密钥。

1. RSA 概述

在公开密钥密码体制中,加密密钥(即公开密钥)PK 是公开信息,而解密密钥(即秘密密钥)SK 是需要保密的。加密算法 E 和解密算法 D 也都是公开的。虽然秘密密钥 SK 是由公开密钥 PK 决定的,但却不能根据 PK 计算出 SK。RSA 算法先生成一对 RSA 密钥,其中之一是保密密钥,由用户保存;另一个为公开密钥,可对外公开,甚至可在网络服务器中注册。为提高保密强度,RSA 密钥至少为 500 位长,一般推荐使用 1024 位。这就使加密的计算量很大。为减少计算量,在传送信息时常采用传统加密方法与公开密钥加密方法相结合的方式,即信息采用改进的 DES 或 IDEA 对话密钥加密,然后使用 RSA 密钥加密对话密钥和信息摘要。对方收到信息后用不同的密钥解密并可核对信息摘要。

RSA 的缺点主要有:

① 产生密钥很麻烦,受到素数产生技术的限制,因而难以做到一次一密。

② 分组长度太大,为保证安全性,n 至少也要在 600 位以上,使运算代价很高,尤其是速度较慢,较对称密码算法慢几个数量级;且随着大数分解技术的发展,这个长度还在增加,不利于数据格式的标准化。目前,SET(Secure Electronic Transaction)协议中要求 CA 采用 2048 位长的密钥,其他实体使用 1024 位的密钥。

③ RSA 密钥长度随着保密级别的提高增加很快。

2. 安全性

RSA 的安全性依赖于大数分解,但是否等同于大数分解一直未能得到理论上的证明,因为没有证明破解 RSA 就一定需要作大数分解。假设存在一种无须分解大数的算法,那它肯定可以修改成为大数分解算法。目前,RSA 的一些变种算法已被证明等价于大数分解。不管怎样,分解 n 是最显然的攻击方法。现在,人们已能分解多个十进制位的大素数。因此,模数 n 必须选大一些,因具体适用情况而定。

3. 速度

由于进行的都是大数计算,使得 RSA 最快的情况也比 DES 慢上好几倍,无论是软件还是硬件实现,速度一直是 RSA 的缺陷。一般来说只用于少量数据加密。

4. RSA 的边信道攻击

针对 RSA 的边信道攻击目前大多处于实验室阶段,边信道攻击并不是直接对 RSA 的算法本身进行攻击,而是针对计算 RSA 设备的攻击。目前的边信道攻击一般是针对硬件实现 RSA 算法的芯片进行的。边信道攻击研究涉及密码学、信息论、算法理论和噪声理论,还涉及硬件电路设计、通信、信号处理、统计分析、模式识别等诸多技术。目前,边信道攻击在若干关键问题研究上已取得了实质性进展。

8.3.3　椭圆曲线密码系统

椭圆曲线密码学(Elliptic Curve Cryptography,ECC)是基于椭圆曲线数学的一种公钥密码的方法。椭圆曲线在密码学中的使用是在 1985 年由 Neal Koblitz 和 Victor Miller 分别独立提出的。ECC 的主要优势是在某些情况下,它比其他的方法使用更小的密钥,如 RSA,提供相当的或更高等级的安全。ECC 的另一个优势是可以定义群之间的双线性映射,基于 Weil 对或是 Tate 对;双线性映射已经在密码学中发现了大量的应用,如基于身份的加密。不过一个缺点是加密和解密操作的实现比其他机制花费的时间长。椭圆曲线密码学的许多形式有稍微不同,所有的都依赖于被广泛承认的解决椭圆曲线离散对数问题的困难性上,对应有限域上椭圆曲线的群。椭圆曲线并不是椭圆,之所以称为椭圆曲线是因为它们是用 3 次方程来表示的,并且该方程与计算椭圆周长的方程相似。在 ECC 中,关心的是某种特殊形式的椭圆曲线,即定义在有限域上的椭圆曲线。椭圆曲线的吸引人之处在于提供了由"元素"和"组合规则"来组成群的构造方式。用这些群来构造密码算法具有完全相似的特性,且没有减少密码分析的分析量。

ECC 密码体制是建立在椭圆曲线密码理论基础上的先进公钥密码体制。该系统所具有的安全性已经被全世界所承认。在椭圆曲线密码理论的基础上,经过长期的理论研究和科学实践,已经成功地将该理论转换为实际可用的密码算法,并将其运用于安全产品之中。ECC 技术拥有广泛的应用前景,如可应用于安全数据库、智能卡、VPN、安全电子商务等。将 ECC 技术应用于安全产品不仅能够充分发挥已经取得的优势,创造更多的效益,而且可以使我国的公钥密码应用技术进入一个更广阔的新天地。

8.3.4　密钥管理概述

密钥管理包括从密钥产生到密钥销毁的各个阶段。主要表现在管理体制、管理协议和密钥的产生、分配、更换和注入等。对于军用计算机网络系统,由于用户机动性强,隶属关系和协同作战指挥等方式复杂,因此,对密钥管理提出了更高的要求。

1. 流程

(1)密钥生成。密钥长度应该足够长。一般来说,密钥长度越大,对应的密钥空间就越大,攻击者使用穷举猜测密码的难度就越大。由自动处理设备生成的随机比特串相对较好。

(2)密钥分发。通常系统中的一个成员先选择一个秘密密钥,然后将它传送给另一个成员或别的成员。密钥加密密钥可以通过手工分发。为增强保密性,也可以将密钥分成许多不同的部分,然后用不同的信道发送出去。

（3）验证密钥。密钥附着一些检错和纠错位来传输。当密钥在传输中发生错误时能及时发现,并且如果需要,密钥可被重传。接收端也可以验证接收的密钥是否正确。

（4）更新密钥。当密钥需要频繁改变时,频繁进行新的密钥分发的确是困难的事,一种更容易的解决办法是从旧的密钥中产生新的密钥,有时称为密钥更新。可以使用单向函数更新密钥。

（5）密钥存储。密钥可以存储在脑子、磁条卡和智能卡中,也可以把密钥平分成两部分,一半存入终端,一半存入 ROM 密钥。还可采用类似于密钥加密密钥的方法对难以记忆的密钥进行加密保存。

（6）备份密钥。密钥的备份可以采用密钥托管、秘密分割、秘密共享等方式,最简单的方法是使用密钥托管中心。密钥托管要求所有用户将自己的密钥交给密钥托管中心,由密钥托管中心备份保管密钥,一旦用户的密钥丢失,按照一定的规章制度,可从密钥托管中心索取该用户的密钥。

（7）密钥有效期。加密密钥不能无限期使用,应有不同有效期。数据密钥的有效期主要依赖数据的价值和给定时间里加密数据的数量。

（8）销毁密钥。如果密钥必须替换,旧钥就必须销毁,密钥必须物理地销毁。

（9）密钥管理。公开密钥密码使得密钥较易管理。无论网络上有多少人,每个人只有一个公开密钥。

2. 密钥管理技术

（1）对称密钥管理。对称加密是基于共同保守秘密来实现的。采用对称加密技术的贸易双方必须要保证采用的是相同的密钥,要保证彼此密钥的交换是安全可靠的,同时还要设定防止密钥泄密和更改密钥的程序。这样对称密钥的管理和分发工作将变成一种潜在危险的和繁琐的过程。通过公开密钥加密技术实现对称密钥的管理,使相应的管理变得简单和安全,同时还解决了纯对称密钥模式中存在的可靠性问题和鉴别问题。贸易方可以为每次交换的信息（如每次的 EDI 交换）生成唯一一把对称密钥,并用公开密钥对该密钥进行加密,然后再将加密后的密钥和用该密钥加密的信息（如 EDI 交换）一起发送给相应的贸易方。由于每次信息交换都对应生成了唯一一把密钥,因此各贸易方就不再需要对密钥进行维护和担心密钥的泄露或过期。

（2）公开密钥管理/数字证书。贸易伙伴间可以使用数字证书（公开密钥证书）来交换公开密钥。数字证书通常包含有唯一标识证书所有者（即贸易方）的名称、唯一标识证书发布者的名称、证书所有者的公开密钥、证书发布者的数字签名、证书的有效期及证书的序列号等。证书发布者一般称为证书管理机构（CA）,它是贸易各方都信赖的机构。数字证书能够起到标识贸易方的作用,是目前电子商务广泛采用的技术之一。

（3）数字签名。它是公开密钥加密技术的另一类应用。它的主要方式是:报文的发送方从报文文本中生成一个 128 位的散列值（或报文摘要）。发送方用自己的专用密钥对这个散列值进行加密来形成发送方的数字签名,然后这个数字签名将作为报文的附件和报文一起发送给报文的接收方。报文的接收方首先从接收到的原始报文中计算出 128 位的散列值（或报文摘要）,接着再用发送方的公开密钥来对报文附加的数字签名进行解密。如果两个散列值相同,那么接收方就能确认该数字签名是发送方的。通过数字签名能够实现对原始报文的鉴别和不可抵赖性。

3. 密钥分配

（1）密码体制的密钥分配。对称密码的密钥分配的方法归纳起来有两种，即利用公钥密码体制实现和利用安全信道实现。在局部网络中，每对用户可以共享一个密钥，即无中心密钥分配方式。

（2）公钥密码体制的密钥分配。公钥密码体制的一个重要用途就是分配对称密码体制使用的密钥，由于公钥加密速度太慢，常常只用于加密分配对称密码体制的密钥，而不用于保密通信。

8.4　认证技术

8.4.1　数字签名

1. 数字签名概述

数字签名，又称公钥数字签名或电子签章，即只有信息发送者才能产生的别人无法伪造的一段数字串，这段数字串同时也是对信息发送者发送信息真实性的一个有效证明。

数字签名是一种类似写在纸上的签名，使用了公钥加密领域的技术实现，用于签名数字信息的方法。一套数字签名通常定义两种互补的运算，一个用于签名，另一个用于验证。数字签名是非对称密钥加密技术与数字摘要技术的应用。数字签名了的文件完整性是很容易验证的（不需要骑缝章、骑缝签名，也不需要笔迹专家），而且数字签名具有不可抵赖性（不需要笔迹专家来验证）。

数字签名是附加在数据单元上的一些数据，或是对数据单元所做的密码变换。这种数据或变换允许数据单元的接收者用以确认数据单元的来源和数据单元的完整性并保护数据，防止被人（如接收者）伪造。它是对电子形式的消息进行签名的一种方法，一个签名消息能在一个通信网络中传输。基于公钥密码体制和私钥密码体制都可以获得数字签名，主要是基于公钥密码体制的数字签名，包括普通数字签名和特殊数字签名。普通数字签名算法有 RSA、ElGamal、Fiat-Shamir、Guillou-Quisquarter、Schnorr、Ong-Schnorr-Shamir 数字签名算法、Des/DSA，椭圆曲线数字签名算法和有限自动机数字签名算法等。特殊数字签名有盲签名、代理签名、群签名、不可否认签名、公平盲签名、门限签名、具有消息恢复功能的签名等，它与具体应用环境密切相关。数字签名的应用涉及法律问题，美国联邦政府基于有限域上的离散对数问题制定了自己的数字签名标准。

数字签名是一个加密的过程，数字签名验证是个解密的过程，其目的是保证信息传输的完整性、发送者的身份认证和防止交易中的抵赖发生。

2. 签名过程

数字签名技术是将摘要信息用发送者的私钥加密，与原文一起传送给接收者。接收者只有用发送者的公钥才能解密被加密的摘要信息，然后用 Hash 函数对收到的原文产生一个摘要信息，与解密的摘要信息对比。如果相同，则说明收到的信息是完整的，在传输过程中没有被修改；否则说明信息被修改过。因此数字签名能够验证信息的完整性。

发送报文时,发送方用一个 Hash 函数从报文文本中生成报文摘要,然后用自己的私人密钥对这个摘要进行加密,这个加密后的摘要将作为报文的数字签名和报文一起发送给接收方,接收方首先用与发送方一样的 Hash 函数从接收到的原始报文中计算出报文摘要,接着再用发送方的公用密钥来对报文附加的数字签名进行解密,如果这两个摘要相同、那么接收方就能确认该数字签名是发送方的,见图 8-2。

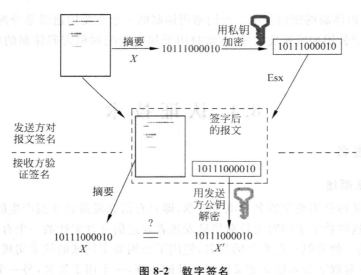

图 8-2 数字签名

数字签名有两种功效:一是能确定消息确实是由发送方签名并发出来的,因为别人假冒不了发送方的签名;二是数字签名能确定消息的完整性。因为数字签名的特点是它代表了文件的特征,如果文件发生改变,数字签名的值也将发生变化。不同的文件将得到不同的数字签名。一次数字签名涉及一个 Hash 函数、发送者的公钥和发送者的私钥。

数字签名过程:发送方用自己的密钥对报文 X 进行 Encrypt(编码)运算,生成不可读取的密文 Esx,然后将 Esx 传送给接收方,接收方为了核实签名,用发送方的公用密钥进行 Decrypt(解码)运算,还原报文得到 X′。比较 X 和 X′ 是否相等。

8.4.2 身份认证技术

1. 身份认证概述

身份认证是在计算机网络中确认操作者身份的过程。身份认证可分为用户与主机之间的认证和主机与主机之间的认证,用户与主机之间的认证可以基于以下一个或几个因素:用户所知道的东西,如口令、密码等;用户拥有的东西,如印章、智能卡(如信用卡等);用户所具有的生物特征,如指纹、声音、视网膜、签字、笔迹等。

计算机网络中一切信息包括用户的身份信息都是用一组特定的数据来表示的,计算机只能识别用户的数字身份,所有对用户的授权也是针对用户数字身份的授权。

如何保证以数字身份进行操作的操作者就是这个数字身份合法拥有者,也就是说,保证操作者的物理身份与数字身份相对应,身份认证就是为了解决这个问题,作为防护网络资产的第一道关口,身份认证有着举足轻重的作用。

在真实世界,对用户的身份认证基本方法可以分为 3 种:

① 根据你所知道的信息来证明你的身份(What you know,你知道什么)。

② 根据你所拥有的东西来证明你的身份(What you have,你有什么)。

③ 直接根据独一无二的身体特征来证明你的身份(Who you are,你是谁),如指纹、面貌等。

在网络世界中手段与真实世界中一致,为了达到更高的身份认证安全性,某些场景会将上面 3 种挑选两种混合使用,即双因素认证。

2. 常见身份认证形式

常见的身份认证形式包括静态密码、智能卡(IC 卡)、短信密码、动态口令牌、USB KEY、OCL、数字签名、生物识别技术、双因素身份认证等。

(1)静态密码。用户的密码是由用户自己设定的。如果密码是静态的数据,在验证过程中和传输过程中有可能会被木马程序截获。因此,静态密码机制是不安全的身份认证方式。

(2)智能卡(IC 卡)。一种内置集成电路的芯片,芯片中存有与用户身份相关的数据,智能卡由专门的厂商通过专门的设备生产,是不可复制的硬件。智能卡可随身携带,登录时将智能卡插入专用读卡器,以验证用户的身份。智能卡认证通过智能卡硬件不可复制来保证用户身份不会被仿冒。因为智能卡中的数据是静态的,通过内存扫描或网络监听等技术还是很容易截取到用户的身份验证信息,因此也存在安全隐患。

(3)短信密码。短信密码以手机短信形式请求包含 6 位随机数的动态密码,身份认证系统以短信形式发送随机的 6 位密码到客户的手机上。客户在登录或者交易认证时输入此动态密码,从而确保系统身份认证的安全性。

(4)动态口令牌。这是目前最为安全的身份认证方式。动态口令牌是客户手持用来生成动态密码的终端,主流的是基于时间同步方式的,每 60s 变换一次动态口令,口令一次有效,它产生 6 位动态数字进行一次一密的方式认证。由于它使用起来非常便捷,85% 以上的世界 500 强企业运用它保护登录安全,广泛应用在 VPN、网上银行、电子政务、电子商务等领域。

(5)USB Key。USB Key 是一种 USB 接口的硬件设备,它内置单片机或智能卡芯片,可以存储用户的密钥或数字证书,利用 USB Key 内置的密码算法实现对用户身份的认证。基于 USB Key 身份认证系统主要有两种应用模式:一种是基于冲击/响应的认证模式;另一种是基于 PKI 体系的认证模式,目前运用在电子政务和网上银行。

(6)OCL(省去输出端大电容的功率放大电路)。OCL 不但可以提供身份认证,同时还可以提供交易认证功能,可以最大限度地保证网络交易的安全。它是智能卡数据安全技术和 U 盘相结合的产物,为数据安全解决方案提供了一个强有力的平台,为客户提供了坚实的身份识别和密码管理的方案,为如网上银行、期货、电子商务和金融传输提供了坚实的身份识别和真实交易数据的保证。

(7)数字签名。又称电子加密,可以区分真实数据与伪造、被篡改过的数据。

(8)生物识别技术。生物特征指唯一的可以测量或可自动识别和验证的生理特征或行为方式。生物特征分为身体特征和行为特征两类。身体特征包括声纹(d-ear)、指纹、掌型、视网膜、虹膜、人体气味、脸型、手的血管和 DNA 等;行为特征包括签名、语音、行走步态等。

（9）双因素身份认证。双因素就是将两种认证方法结合起来，进一步加强认证的安全性，目前使用最为广泛的双因素有：动态口令牌＋静态密码；USB Key＋静态密码；二层静态密码等。

8.4.3　公钥基础设施（PKI）

1. PKI 概述

PKI（Public Key Infrastructure，公钥基础设施）是一种遵循既定标准的密钥管理平台，它能够为所有网络应用提供加密和数字签名等密码服务及所必需的密钥和证书管理体系，简单来说，PKI 就是利用公钥理论和技术建立的提供安全服务的基础设施。这个定义涵盖的内容比较宽，是一个被很多人接受的概念。这个定义说明，任何以公钥技术为基础的安全基础设施都是 PKI。当然，没有好的非对称算法和好的密钥管理就不可能提供完善的安全服务，也就不能叫作 PKI。也就是说，该定义中已经隐含了必须具有的密钥管理功能。PKI 技术是信息安全技术的核心，也是电子商务的关键和基础技术。PKI 的基础技术包括加密、数字签名、数据完整性机制、数字信封、双重数字签名等。PKI 是用公钥概念和技术实施的，支持公开密钥的管理并提供真实性、保密性、完整性以及可追究性安全服务的具有普适性的安全基础设施。

2. 基本组成

完整的 PKI 系统必须具有权威认证机构（CA）、数字证书库、密钥备份及恢复系统、证书作废系统、应用接口（API）等基本构成部分，构建 PKI 也将围绕着这五大系统来着手构建。PKI 技术是信息安全技术的核心，也是电子商务的关键和基础技术。PKI 的基础技术包括加密、数字签名、数据完整性机制、数字信封、双重数字签名等。

（1）认证机构（CA）。即数字证书的申请及签发机关，CA 必须具备权威性的特征。

（2）数字证书库。用于存储已签发的数字证书及公钥，用户可由此获得所需的其他用户的证书及公钥。

（3）密钥备份及恢复系统。如果用户丢失了用于解密数据的密钥，则数据将无法被解密，这将造成合法数据丢失。为避免这种情况，PKI 提供备份与恢复密钥的机制。但须注意，密钥的备份与恢复必须由可信的机构来完成，并且密钥备份与恢复只能针对解密密钥，签名私钥为确保其唯一性而不能够作备份。

（4）证书作废系统。证书作废处理系统是 PKI 的一个必备的组件。与日常生活中的各种身份证件一样，证书有效期以内也可能需要作废，原因可能是密钥介质丢失或用户身份变更等。为实现这一点，PKI 必须提供作废证书的一系列机制。

（5）应用接口（API）。PKI 的价值在于使用户能够方便地使用加密、数字签名等安全服务，因此一个完整的 PKI 必须提供良好的应用接口系统，使得各种各样的应用能够以安全、一致、可信的方式与 PKI 交互，确保安全网络环境的完整性和易用性。

3. 密钥的托管

密钥托管技术又称为密钥恢复（Key Recovery），是一种能够在紧急情况下获取解密信息的技术。它用于保存用户的私钥备份，既可在必要时帮助国家司法或安全等部门获取原始明文信息，也可在用户丢失、损坏自己密钥的情况下恢复明文。因此，它不同于一般的加密和解密操作。现在美国和一些国家规定,必须在加密系统中加入能够保证法律执行部门可方便获得明文的密钥恢复机制;否则将不允许该加密系统推广使用。

思　考　题

8-1　简述密码学历史。

8-2　什么是加密? 什么是解密?

8-3　什么是分析密码学?

8-4　什么是对称密码体制?

8-5　什么是 DES 加密?

8-6　什么是 AES 加密?

8-7　什么是 IDEA 加密?

8-8　什么是非对称密码体制?

8-9　什么是 RSA 公钥密码体制?

8-10　什么是椭圆曲线密码系统?

8-11　简述密钥管理流程。

8-12　什么是认证技术? 什么是数字签名? 什么是身份认证?

8-13　什么是公钥基础设施 PKI?

第9章　信息安全技术与法规

9.1　防火墙技术

9.1.1　防火墙概述

1. 防火墙的定义

防火墙的本义是古代构筑和使用木质结构房屋的时候，为防止火灾的发生和蔓延，人们将坚固的石块堆砌在房屋周围作为屏障，这种防护构筑物称为"防火墙"。信息安全中的防火墙（Firewall）是一种协助确保信息安全的设备，会依照特定的规则，允许或是限制传输的数据通过。防火墙可以是一台专属的硬件，也可以是架设在一般硬件上的一套软件。防火墙是一种位于内部网络与外部网络之间的网络安全系统，见图9-1。

图 9-1　防火墙

在网络中，防火墙是一种将内部网和公众访问网（如Internet）分开的方法，也是一种隔离技术。防火墙是在两个网络通信时执行的一种访问控制尺度，允许合法用户和数据进入网络，同时将非法用户和数据拒之门外，最大限度地阻止黑客访问内部网络。

2. 防火墙技术

防火墙是保护网络不受侵犯的一种技术。防火墙一般位于网络的边界上，按照一定的安全策略，对两个或多个网络之间的数据包和连接方式进行检查，来决定对网络之间的通信采取何种动作，如允许、拒绝或者转换。其中被保护的网络通常称为内部网络，其他称为外部网络。使用防火墙可以有效地控制内部网络和外部网络之间的访问和数据传输，防止外部网络用户以非法手段通过外部网络进入内部网络访问内部网络资源，并过滤不良信息。安全、管理和效率是对防火墙功能的主要要求。防火墙能有效地监控内部网和Internet之间的任何活动，保证内部网络的安全，以实现网络的安全保护。理论上，防火墙用来防止外部网上的各类危险传播到某个受保护网内。逻辑上，防火墙是分离器、限制器和分析器；物理上，各个防火墙的物理实现方式可以有所不同，但它通常是一组硬件设备（路由器、主机）和软件的多种组合；本质上，防火墙是一种保护装置，用来保护网络数据、资源和用户的声誉；技术上，防火墙是一种访问控制方法，在某个机构的网络和不安全的网络之间设置障碍，阻止对信息资源的非法访问。

3. 防火墙的种类

从历史上看,防火墙经历了 4 个阶段,即基于路由器的防火墙、用户化的防火墙工具套、建立在通用操作系统上的防火墙和具有安全操作系统的防火墙。

从结构上来分,防火墙有两种,即代理主机结构和路由器加过滤器结构。

从原理上来分,防火墙则可以分成 4 种类型,即特殊设计的硬件防火墙、数据包过滤型、电路层网关和应用级网关。

根据侧重点不同,防火墙可分为包过滤型防火墙、应用层网关型防火墙、服务器型防火墙。

4. 防火墙发展历史

第一代防火墙,采用包过滤(Packet filter)技术。

第二代防火墙,电路层防火墙,1989 年由贝尔实验室推出。

第三代防火墙,应用层防火墙(代理防火墙)。

第四代防火墙,1992 年南加州大学信息科学院的 Bob Braden 开发出了基于动态包过滤(Dynamic packet filter)技术,后来演变为状态监视(Stateful inspection)技术。

第五代防火墙,1998 年 NAI 公司推出了一种自适应代理(Adaptive proxy)技术,并在其产品中实现。

第六代防火墙,一体化安全网关 UTM。UTM 统一威胁管理,是在防火墙基础上发展起来的,具备防火墙、IPS、防病毒、防垃圾邮件等综合功能的设备。

9.1.2　防火墙原理

1. 防火墙的工作原理

防火墙就是一种过滤塞。其工作方式是:分析出入防火墙的数据包,决定放行还是把它们扔到一边。所有的防火墙都具有 IP 地址过滤功能。这项任务要检查 IP 包头,根据其 IP 源地址和目标地址做出放行/丢弃决定,见图 9-2。

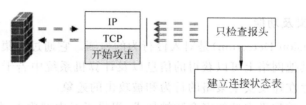

图 9-2　防火墙工作原理

2. 防火墙硬件架构

防火墙硬件体系结构经历过通用 CPU 架构、ASIC 架构和网络处理器架构,其特点如下。

(1) 通用 CPU 架构。最常见的是基于 Intel x86 架构的防火墙,在百兆防火墙中 Intel x86 架构的硬件以其高灵活性和可扩展性一直受到防火墙厂商的青睐;由于采用了 PCI 总线接口,Intel x86 架构的硬件虽然理论上能达到 2Gb/s 的吞吐量甚至更高,但是在实际应用中,尤其是在小包情况下远远达不到标称性能,通用 CPU 的处理能力也很有限。

(2) ASIC(专用集成电路)架构。ASIC 技术是国外高端网络设备几年前广泛采用的技术。由于采用了硬件转发模式、多总线技术、数据层面与控制层面分离等技术,ASIC 架构防火墙解决了带宽容量和性能不足的问题,稳定性也得到了很好的保证。ASIC 技术的性能优势主要体现在网络层转发上,而对于需要强大计算能力的应用层数据的处理则不占优势,而且面对频繁变异的应用安全问题,其灵活性和可扩展性也难以满足要求。

（3）网络处理器架构。由于网络处理器所使用的微码编写有一定技术难度,难以实现产品的最优性能,因此网络处理器架构的防火墙产品难以占有大量的市场份额。

3. 防火墙配置

防火墙配置有 3 种,即 Dual-homed（双宿主机）方式、Screened-host（屏蔽式主机）方式和 Screened-subnet（屏蔽子网）方式。

（1）Dual-homed 方式。Dual-homed Gateway（双宿主网关）放置在两个网络之间,被称为 Bastion host（堡垒主机）。这种结构最简单,成本低,但是它有单点失败的问题,没有增加网络安全的自我防卫能力。它是黑客攻击的首选目标,一旦被攻破,整个网络也就暴露了。

（2）Screened-host 方式。其中的 Screening router（筛选路由器）为保护 Bastion host 的安全建立了一道屏障。它将所有进入的信息先送往 Bastion host,并且只接受来自 Bastion host 的数据作为出去的数据。这种结构依赖 Screening router 和 Bastion host,只要有一个失败整个网络就暴露了。

（3）Screened-subnet 方式。它包含两个 Screening router 和两个 Bastion host。在公共网络和私有网络之间构成了一个隔离网,称为隔离区（DeMilitarized Zone,DMZ）,Bastion host 放置在隔离区内。这种结构安全性好,只有当两个安全单元被破坏后网络才会被暴露,但成本昂贵。

9.2　入侵检测技术

9.2.1　入侵检测概述

1. 入侵检测定义及功能

入侵检测（Intrusion Detection）是对入侵行为的检测。它通过收集和分析网络行为、安全日志、审计数据、其他网络上可以获得的信息以及计算机系统中若干关键点的信息,检查网络或系统中是否存在违反安全策略的行为和被攻击的迹象。

入侵检测作为一种积极主动的安全防护技术,提供了对内部攻击、外部攻击和误操作的实时保护,在网络系统受到危害之前拦截和响应入侵。因此,被认为是防火墙之后的第二道安全闸门,在不影响网络性能的情况下能对网络进行监测。入侵检测通过执行以下任务来实现:监视、分析用户及系统活动;系统构造和弱点的审计;识别反映已知进攻的活动模式并向相关人士报警;异常行为模式的统计分析;评估重要系统和数据文件的完整性;操作系统的审计跟踪管理,并识别用户违反安全策略的行为。

2. 入侵检测系统

入侵检测系统是对于面向计算资源和网络资源的恶意行为的识别和响应系统。一个完善的 IDS 系统应该具备经济性、时效性、安全性、可扩展性等特点。入侵检测作为安全技术其作用在于：识别入侵者；识别入侵行为；检测和监视已成功的安全破绽；为对抗入侵及时提供重要信息，阻止事件的发生和事态的扩大。

对一个成功的入侵检测系统来讲，不但可使系统管理员时刻了解网络系统（包括程序、文件和硬件设备等）的任何变更，还能给网络安全策略的制订提供指南。更为重要的一点是，它应该管理、配置简单，从而使非专业人员非常容易地获得网络安全。而且入侵检测的规模还应根据网络威胁、系统构造和安全需求的改变而改变。入侵检测系统在发现入侵后会及时做出响应，包括切断网络连接、记录事件和报警等。

入侵检测系统可以对计算机网络进行自主地、实时地攻击检测与响应。它对网络安全轮回监控，使用户可以在系统被破坏之前自主地中断并响应安全漏洞和误操作。实时监控分析可疑的数据而不会影响数据在网络上的传输。它对安全威胁的自动响应为企业提供了最大限度的安全保障。在检测到网络入侵后，除了可以及时切断攻击行为之外，还可以动态地调整防火墙的防护策略，使得防火墙成为一个动态的智能防护体系。入侵检测具有监视分析用户和系统的行为、审计系统配置和漏洞、评估敏感系统和数据的完整性、识别攻击行为、对异常行为进行统计、自动地收集和系统相关的补丁、进行审计跟踪识别违反安全法规的行为、使用诱骗服务器（记录黑客行为）等功能，使系统管理员可以较为有效地监视、审计、评估自己的系统。

3. 发展历程

从实验室原型研究到推出商业化产品、走向市场并获得广泛认同，入侵检测走过了30 多年的历程。

（1）概念提出。1980 年 4 月 James P. Aderson 为美国空军做了一份题为“Computer Security Threat Monitoring and Sureillance”（计算机安全威胁监控与监视）的技术报告，详细阐述了入侵检测的概念，提出了一种对计算机系统风险和威胁的分类方法，并将威胁分为外部渗透、内部渗透和不法行为 3 种，还提出了利用审计跟踪数据监视入侵活动的思想。

（2）模型的发展。1984—1986 年，乔治敦大学的 Dorothy Denning 和 SRI/CSL（SRI 公司计算机科学实验室）的 Peter Neumann 提出了一种实时入侵检测系统模型。为构建入侵系统提供了一个通用的框架。1988 年的莫里斯蠕虫事件发生后，网络安全引起各方重视。很多机构开展对分布式入侵检测系统（DIDS）的研究，将基于主机和基于网络的检测方法集成到一起。

（3）技术的进步。1990 年是入侵检测系统发展史上十分重要的一年。这年加州大学戴维斯分校的 L. T. Heberlein 等开发出了 NSM（Network Security Monitor）。该系统第一次直接将网络作为审计数据的来源，因而可以在不将审计数据转化成统一的格式情况下监控异种主机。同时，基于网络的 IDS 和基于主机的 IDS 这两大阵营正式形成。

9.2.2　入侵检测的分类

1. 根据感觉技术分类

入侵检测系统所采用的技术可分为特征检测与异常检测两种。

（1）特征检测。特征检测（Signature-based detection）又称 Misuse detection，这一检测假设入侵者活动可以用一种模式来表示，系统的目标是检测主体活动是否符合这些模式。

它可以将已有的入侵方法检查出来,但对新的入侵方法无能为力。其难点在于如何设计模式既能表达"入侵"现象又不会将正常的活动包含进来。

(2)异常检测。异常检测(Anomaly detection)的假设是入侵者活动异常于正常主体的活动。根据这一理念建立主体正常活动的"活动简档",将当前主体的活动状况与"活动简档"相比较,当违反其统计规律时,认为该活动可能是"入侵"行为。异常检测的难题在于如何建立"活动简档"以及如何设计统计算法,从而不把正常的操作作为"入侵"或忽略真正的"入侵"行为。

2. 根据其检测数据来源分类

(1)基于主机的入侵检测系统。主要使用操作系统的审计和跟踪日志作为数据源,某些也会主动与主机系统进行交互以获得不存在于系统日志中的信息以检测入侵。这种类型的检测系统不需要额外的硬件。对网络流量不敏感,效率高,能准确定位入侵并及时进行反应,但是占用主机资源,依赖于主机的可靠住,所能检测的攻击类型受限。不能检测网络攻击。

(2)基于网络的入侵检测系统。通过被动地监听网络上传输的原始流量,对获取的网络数据进行处理,从中提取有用的信息,再通过与已知攻击特征相匹配或与正常网络行为原型相比较来识别攻击事件。此类检测系统不依赖操作系统作为检测资源,可应用于不同的操作系统平台;配置简单,不需要任何特殊的审计和登录机制;可检测协议攻击、特定环境的攻击等多种攻击。但它只能监视经过本网段的活动,无法得到主机系统的实时状态,精确度较差。大部分入侵检测工具都是基于网络的入侵检测系统。

9.3　访问控制技术

9.3.1　访问控制概述

1. 访问控制定义

访问控制(Access control)就是在身份认证的基础上依据授权对提出的资源访问请求加以控制。访问控制是网络安全防范和保护的主要策略,它可以限制对关键资源的访问,防止非法用户的侵入或合法用户的不慎操作所造成的破坏。

按用户身份及其所归属的某项定义组来限制用户对某些信息项的访问,或限制对某些控制功能的使用。访问控制通常用于系统管理员控制用户对服务器、目录、文件等网络资源的访问。访问控制的功能主要有以下几个方面:防止非法的主体进入受保护的网络资源;允许合法用户访问受保护的网络资源;防止合法用户对受保护的网络资源进行非授权的访问。访问控制实现的策略有入网访问控制、网络权限限制、目录级安全控制、属性安全控制、网络服务器安全控制、网络监测和锁定控制、网络端口和节点的安全控制以及防火墙控制。

2. 访问控制的类型

1) 按控制方式分类

访问控制可分为自主访问控制和强制访问控制两大类。

(1)自主访问控制,是指由用户有权对自身所创建的访问对象(文件、数据表等)进行访问,并可将对这些对象的访问权授予其他用户和从授予权限的用户收回其访问权限。

（2）强制访问控制，是指由系统（通过专门设置的系统安全员）对用户所创建的对象进行统一的强制性控制，按照规定的规则决定哪些用户可以对哪些对象进行什么样操作系统类型的访问，即使是创建者用户，在创建一个对象后也可能无权访问该对象。

2）按控制范围分类

访问控制主要有网络访问控制和系统访问控制。

（1）网络访问控制限制外部对网络服务的访问和系统内部用户对外部的访问，通常由防火墙实现。网络访问控制的属性有源 IP 地址、源端口、目的 IP 地址、目的端口等。

（2）系统访问控制为不同用户赋予不同的主机资源访问权限，操作系统提供一定的功能实现系统访问控制，如 UNIX 的文件系统。系统访问控制（以文件系统为例）的属性有用户、组、资源（文件）、权限等。

3. 访问控制系统

访问控制系统一般包括主体、客体和安全访问策略。

（1）主体。发出访问操作、存取要求的发起者，通常指用户或用户的某个进程。

（2）客体。被调用的程序或欲存取的数据，即必须进行控制的资源或目标，如网络中的进程等活跃元素、数据与信息、各种网络服务和功能、网络设备与设施。

（3）安全访问策略。一套规则，用以确定一个主体是否对客体拥有访问能力，它定义了主体与客体可能的相互作用途径。

4. 访问控制人员分类

操作系统用户范围很广，拥有的权限也不同。一般分为以下几类。

（1）系统管理员。这类用户就是系统管理员，具有最高级别的特权，可以对系统任何资源进行访问，并具有任何类型的访问操作能力。负责创建用户、创建组、管理文件系统等所有的系统日常操作；授权修改系统安全员的安全属性。

（2）系统安全员。管理系统的安全机制，按照给定的安全策略设置并修改用户和访问客体的安全属性；选择与安全相关的审计规则。安全员不能修改自己的安全属性。

（3）系统审计员。负责管理与安全有关的审计任务。这类用户按照制定的安全审计策略负责整个系统范围的安全控制与资源使用情况的审计，包括记录审计日志和对违规事件的处理。

（4）一般用户。这是最大一类用户，也是系统的一般用户。他们的访问操作要受一定的限例。系统管理员对这类用户分配不同的访问操作权力。

9.3.2　访问控制模型

1. 基于对象的访问控制模型

基于对象的访问控制模型（Object-Based Access Control Model，OBAC Model）：自主访问控制 DAC 或强制访问控制 MAC 模型的主要任务都是对系统中的访问主体和受控对象进行一维的权限管理。当用户数量多、处理的信息数据量巨大时，用户权限的管理任务将变得十分繁重，并且用户权限难以维护，这会降低系统的安全性和可靠性。对于海量数据和差异较大的数据类型，需要用专门系统和专门的人员加以处理。

控制策略和控制规则是 OBAC 访问控制系统的核心所在，在基于受控对象的访问控制模型中,将访问控制列表与受控对象或受控对象的属性相关联,并将访问控制选项设计成为用户、组或角色及其对应权限的集合;同时允许对策略和规则进行重用、继承和派生操作。这样,不仅可以对受控对象本身进行访问控制,对受控对象的属性也可以进行访问控制,而且派生对象可以继承父对象的访问控制设置,这对于信息量巨大、信息内容更新变化频繁的管理信息系统非常有益,可以减轻由于信息资源的派生、演化和重组等带来的分配、设定角色权限等的工作量。

2. 基于任务的访问控制模型

基于任务的访问控制模型(Task-Based Access Control Model,TBAC Model)是从应用和企业层角度来解决安全问题,以面向任务的观点,从任务(活动)的角度来建立安全模型和实现安全机制,在任务处理的过程中提供动态实时的安全管理。

在 TBAC 中,对象的访问权限控制并不是静止不变的,而是随着执行任务的上下文环境发生变化。TBAC 首要考虑的是在工作流的环境中对信息的保护问题。在工作流环境中,数据的处理与上一次的处理相关联,相应地访问控制也如此,因而 TBAC 是一种上下文相关的访问控制模型。其次,TBAC 不仅能对不同工作流实行不同的访问控制策略,而且还能对同一工作流的不同任务实例实行不同的访问控制策略。从这个意义上说,TBAC 是基于任务的,这也表明 TBAC 是一种基于实例(Instance-based)的访问控制模型。

3. 基于角色的访问控制模型

基于角色的访问控制模型(Role-Based Access Control Model,RBAC Model),其基本思想是将访问许可权分配给一定的角色,用户通过饰演不同的角色获得角色所拥有的访问许可权。这是因为在很多实际应用中,用户并不是可以访问的客体信息资源的所有者(这些信息属于企业或公司),这样访问控制应该基于员工的职务而不是基于员工在哪个组或者谁是信息的所有者,即访问控制是由各个用户在部门中所担任的角色来确定的。

RBAC 从控制主体的角度出发,根据管理中相对稳定的职权和责任来划分角色,将访问权限与角色相联系,这点与传统的 MAC 和 DAC 将权限直接授予用户的方式不同;通过给用户分配合适的角色,让用户与访问权限相联系。角色成为访问控制中访问主体和受控对象之间的一座桥梁。

9.3.3　安全扫描概述

1. 安全扫描

安全扫描技术分为两类,即网络安全扫描技术和主机安全扫描技术。网络安全扫描技术主要针对系统中不合适的设置脆弱的口令,以及针对其他同安全规则抵触的对象进行检查等;而主机安全扫描技术则是通过执行一些脚本文件模拟对系统进行攻击的行为并记录系统的反应,从而发现其中的漏洞。

通常,安全扫描技术与防火墙、入侵检测系统互相配合,能够有效提高网络的安全性。通过对网络的扫描,网络管理员可以了解网络的安全配置和运行的应用服务,及时发现安全漏洞,客观评估网络风险等级。网络管理员可以根据扫描的结果更正网络安全漏洞和系统中的错误配置,在黑客攻击前进行防范。如果说防火墙和网络监控系统是被动的防御手段,那么安全扫描就是一种主动的防范措施,可以有效避免黑客攻击行为,做到防患于未然。

2. 漏洞扫描

漏洞扫描指基于漏洞数据库,通过扫描等手段对指定的远程或者本地计算机系统的安全脆弱性进行检测,发现可利用漏洞的一种安全检测(渗透攻击)行为。

漏洞扫描技术是一类重要的网络安全技术。它和防火墙、入侵检测系统互相配合,能够有效提高网络的安全性。通过对网络的扫描,网络管理员能了解网络的安全设置和运行的应用服务,及时发现安全漏洞,客观评估网络风险等级。网络管理员能根据扫描的结果更正网络安全漏洞和系统中的错误设置,在黑客攻击前进行防范。如果说防火墙和网络监视系统是被动的防御手段,那么安全扫描就是一种主动的防范措施,能有效避免黑客攻击行为,做到防患于未然。

漏洞扫描器是用于对网络进行漏洞扫描的一种软件或设备。网络漏洞扫描器对目标系统进行漏洞检测时,首先探测目标系统的存活主机,对存活主机进行端口扫描,确定系统所开放的端口,同时根据协议指纹技术识别出主机的操作系统类型。然后扫描器对开放的端口进行网络服务类型的识别,确定其提供的网络服务。漏洞扫描器根据目标系统的操作系统平台和提供的网络服务,调用漏洞资料库中已知的各种漏洞进行逐一检测,通过对探测响应数据包的分析判断是否存在漏洞。

3. 安全扫描的作用

(1) 定期的网络安全自我检测和评估。利用漏洞扫描系统,网络管理人员可以定期进行网络安全检测,以消除安全隐患,尽早地发现安全漏洞并修补,以优化资源、提高网络运行效率。

(2) 安装新软件和启动新服务后的检查。由于漏洞和安全隐患的形式多种多样,安装新软件和启动新服务都有可能使原来隐藏的漏洞暴露出来,因此进行这些操作之后重新扫描系统才能使安全得到保障。

(3) 网络建设和网络改造前后的安全规划评估和成效检验。网络建设者必须建立整体安全规划,以统领全局、高屋建瓴。在可以容忍的风险级别和可以接受的成本之间取得平衡,在多种多样的安全产品和技术之间做出取舍。配备网络漏洞扫描/网络评估系统可以方便地进行安全规划评估和成效检验。

(4) 网络承担重要任务前的安全性测试。网络承担重要任务前应该多采取主动防止出现事故的安全措施,从技术上和管理上加强对网络安全和信息安全重视,形成立体防护,由被动修补变成主动防范,最终把出现事故的概率降到最低。

(5) 网络安全事故后的分析调查。网络安全事故后可以通过网络漏洞扫描/网络评估系统分析确定网络被攻击的漏洞所在,帮助弥补漏洞,尽可能多地获得攻击来源信息。

9.4　信　息　隐　藏

9.4.1　信息隐藏概述

信息隐藏指在设计和确定模块时,使得一个模块内包含的特定信息(过程或数据),对于不需要这些信息的其他模块来说是不可访问的。

1. 发展历史

信息隐藏源于古老的隐写术。在古希腊战争中,为了安全传送军事情报,奴隶主剃光奴隶的头发,将情报纹在奴隶的头皮上,待其头发长起后再派出去传送消息。我国古代也有以藏头诗、藏尾诗、漏格诗以及绘画等形式,将要表达的意思和"密语"隐藏在诗文或画卷中的特定位置,一般人只注意诗或画的表面意境,而不会去注意或破解隐藏其中的密语。

信息隐藏的发展历史可以一直追溯到"匿形术或隐写术(Steganography)"的使用。匿形术一词来源于古希腊文中"隐藏的"和"图形"两个词语的组合。虽然"匿形术"与"密码术(Cryptography)"都是致力于信息的保密技术,但是两者的设计思想却完全不同。"密码术"主要通过设计加密技术,使保密信息不可读,但是对于非授权者来讲,虽然他无法获知保密信息的具体内容,却能意识到保密信息的存在。而"匿形术"则致力于通过设计精妙的方法,使得非授权者根本无从得知保密信息的存在与否。相对于现代密码学来讲,信息隐藏的最大优势在于它并不限制对主信号的存取和访问,而是致力于签字信号的安全保密性。

2. 基本原理

假设 A 打算秘密传递一些信息给 B,A 需要从一个随机消息源中随机选取一个无关紧要的消息 C,当这个消息公开传递时,不会引起人们的怀疑,称这个消息为载体对象(Cover Message)C;把秘密信息(Secret Message)M 隐藏到载体对象 C 中,此时载体对象就变成了伪装对象 C_1。载体对象 C 是正常的,不会引起人们的怀疑,伪装对象 C_1 与载体对象 C 无论从感官(如感受图像、视频的视觉和感受声音、音频的听觉)上还是从计算机的分析上,都不可能把它们区分开来,而且对伪装对象 C_1 的正常处理不应破坏隐藏的秘密信息。这样就实现了信息的隐藏传输。秘密信息的嵌入过程可能需要密钥,也可能不需要密钥,为了区别于加密的密钥,信息隐藏的密钥称为伪装密钥 k。信息隐藏涉及两个算法,即信息嵌入算法和信息提取算法,如图 9-3 所示。

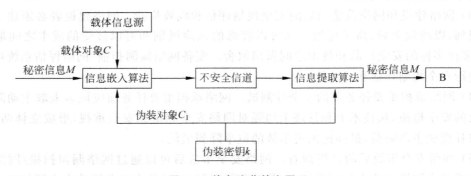

图 9-3 信息隐藏基本原理

3. 信息隐藏技术的应用

信息隐藏技术在信息安全保障体系中有很多重要作用,主要有以下几个。

(1) 数据保密通信。信息隐藏技术可应用于数据保密通信,通信双方将秘密信息隐藏在数字载体中,通过公开信道进行传递。在军事、商业、金融等方面,如军事情报、电子商务中的敏感数据、谈判双方的秘密协议及合同、网上银行信息等信息的传递,信息隐藏技术具有广泛的应用前景。

（2）身份认证。信息通信的任何一方都不能抵赖自己曾经做出的行为，也不能否认曾经接收到对方的信息，这是信息系统中的一个重要环节。可利用信息隐藏技术将各自的身份标记隐藏到要发送的载体中，以此确认其身份。

（3）数字作品的版权保护与盗版追踪。版权保护是信息隐藏技术所试图解决的重要问题之一。随着数字化技术应用的不断深入，人们所享受的数字服务将会越来越多，如数字图书馆、数字电影、数字新闻等。这类数字作品具有易修改和复制的特点，其版权保护已经成为迫切需要解决的现实问题。利用信息隐藏中的鲁棒数字水印技术可以有效解决此类问题。服务提供商在向用户发放作品的同时，将服务商和用户的识别信息以水印的形式隐藏在作品中，这种水印从理论上讲是不能被移除的。当发现数字作品在非法传播时，可以通过提取的识别信息追查非法传播者。

（4）完整性、真实性鉴定与内容恢复。可在数字作品中嵌入基于作品全部信息的恢复水印和基于作品内容的认证水印，由认证水印实施对数字作品完整性和真实性的鉴别并进行篡改区域定位，由恢复水印对所篡改区域实施恢复。

9.4.2　信息隐藏技术

1. 隐写术

隐写术就是将秘密信息隐藏到看上去普通的信息（如数字图像）中进行传送。现有的隐写术要有利用高空间频率的图像数据隐藏信息、采用最低有效位方法将信息隐藏到宿主信号中、使用信号的色度隐藏信息的方法、在数字图像的像素亮度的统计模型上隐藏信息的方法、Patchwork 方法等。当前很多隐写方法都是基于文本及其语言的隐写术。

2. 数字水印技术

数字水印技术（Digital Watermark）是将一些标识信息（即数字水印）直接嵌入数字载体（包括多媒体、文档、软件等）中，但不影响原载体的使用价值，也不容易被人的知觉系统（如视觉或听觉系统）觉察或注意到。目前主要有两类数字水印：一类是空间数字水印；另一类是频率数字水印。空间数字水印的典型代表是最低有效位（LSB）算法，其原理是通过修改表示数字图像的颜色或颜色分量的位平面，调整数字图像中感知不重要的像素来表达水印的信息，以达到嵌入水印的目的。频率数字水印的典型代表是扩展频谱算法，其原理是通过时频分析，根据扩展频谱特性，在数字图像的频率域上选择那些对视觉最敏感的部分，使修改后的系数隐含数字水印的信息。

3. 可视密码技术

可视密码技术（Visual Cryptography）由 Naor 和 Shamir 于 1994 年首次提出，其主要特点是恢复秘密图像时不需要任何复杂的密码学计算，而是以人的视觉即可将秘密图像辨别出来。其做法是产生 n 张不具有任何意义的胶片，任取其中 t 张胶片叠合在一起即可还原出隐藏在其中的秘密信息。其后，学者对该方案进行了改进和发展。主要的改进办法有：使产生的 n 张胶片都有一定的意义，这样做更具有迷惑性；改进了相关集合的组合方法；将针对黑白图像的可视秘密共享扩展到基于灰度和彩色图像的可视秘密共享。

9.5　信息安全管理标准体系

9.5.1　信息安全标准体系

1. 国际信息安全管理标准

国际上,信息安全标准化工作兴起于 20 世纪 70 年代中期,80 年代有了较快发展,90 年代引起了世界各国的普遍关注,21 世纪其标准化工作已经逐步普及。

1) 国际信息安全组织

目前世界上约有近 300 个国际和区域性组织,制定标准或技术规则,与信息安全标准化有关的主要组织有国际标准化组织、国际电工委员会、国际电信联盟、Internet 工程任务组等。

(1) 国际标准化组织(ISO)。1947 年 2 月 23 日开始工作。ISO/IEC JTC1(信息技术标准化委员会)所属 SC 27(安全技术分委员会),其前身是 SC20(数据加密分技术委员会),主要从事信息技术安全的一般方法和技术的标准化工作。而 ISO/TC68 负责银行业务应用范围内有关信息安全标准的制定,它主要制定行业应用标准,在组织上和标准之间与 SC27 有着密切的联系。ISO/IEC JTC1 负责制定标准主要是开放系统互联、密钥管理、数字签名、安全评估等方面的内容。

(2) 国际电工委员会(IEC)。成立于 1906 年 10 月,是世界上成立最早的专门国际标准化机构。在信息安全标准化方面,除主要与 ISO 联合成立了 JTC1 分委员会外,还在电信、电子系统、信息技术和电磁兼容等方面成立技术委员会,如 TC56 可靠性、TC74 IT 设备安全和功效、TC77 电磁兼容、TC 108 音频/视频、信息技术和通信技术电子设备的安全等,并制定相关国际标准,如信息技术设备安全(IEC 60950)等。

(3) 国际电信联盟(ITU)。成立于 1865 年 5 月 17 日,所属的 SG17 组主要负责研究通信系统安全标准。SG17 组主要研究的有通信安全项目、安全架构和框架、计算安全、安全管理、用于安全的生物测定、安全通信服务。此外,SG16 和下一代网络核心组也在通信安全、H323 网络安全、下一代网络安全等标准方面进行了研究。

(4) Internet 工程任务组(IETF)。始创于 1986 年,其主要任务是负责互联网相关技术规范的研发和制定。目前,IETF 已成为全球互联网界最具权威的大型技术研究组织。IETF 标准制定的具体工作由各个工作组承担,工作组分成 8 个领域,分别是 Internet 路由、传输、应用领域等,著名的 IKE 和 IPSec 都在 RFC 系列之中,还有电子邮件、网络认证和密码标准,也包括了 TLS 标准和其他的安全协议标准。

2) 信息安全标准

ISO 和 IEC 是世界范围的标准化组织,各国的相关标准化组织都是其成员,他们通过各技术委员会,参与相关标准的制定。国际 ISO/IEC 和西方一些国家开始发布和改版一系列信息安全管理标准,使安全管理标准进入了一个繁忙的改版期。ISO/IEC 联合技术委员会子委员会 27(ISO/IECJTCI SC27)是信息安全领域最权威和国际认可的标准化组织,它已经为信息安全保障领域发布了一系列的国际标准和技术报告,最主要的标准是 ISO/IEC13335、ISO/IEC27000 系列等。

2. 我国信息安全管理标准

1) 标准组织发展

按照国务院授权,在国家质量监督检验检疫总局管理下,由国家标准化管理委员会统一管理全国标准化工作,下设有 255 个专业技术委员会。中国标准化工作实行统一管理与分工负责相结合的管理体制,有 88 个国务院有关行政主管部门和国务院授权的有关行业协会分工管理本部门、本行业的标准化工作,有 31 个省、自治区、直辖市政府有关行政主管部门分工管理本行政区域内本部门、本行业的标准化工作。

从 20 世纪 80 年代开始,本着积极采用国际标准的原则,转化了一批国际信息安全基础技术标准,制定了一批符合中国国情的信息安全标准,同时一些重点行业还颁布了一批信息安全的行业标准,为我国信息安全技术的发展做出了很大的贡献。

2) 标准化组织

我国有关部门十分关注信息安全标准化工作,早在 1984 年 7 月就组建了数据加密技术委员会,1990 年 3 月成立了中国信息协会(CIIA)。数据加密技术委员会于 1997 年 8 月改组成全国信息技术标准化委员会的信息安全技术分委员会,负责制定信息安全的国家标准。2002 年 4 月成立了全国信息安全标准化技术委员会(TC260),1999 年 3 月 31 日经公安部科技局批准,公安部信息系统安全标准化技术委员会正式成立。2002 年中国通信标准化协会网络与信息安全技术工作委员会成立。

9.5.2　典型安全管理标准

1. 国外安全标准

1) 标准 BS7799 概述

1995 年 BS7799 首次出版,它是英国标准协会集结了大批计算机与信息方面有丰富实践与管理经验的专家撰写的一个专业性极强的标准。1999 年进行了 BS7799 修订。BS7799-1 是信息安全管理实施规范。BS7799-2 对组织建立的信息管理体系提出了要求,包括总则、建立管理框架、实施、文件化、文件控制和记录 6 个要求,具体的控制细则包括安全方针、组织安全、资产归类及控制、人员安全、实物与环境安全、通信与操作管理、访问控制、系统开发与维护、商务连续性管理和依从 10 个要求。

2) SSE-CMM 模型

1993 年 4 月美国国家安全局(NSA)提出了一个专门应用于系统安全工程的能力成熟模型的构想,即系统安全工程能力成熟模型(Systems Security Engineering Capability Maturity Model,SSE-CMM)。在美国国家安全局、美国国防部、加拿大通信安全局的号召和推动下,汇聚了 60 多个厂家,集中了大量的人力、物力和财力对该构想进行了开发实施,并于 1996 年 10 月出版了 SSE-CMM 模型的第一个版本。第一个版本发布后,标准制定者随即选择了 5 家公司对该模型进行了长达一年的试用,并根据试用中积累的经验和教训对模型进行了几次更新,并于 1997 年 4 月出版了评定方法的第一个版本,1999 年 4 月发布了 SSE-CMM 的 2.0 版本。SSE-CMM 的基本思想是建立和完善一套成熟的、可度量的安全工程过程,它包括整个工程的生命周期过程的开发、运行、维护和结束以及整个组织过程的各种管理、组织和工程活动和与其他工程规范和标准的交流。

2. 国内安全标准

1）相关标准

CC 标准（即中国国内 GB/T 18336—2001 和国际 ISO/IEC 15408：1999）和 ISO/IEC 27001：2005《信息安全管理体系规范》标准的共同点表现在以下 4 个方面：几个标准所涉及的范围从大的角度来说都是信息安全领域；几个标准对信息安全的定义相同，都是指对信息保密性、完整性和可用性的保护；几个标准对信息安全风险的定义基本相同，都是从资产、威胁、薄弱点和影响来考察风险；几个标准都针对不同的风险提出了相应的控制目标和控制措施。几个标准之间最主要的区别在于着眼点不同。

公安部、国家保密局、国家密码管理局、国务院信息化工作办公室制定的《信息安全等级保护管理办法》由一系列标准文件组成，包括《信息安全等级保护管理办法》公通字［2007］43 号、《计算机信息系统安全保护等级划分准则》（GB 17859—1999）、《信息安全等级保护实施指南》《信息安全等级保护定级指南》《信息安全等级保护基本要求》《信息安全等级保护测评准则》《信息安全技术网络基础安全技术要求》（GB/T 20270—2006）、《信息安全技术信息系统通用安全技术要求》（GB/T 20271—2006）、《信息安全技术操作系统安全技术要求》（GB/T 20272—2006）和《信息安全技术数据库管理系统安全技术要求》（GB/T 20273—2006）。

2）等级保护级别

《信息安全等级保护管理办法》中，"等级保护的实施与管理"第十二条明确指出，在信息系统建设过程中，运营、使用单位应当按照《计算机信息系统安全保护等级划分准则》（GB 17859—1999）、《信息系统安全等级保护基本要求》等技术标准，等级保护共划分为 5 个级别，当前主要使用 1～4 级。不同等级的信息系统应具备不同的基本安全保护能力，其能力要求是逐级递增的。

第一级安全保护能力：应能够防护系统免受来自个人的、拥有很少资源的威胁源发起的恶意攻击、一般的自然灾难以及其他相当危害程度的威胁所造成的关键资源损害，在系统遭到损害后能够恢复部分功能。

第二级安全保护能力：应能够防护系统免受来自外部小型组织的、拥有少量资源的威胁源发起的恶意攻击、一般的自然灾难以及其他相当危害程度的威胁所造成的重要资源损害，能够发现重要的安全漏洞和安全事件，在系统遭到损害后能够在一段时间内恢复部分功能。

第三级安全保护能力：应能够在统一安全策略下防护系统免受来自外部有组织的团体、拥有较为丰富资源的威胁源发起的恶意攻击、较为严重的自然灾难以及其他相当危害程度的威胁所造成的主要资源损害，能够发现安全漏洞和安全事件，在系统遭到损害后能够较快恢复绝大部分功能。

第四级安全保护能力：应能够在统一安全策略下防护系统免受来自国家级别的、敌对组织的、拥有丰富资源的威胁源发起的恶意攻击、严重的自然灾难以及其他相当危害程度的威胁所造成的资源损害，能够发现安全漏洞和安全事件，在系统遭到损害后能够迅速恢复所有功能。

第五级安全保护能力：访问验证保护级，具备第四级的所有功能，还具有仲裁访问者能否访问某些对象的能力。为此，本级的安全保护机制不能被攻击、被篡改，具有极强的抗渗透能力。

等级保护基本要求的内容分为技术和管理两大部分。其中技术部分分为物理安全、网络安全、主机安全、应用安全和数据安全及备份恢复等五大类；管理部分分为安全管理制度、安全管理机构、人员安全管理、系统建设管理和系统运维管理等五大类。

9.6　信息安全法规

9.6.1　国际信息安全法规

1. 早期信息安全法规

发达国家从 20 世纪 60 年代开始关注计算机安全立法。瑞典早在 1973 年就颁布了《数据法》，这是世界上首部直接涉及计算机安全问题的法规。随后，丹麦等西欧各国先后颁布了数据法或数据保护法。

2. 美国信息安全法规

美国联邦政府在信息安全方面的法律最主要是 1987 年美国第 100 届国会通过的、1988 年开始实施的 100-235 号公法。美国已制定专门用来解决信息网络安全问题的法律法规不少于 18 部，主要涉及以下几个领域：①加强信息网络基础设施保护，打击网络犯罪，如《国家信息基础设施保护法》《计算机欺诈与滥用法》《公共网络安全法》《计算机安全法》《加强计算机安全法》《加强网络安全法》；②规范信息收集、利用、发布和隐私权保护，如《信息自由法》《隐私权法》《电子通信隐私法》《儿童在线隐私权保护法》《通信净化法》《数据保密法》《网络安全信息法》《网络电子安全法》；③确认电子签名及认证，如《全球及全国商务电子签名法》；④其他安全问题，如《国土安全法》《政府信息安全改革法》《网络安全研究与开发法》等。

3. 欧洲信息安全法规

1977 年 2 月德国出台《数据保护法》，并于 1996 年出台了《信息和通信服务规范法》和《多媒体法》。1981 年 5 月法国公布了有关保护国防和国家安全秘密与信息组织的法令，1986 年法国总统连续颁布了（86）316、（86）317、（86）318 号法令。英国于 1995 年制定了《信息安全管理操作条例》，1996 年 9 月 23 日英国政府颁布了第一个网络监管行业性法规《3R 安全规则》，1998 年 7 月通过《数据保护法》和 2000 年获得通过《电子通信法》。

1995 年俄罗斯颁布《信息、信息化和信息保护法》，1996 年颁布《国际信息交易法》，1997 年颁布《信息权法》，2000 年颁布《因特网发展和利用国家政策法》和《个人信息法》，2001 年颁布《电子文件法》和《电子数字签名法》。

1996 年 10 月欧盟开始实施《网上有害和非法内容通信条例》，同时通过了《关于在音像影像和信息服务行业中保护未成年人和人类尊严》绿皮书。1997 年 2 月通过了《关于互联网非法和有害内容的委员会决议》。1999 年通过了《促进更安全地使用互联网行动计划》。

4. 亚洲信息安全法规

1989 年日本警视厅公布了《计算机病毒等非法程序的对策指南》，1999 年通过《禁止非法接入法》，2000 年 5 月通过《建立高度信息通信网络社会基本法》和《电子签名法》。2001 年 2 月实施《关于禁止不正当存取信息行为的法律》。自 1995 年 8 月韩国制定《信息化促进基本法》以来,修订和制定了与信息化建设有关的法律法规在 150 部以上。新加坡 1998 年 6 月通过《电子交易法》,并修正《滥用计算机法》。2000 年 6 月印度通过《信息技术法》。

9.6.2　国内信息安全法规

1. 我国的信息安全法律法规体系

我国的信息安全法律法规体系主要包括以下 4 个方面。

(1) 信息系统安全保护相关法律法规。包括计算机信息系统安全保护条例、计算机信息网络国际联网安全保护管理办法和信息安全等级保护管理办法(试行)。

(2) 互联网络安全管理相关法律法规。包括计算机信息网络国际联网管理暂行规定实施办法、关于维护互联网安全的决定、互联网上网服务营业场所管理条例、互联网信息服务管理办法、互联网安全保护技术措施规定和互联网电子邮件服务管理办法。

(3) 其他有关信息安全的法律法规。包括计算机信息系统安全专用产品检测和销售许可证管理办法、有害数据及计算机病毒防治管理。

(4) 依法实践保障信息安全。包括重点单位和要害部位信息系统安全管理和单位信息安全管理制度。

2. 主体框架初步形成

1988 年 9 月 5 日公布《中华人民共和国保守国家秘密法》,1993 年 2 月 22 日七届全国人大常委会公布《中华人民共和国国家安全法》,1994 年 2 月 18 日国务院颁布了我国第一部计算机安全法规《计算机信息系统安全保护条例》,1997 年 5 月 20 日国务院又颁布了《计算机信息网络国际联网管理暂行规定》,1997 年 12 月公安部报经国务院批准颁布了《计算机信息网络国际联网安全保护管理办法》,2000 年 9 月 25 日国务院发布《中华人民共和国电信条例》和《互联网信息服务管理办法》,2000 年 4 月 26 日公安部发布《计算机病毒防治管理办法》,2000 年 11 月 6 日信息产业部发布《互联网电子公告服务管理规定》,2017 年 6 月 1 日《中华人民共和国网络安全法》开始施行。

思　考　题

9-1　什么是防火墙? 简介防火墙原理。

9-2　什么是入侵检测? 入侵检测怎样分类?

9-3　什么是访问控制? 简介访问控制模型。

9-4　什么是安全扫描?

9-5　什么是信息隐藏? 其有哪几种技术?

9-6　有哪几种典型的国际信息安全管理标准?

9-7　有哪几种典型的国内信息安全管理标准?

9-8　简述国内外信息安全法规的现状。

第 10 章　信息安全新技术

10.1　宏观信息安全

10.1.1　国家网络空间安全

1. 国家网络空间安全战略

互联网已成为信息传播的新渠道、生产生活的新空间、经济发展的新引擎、文化繁荣的新载体、社会治理的新平台、交流合作的新纽带和国家主权的新疆域。信息技术广泛应用和网络空间兴起及发展,极大促进了经济社会繁荣进步,同时也带来了新的安全风险和挑战。随着信息技术深入发展,网络安全形势日益严峻,利用网络干涉他国内政以及大规模网络监控、窃密等活动严重危害国家政治安全和用户信息安全,关键信息基础设施遭受攻击破坏、发生重大安全事件严重危害国家经济安全和公共利益,网络谣言、颓废文化和淫秽、暴力、迷信等有害信息侵蚀文化安全和青少年身心健康,网络恐怖和违法犯罪大量存在,直接威胁人民生命财产安全、社会秩序,围绕网络空间资源控制权、规则制定权和战略主动权的国际竞争日趋激烈,网络空间军备竞赛挑战世界和平。网络空间机遇和挑战并存,机遇大于挑战。网络空间安全事关人类共同利益、世界和平与发展以及国家安全。

维护我国网络安全是协调推进全面建成小康社会、全面深化改革、全面依法治国和全面从严治党战略布局的重要举措,是实现"两个一百年"奋斗目标、实现中华民族伟大复兴中国梦的重要保障。为贯彻落实习近平主席关于推进全球互联网治理体系变革的"四项原则"和构建网络空间命运共同体的"五点主张",2016 年 12 月 27 日国家互联网信息办公室发布了《国家网络空间安全战略》,其目的旨在指导中国网络安全工作,维护国家在网络空间的主权、安全和发展利益。

自 2003 年美国制定《网络空间安全国家战略》以来,到 2016 年世界上已有约 70 个国家制定了网络安全国家战略,绝大多数国家在 2010 年之后出台这一战略。经济合作与发展组织成员国中,只有 7 个国家(智利、希腊、冰岛、以色列、墨西哥、葡萄牙、斯洛文尼亚)没有制定网络安全战略。欧盟成员国中,只有 6 个国家(保加利亚、克罗地亚、希腊、马耳他、葡萄牙、斯洛文尼亚)没有制定网络安全战略。2013 年欧盟也制定了网络安全战略。

2. 国家网络空间安全的原则

安全、稳定和繁荣的网络空间,对各国乃至世界都具有重大意义。因此各国间应加强沟通、扩大共识和深化合作,积极推进全球互联网治理体系变革,共同维护网络空间和平安全。

1) 尊重网络空间主权

网络空间主权不容侵犯,各国应有自主选择发展的道路、网络管理模式、互联网公共政策和平等参与国际网络空间治理的权利,这是各国都应该遵守的基本原则。任何国家都不搞网络霸权、不搞双重标准,不利用网络干涉他国内政,不从事、纵容或支持危害他国国家安全的网络活动。

2）和平利用网络空间

和平利用网络空间符合人类的共同利益。各国应遵守《联合国宪章》关于不得使用或威胁使用武力的原则,防止信息技术被用于与维护国际安全与稳定相悖的目的,共同抵制网络空间军备竞赛和防范网络空间冲突。坚持相互尊重、平等相待、求同存异、包容互信,尊重彼此在网络空间的安全利益和重大关切,推动构建和谐网络世界。反对以国家安全为借口,利用技术优势控制他国网络和信息系统,收集和窃取他国数据,更不能以牺牲别国安全谋求自身所谓绝对安全。

3）各国管理好自己的网络空间

各国主权范围内的网络事务由各国人民自己做主,各国有权根据本国国情制定有关网络空间的法律法规,依法采取必要措施,管理本国信息系统及本国疆域上的网络活动;保护本国信息系统和信息资源免受侵入、干扰、攻击和破坏,保障公民在网络空间的合法权益;防范、阻止和惩治危害国家安全和利益的有害信息在本国网络传播,维护网络空间秩序。

4）协调网络安全与发展

面对全球性的网络安全问题,加强国家间的合作对话、沟通与交流是保持信息通畅、行动一致以及消除隔阂、减少对抗的基本手段,除了举行网络安全演习、签订安全协议以及进行网络谈判之外,各国还应该经常性开展各种合作、对话和交流活动,以政府间、企业间和民间的各种友好研究探讨模式,携手努力,共同遏制信息技术滥用,反对网络监听和网络攻击,共同维护网络空间和平安全。

10.1.2　网络监管与权力泛用

1. 网络监管的任务

各国应致力于维护国家网络空间主权、安全和发展利益,推动互联网造福人类,推动网络空间和平利用和共同治理。国家网络空间安全工作的任务应该从以下几个方面展开。

1）捍卫网络空间主权、维护国家安全

根据各国的法律法规管理各国主权范围内的网络活动,保护信息设施和信息资源安全,采取包括经济、行政、科技、法律、外交、军事等一切措施,坚定不移地维护国家网络空间主权。坚决反对通过网络颠覆国家政权、破坏国家主权的一切行为。

防范、制止和依法惩治任何利用网络进行叛国、分裂国家、煽动叛乱、颠覆或者煽动颠覆政权的行为;防范、制止和依法惩治利用网络进行窃取、泄露国家秘密等危害国家安全的行为;防范、制止和依法惩治境外势力利用网络进行渗透、破坏、颠覆和分裂活动。

2）关键信息基础设施保护和网络文化建设

国家关键信息基础设施是指关系国家安全和国计民生,一旦数据泄露、遭到破坏或者丧失功能可能严重危害国家安全、公共利益的信息设施,包括但不限于提供公共通信、广播电视传输等服务的基础信息网络,能源、金融、交通、教育、科研、水利、工业制造、医疗卫生、社会保障、公用事业等领域和国家机关的重要信息系统,重要互联网应用系统等。采取一切必要措施保护关键信息基础设施及其重要数据不受攻击和破坏。

加强网络伦理和网络文明建设,发挥道德教化引导作用,用人类文明优秀成果滋养网络空间、修复网络生态。建设文明诚信的网络环境,倡导文明办网和文明上网,形成安全、文明和有序的信息传播秩序。坚决打击谣言、淫秽、暴力、迷信、邪教等违法有害信息在网络空间传播蔓延。提高青少年网络文明素养,加强对未成年人上网保护,通过政府、社会组织、社区、学校、家庭等方面的共同努力,为青少年健康成长创造良好的网络环境。

3) 打击网络恐怖和违法犯罪、提升网络空间防护能力

加强网络反恐、反间谍和反窃密能力建设,严厉打击网络恐怖和网络间谍活动。坚持综合治理、源头控制和依法防范,严厉打击网络诈骗、网络盗窃、贩枪贩毒、侵害公民个人信息、传播淫秽色情、黑客攻击、侵犯知识产权等违法犯罪行为。

网络空间是国家主权的新疆域,各国应建设与国际地位相称、与网络强国相适应的网络空间防护力量,大力发展网络安全防御手段,及时发现和抵御网络入侵,铸造维护国家网络安全的坚强后盾。

4) 加强网络空间国际合作、共建有序的网络空间

在联合国的主导下,推动制定各方普遍接受的网络空间国际规则和网络空间国际反恐公约,健全打击网络犯罪司法协助机制,深化在政策法律、技术创新、标准规范、应急响应、关键信息基础设施保护等领域的国际合作。在相互尊重和相互信任的基础上加强国际网络空间对话合作,推动互联网全球治理体系变革。深化同各国的双边、多边网络安全对话交流和信息沟通,有效管控分歧,积极参与全球和区域组织网络安全合作,推动互联网地址、根域名服务器等基础资源管理国际化。搭建世界互联网大会等全球互联网共享共治平台,共同推动互联网健康发展。通过积极有效的国际合作,建立多边、民主和透明的国际互联网治理体系,共同构建和平、安全、开放、合作和有序的网络空间。

2. 网络监管的泛用

2013 年 6 月 16 日英国《卫报》公开了美国中央情报局前雇员爱德华·斯诺登提供的多项机密文件:2009 年在伦敦召开的 20 国集团峰会上,英国情报机构政府通信总部监听了多个政府代表团通话并获取其信息。美国情报人员在此次会议上还监听了俄罗斯时任总统梅德韦杰夫打往莫斯科的卫星电话。美国国家安全局不仅监听欧盟目标,也对联合国总部实施了监听。美国情报机构曾监听至少 35 名国际政要的电话。仅 2013 年 1 月法国公民7000 多万份通话均被窃听;意大利的电话和拦截网络数据被英国和美国情报机构大规模窃听;数百万西班牙人的电话、短信和电子邮件被美国国安局监控。美国国安局通过特别设计的恶意软件监视包括全球 5 万多个计算机网络。美国国安局向全球 5 万多个计算机网络中植入恶意软件,用于收集数据。此类软件由美国国安局下属"定制入口行动组"(Tailored Access Operations)负责实施,该机构专门负责侵入外国计算机系统,从 1998 年就已存在,有超过 1000 多名黑客在册。美国国安局在全球约 80 个地点的驻外使领馆设有监听站,窃听所在地区高官通信信息,其中欧洲占 19 个,香港、北京、上海、成都、台北等亚洲城市榜上有名。2013 年 10 月 26 日华盛顿举行示威活动,要求美国政府停止监听,组织者收到 50 万人的请愿书签名。2013 年 10 月 30 日,美国总统奥巴马最近下令国家安全局降低对纽约联合国总部的窃听活动。

网络监听是一种监视网络状态、数据流程以及网络上信息传输的管理工具,它可以将网络界面设定成监听模式,并且可以截获网络上所传输的信息。斯诺登事件之后,美英等西方

国家仍热衷于网络监控且乐此不疲。2015年6月2日美国参议院通过了《美国自由法案》，正式废除美国国家安全局(NSA)大规模监控的法案，以平衡公民隐私与国家安全的问题，但监听行动尚未停止。2016年11月30日英国《2016调查权法》在议会通过从而扩大了政府的监控范围。2015年6月24日法国新反恐情报监控法案通过。2016年12月21号德国通过一项法案允许在公共场合使用更为严格的视频监控。追求自由是人的本性，但自由在社会中的实现离不开规则的实施。法律有度，不能无界，然而美国中央情报局的监控行为已严重超出了界限，并直接侵犯了别国的利益。

10.1.3　军事信息对抗

1. 信息对抗

1) 信息对抗概述

信息对抗指敌对双方在信息领域的对抗活动，主要是通过争夺信息资源，掌握信息获取、传递、处理和应用的主动权，破坏敌方的信息获取、传递、处理和应用，为遏制或打赢战争创造有利条件。因而信息对抗总是围绕着信息获取、信息传递、信息处理或信息应用而展开。交战双方要么阻止对方获取正确信息，要么阻止、干扰或截获对方的信息传递，要么使对方陷入海量信息的汪洋之中而无法及时处理信息，要么使对方无法对处理后的信息正确使用。

信息对抗是在军事斗争中，按照统一意图和计划，通过利用、干扰、破坏、摧毁敌方的信息和信息系统，同时保护己方的信息和信息系统不被敌方利用、干扰、破坏、摧毁，夺取信息的获取权、控制权和使用权，以获取和保持信息优势而采取的各种行动，见图10-1。

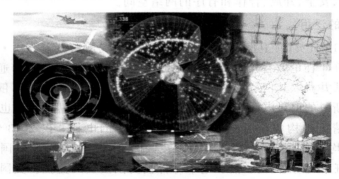

图 10-1　信息对抗

2) 信息对抗的发展

(1) 从战争出现到20世纪初，信息获取是信息对抗的焦点。在古代，信息的获取靠肉眼、耳朵，并用锣鼓、旌旗、风标、号角、信鸽、烽火通信和驿站传信等信息的传递方式。

(2) 20世纪初到20世纪70—80年代，信息传递是信息对抗的焦点。19世纪30年代发明了电报，人们用无线电传送信号。

(3) 20世纪70—80年代，信息处理已成为信息对抗的焦点。在信息化战场上，最重要的事情已不是获得海量的信息和实现信息的有效传递，而是要从中筛选出有价值的信息，也就是说，信息处理将取代信息传递成为信息对抗的新焦点，见图10-2。

图 10-2 雷达获取信息

3）信息应用是未来信息对抗的焦点

信息对抗的焦点从获取到传递，再到处理，未来信息对抗的焦点必将是信息应用。望远镜、侦察飞机等的发明推动着信息获取这一焦点的发展，以雷达为代表的电子侦察技术的兴起标志着信息获取技术的成熟，并和无线电通信技术一起宣告了信息获取焦点的没落和信息传递焦点的兴起；而以数字通信技术为代表的现代通信技术的出现标志着信息传递技术的成熟。计算机技术的发展将大大提高对战场海量信息的处理能力，最终有可能使信息处理变得容易。而同时，人工智能、脑科学、认知科学和思维科学等科学的发展，极有可能揭开人类应用信息的神秘面纱，从而使信息应用成为信息对抗的新焦点，见图 10-3。

图 10-3 信息对抗的信息应用

2. 空间信息对抗

1）空间信息对抗的概念与内涵

空间信息对抗是运用于空间作战中的信息作战，即综合运用各种信息作战手段，为夺取和保持空间信息权而进行的攻防作战行动。从作战区域的范围来看，空间信息对抗包括天对地对抗、天对天对抗和天对地一体对抗，见图 10-4。

空间信息防御、空间信息进攻、空间信息支援是构成空间信息对抗的三大要素。其作战类型涉及以下 3 项：

① 空间信息进攻，是使用杀伤性或非杀伤性手段，欺骗、干扰、阻止、破坏和摧毁敌空间信息系统或空间能力的信息攻势行动，空间信息进攻主要包括电子干扰、网络攻击和实体控制 3 种信息攻击手段。

图 10-4　空间信息对抗

② 空间信息防御，是指为了保护己方空间的各种航天器和地面设施的安全，防止敌方对己方各类航天系统的侦察、干扰、捕获、摧毁和破坏而采取的各种防御性措施和作战行动，主要包括防敌信息侦察、抗敌信息干扰和防敌火力摧毁（精确打击）等手段。

③ 空间信息支援，就是通过部署在外层空间的各种航天器（空间站、各种卫星、空天飞机等），发挥空间立体优势，为其他作战力量、作战行动提供侦察、监视、预警、通信、导航、定位、气象观测、战场测绘等信息保障而采取的各种措施和行动的总称。空间信息支援主要包括空间情报支援、空间通信支援和空间导航支援 3 种手段。

2）空间信息对抗的主要内容

从目前航天技术和信息技术发展来看，空间信息对抗主要包括空间电子战、空间导航战和空间威慑战三大类。

（1）空间电子战，指利用空间战场电子战设备查明、削弱、干扰、阻止敌方使用电磁频谱及保护己方使用电磁频谱的电子对抗活动。主要战法包括使用无线电干扰敌方卫星、空间武器系统的无线电接收机发射指令使航天器出现故障或离开轨道、迷失航向或远离攻击目标；利用微波武器、激光武器攻击卫星和其他航天电子设备造成目标结构的破坏等。目前空间电子战主要有空间电子侦察、空间电子进攻和空间电子防御 3 种形式，见图 10-5。

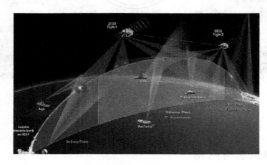

图 10-5　空间电子战

（2）空间导航战，指在复杂战场环境下用电子对抗方法干扰敌方导航系统，使己方和友方部队有效地利用卫星导航系统，同时阻止敌方使用该系统进行导航和定位且使战区外民用卫星导航不受影响的行动。导航战是定位与制导系统中的电子战，是电子战的一种新的形式。空间导航战的主要内容是改善卫星导航系统（包括接收机和空间部分）的作战性能，使之可用于恶劣的电子战环境中研制防止敌对方在所划定的责任区域（AOR）中使用卫星导航的能力；保证所研制技术的作战部署对在 AOR 物理边界以外的民用和商业用户的影响最小,见图 10-6。

图 10-6　空间导航战

　　(3) 空间威慑战,指以强大的空间力量为后盾通过威胁使用或实际有限使用空间力量来震慑和遏制对手。其实质是将使用空间力量的可能性以及可能引起的严重后果预先警告对手,使对手通过利弊得失的权衡产生畏惧心理,被迫服从威慑者的意志,从而放弃原先的企图。一般来说,军事威慑主要由核威慑、常规威慑、空间威慑和信息威慑构成。在未来军事斗争中空间威慑由于自身的优势,将逐渐成为军事威慑的支柱。空间威慑主要包括显势渲染、造势施压、蓄势待动和惩戒打击等 4 种基本方式,见图 10-7。

图 10-7　空间威慑战

　　3) 空间信息对抗的攻击方式

　　空间信息对抗的攻击方式,从作用形式分主要有电磁能、定向能、核能、动能和信息攻击方式。

　　(1) 电磁能攻击指利用电磁能干扰敌方的各种传感器及各种通信系统、电子设备、信息链路,使敌方丧失信息探测和信息传输能力,以削弱或丧失敌方作战能力的军事攻击行动。是属于电子战攻击的范畴。其攻击手段主要包括压制式干扰和欺骗式干扰。

　　(2) 定向能攻击方式指利用沿一定方向发射与传播的高能电磁波射束(高能激光束、微波束、粒子束)直接照射来破坏目标的一种攻击方式。采用定向能攻击方式的武器称为定向能武器,又称为射束式武器或聚能武器,包括高功率微波、高能激光、电磁脉冲等。

　　(3) 利用核装置在目标航天器附近爆炸产生强烈的热辐射、核辐射和电磁脉冲等效应将其结构部件与电子设备毁坏或使其丧失工作能力。

　　(4) 动能攻击方式是一种硬杀伤技术,通常利用火箭推进或电磁力驱动的方式把弹头加速到很高的速度,并使它与目标航天器直接碰撞将其击毁,也可以通过弹头携带的高能炸药爆破装置在目标附近爆炸,产生密集的金属碎片或散弹击毁目标。

(5)空间信息战的信息攻击可以是利用各种信息武器窃获、干扰、阻塞、欺骗直至阻止、破坏和瘫痪敌方空间信息系统的各种攻击方式。

4)空间信息对抗的防护方式

空间信息战的防护方式可分为防截获、抗干扰、信息加密和网络保护等,见图10-8。

图 10-8　空间信息对抗的防护方式

(1)防截获是空间信息防护的基本方式之一。作为空间信息反对抗方主要表现为无线电静默、保密、扩频技术和低截获率体制等。为了降低敌方的截获概率,军事航天系统必须采取各种有效措施隐蔽自己卫星反侦察、防截获的技术措施,应主要考虑两个方面,即被动的反侦察、防截获和主动的全方位电磁欺骗。

(2)实现空间系统信息抗干扰的主要技术途径有星上抗干扰处理技术、星上抗干扰天线技术、星上跳/扩频技术、星间链路技术、数据传输差错控制技术、数据存储转发技术等。

(3)空间信息加密从实现加密的手段来看,目前有硬件加密和软件加密两大类。为了解决目前加密和解密速度比较慢的问题,可为特定的算法设计专门的硬件电路来完成整个运算,因此速度快。此外,硬件加密设备上需采用控制电磁辐射等技术以防止加密硬件内的重要信息被敌方用电磁手段获取。

(4)空间信息网络保护方式主要是指空间信息网中对等实体之间的鉴别、访问控制、完整性校验、计算机安全检测、防火墙和卫星计算机及其附属电子设备的防电磁泄漏等方式。具体技术包括鉴别技术、访问控制技术、完整性校验技术、计算机安全检测技术、防火墙技术、防电磁泄漏技术(TEMPEST)。此外,加固、隐蔽、伪装等措施也是有效的空间信息防护方式。

5)空间信息对抗的途径

空间信息对抗的途径包括天对天信息对抗、地对天信息对抗和天对地信息对抗3种,见图10-9。

(1)天对天信息对抗,是指在太空战场运用各种天基进攻力量及其武器系统,对敌方运行于太空中的各种武器装备实施的干扰、打击、摧毁和捕获等破坏行动。天对天对抗的"硬杀伤"途径主要有轨道封锁和空间拦截及摧毁等,"软杀伤"途径主要有有源干扰和无源干扰。

图 10-9　空间信息对抗的途径

（2）地对天信息对抗，主要指利用地基平台部署的干扰机以及发射的动能武器、定向能武器和导弹等，对航天器等天基目标实施攻击，将其摧毁或使其失去正常工作能力的行动。其中，对空间目标的干扰主要包括对通信链路和测控链路的干扰。

（3）天对地信息对抗，即使用天基干扰系统、天基激光器等干扰攻击地面信息系统中心、通信节点、卫星地球站和其他信息系统等。从太空攻击地面目标，一般主要采用电磁辐射对抗和激光对抗的方式。

3．信息对抗技术

1）光电对抗

光电对抗指利用光电对抗装备，对敌方光电观瞄器材和光电制导武器进行侦察、干扰或摧毁，以削弱或破坏其作战效能，同时保护己方光电器材和武器的有效使用。光电对抗包括光电侦察和光电干扰两种功能。光电侦察是利用光电装备查明敌方光电器材的类型、特性和方位等信息，为实施光电干扰提供依据。光电侦察有主动和被动两种方式，主动侦察采用滤光探照灯和激光雷达等装备；被动侦察采用红外、激光告警器，见图 10-10。

图 10-10　光电对抗

2）网络战

网络战是为干扰和破坏敌方网络信息系统，并保证己方网络信息系统的正常运行而采取的一系列网络攻防行动。网络战分为两大类：一类是战略网络战；另一类是战场网络战,见图 10-11。

图 10-11　网络战

战略网络战又有平时和战时两种。平时战略网络战是，在双方不发生有火力杀伤破坏的战争情况下，一方对另一方的金融网络信息系统、交通网络信息系统、电力网络信息系统等民用网络信息设施及战略级军事网络信息系统，以计算机病毒、逻辑炸弹、黑客等手段实施的攻击。而战时战略网络战则是，在战争状态下一方对另一方战略级军用和民用网络信息系统的攻击。

战场网络战旨在攻击、破坏和干扰敌军战场信息网络系统和保护己方信息网络系统，其主要方式有：利用敌接收路径和各种"后门"，将病毒送入目标计算机系统；让黑客利用计算机开放结构的缺陷和计算操作程序中的漏洞，使用专门的破译软件，在系统内破译超级用户的口令；将病毒植入计算机芯片，需要时利用无线遥控等手段将其激活；采用各种管理和技术手段，对己方信息网络系统严加防护。当然，战场网络战的作战手段也可用于战略网络战。

3）病毒武器

目前天基信息攻击武器主要集中在计算机病毒武器的研究上。其中的关键是如何将带计算机病毒的电磁辐射信息向敌方的信息系统中的未加防护或防护薄弱环节进行辐射，从而注入病毒，造成敌信息系统的"瘫痪"。目前的研究热点是射频病毒注入技术。计算机病毒的投放方法很多，主要有预先设伏、无线注入、有线插入、网络入侵、邮件传播、节点攻击等多种方式。

在空间信息对抗中无线注入是一种重要手段。无线注入是将计算机病毒转换成病毒代码数据流（即无线电信号），将其调制到电子设备发射的电磁波中，通过无线电发射机辐射到敌方无线电接收机中，使病毒代码从电子系统的薄弱环节进入敌方系统。

实施计算机病毒无线注入的方式有 3 种：一是通过大功率计算机病毒微波发射枪（炮）或相应装置经过精确控制其电磁脉冲峰值向敌方计算机系统的特定部位注入计算机病毒，感染其计算机系统；二是利用大功率微波与计算机病毒的双调制技术直接耦合，以连续发射调制有计算机病毒的大功率微波，将计算机病毒注入正处于接收信息状态的计算机，从而进入敌方计算机系统；三是将计算机病毒转化为与数据通信网络可传输数据相一致的代码在战场空间和战区内以无线电方式传播利用敌信息侦察与截获信息情报的机会，让经特殊设计的计算机病毒被接收，继而使计算机病毒感染信息侦察系统及与之相连接的指挥控制信息系统。

10.2　生物信息安全技术

10.2.1　生物识别技术

1．生物识别概述

生物识别是通过计算机与光学、声学、生物传感器和生物统计学原理等高科技手段密切结合,利用人体固有的生理特性(如指纹、脸像、虹膜等)和行为特征(如笔迹、声音、步态等)来进行个人身份的鉴定。

生物识别技术指通过人类生物特征进行身份认证的一种技术,人类的生物特征通常具有唯一性、可以测量或可自动识别和验证、遗传性或终身不变等特点,因此生物识别认证技术较传统认证技术存在较大的优势。

生物识别技术分为初级、中级和高级三类。掌型识别、脸型识别、语音识别和签名识别等为初级;视网膜识别、虹膜识别和指纹识别等为中级;血管纹理识别、人体气味识别、DNA 识别等为高级。其中,指纹识别技术目前应用广泛的领域有门禁系统、微型支付等。

传统的身份鉴定方法包括身份标识物品(如钥匙、证件、ATM 卡等)和身份标识知识(如用户名和密码),但由于主要借助体外物,一旦证明身份的标识物品和标识知识被盗或遗忘,其身份就容易被他人冒充或取代。而生物识别技术比传统的身份鉴定方法更具安全性、保密性和方便性。生物特征识别技术具不易遗忘、防伪性能好、不易伪造或被盗、随身"携带"和随时随地可用等优点。

生物识别系统对生物特征进行取样,提取其唯一的特征并且转化成数字代码,并进一步将这些代码组成特征模板。由于微处理器及各种电子元器件成本不断下降,精度逐渐提高,生物识别系统逐渐应用于商业上的授权控制,如门禁、企业考勤管理系统安全认证等领域。用于生物识别的生物特征有手形、指纹、脸形、虹膜、视网膜、脉搏等,行为特征有签字、声音、按键力度等。基于这些特征,人们已经发展了手形识别、指纹识别、面部识别、发音识别、虹膜识别、签名识别等多种生物识别技术。

2．生物识别种类

目前已出现了许多生物识别技术,如指纹识别、手掌识别、虹膜识别、视网膜识别、面部识别、签名识别、声音识别等。

(1)指纹识别。指纹识别有多种方法。其中有些是仿效传统的公安部门使用的方法,比较指纹的局部细节;有些直接通过全部特征进行识别;还有一些使用更独特的方法,如指纹的波纹边缘模式和超声波。有些设备能即时测量手指指纹,有些则不能。在所有生物识别技术中,指纹识别是当前应用最为广泛的一种。

(2)手掌识别。即通过测量使用者的手掌和手指特征进行识别,高级的产品还可以识别三维图像。手掌识别不仅性能好,而且使用比较方便。它适用的场合是用户人数比较多,或者用户虽然不经常使用,但使用时很容易接受。

(3)声音识别。即通过分析使用者的声音的物理特性来进行识别的技术。现今,虽然已经有一些声音识别产品进入市场,但使用起来还不太方便,这是因为传感器和人的声音可变性很大。

（4）视网膜识别。即使用光学设备发出的低强度光源扫描视网膜上独特的图案。有证据显示,视网膜扫描十分精确,但它要求使用者注视接收器并盯着一点。这对于戴眼镜的人来说很不方便,而且与接收器的距离很近,也让人不太舒服。所以尽管视网膜识别技术本身很好,但用户的接受程度很低。

（5）虹膜识别。它是与眼睛有关的生物识别中对人产生较少干扰的技术。它使用相当普通的照相机元件,而且不需要用户与机器发生接触。另外,它有能力实现更高的模板匹配性能。因此,它吸引了各种人的注意。

（6）签名识别。其优势是人们习惯将签名作为一种在交易中确认身份的方法,它的进一步发展也不会让人们觉得有太大不同。实践证明,签名识别是相当准确的,因此签名很容易成为一种可以被接受的识别符。

（7）面部识别。又称人脸识别、面容识别等,面部识别使用通用的摄像机作为识别信息获取装置。以非接触的方式获取识别对象的面部图像,计算机系统在获取图像后与数据库图像进行比对,以完成识别过程。

（8）基因识别。基因识别是一种利用 DNA 指纹进行的生物识别技术,即使用生物学实验或计算机等手段识别 DNA 序列上的具有生物学特征的片段。

（9）静脉识别。使用近红外线读取静脉模式,与存储的静脉模式进行比较进行识别的技术。其工作原理是依据人类手指中流动的血液可吸收特定波长的光线,而使用特定波长光线对手指进行照射,可得到手指静脉的清晰图像,再将其与事先注册的手指静脉特征进行比对,从而确认登录者的身份。

（10）步态识别。即使用摄像头采集人体行走过程的图像序列,进行处理后同存储的数据进行比较,来达到身份识别的目的。步态识别作为一种生物识别技术,具有其他生物识别技术所不具有的独特优势,即在远距离或低视频质量情况下的识别潜力,且步态难以隐藏或伪装等。步态识别主要是针对含有人的运动图像序列进行分析处理,通常包括运动检测、特征提取与处理和识别分类 3 个阶段。

（11）人物识别。又叫人脸识别,或称人像识别,运用人工智能领域内先进的生物识别技术,特指利用分析比较人物视觉特征信息进行身份鉴别的计算机技术。人物识别概述广义的人物识别实际包括构建人物识别系统的一系列相关技术,包括人物图像采集、人物定位、人物识别预处理、身份确认及身份查找等;而狭义的人物识别特指通过人物进行身份确认或者身份查找的技术或系统。

10.2.2　人工免疫

1. 人体免疫系统的定义

人体免疫系统是覆盖全身的防卫网络。保护身体的第一道防线为皮肤、黏膜及其分泌液、细胞膜、呼吸道、胃肠道、尿道及肾脏。第二道防线为:吞噬作用、抗菌蛋白和炎症反应。第三道防线主要有免疫器官(扁桃体、淋巴结)、胸腺、骨髓、脾脏等。

免疫细胞的功能是:保护人体免于病毒、细菌、污染物质及疾病的攻击。清除新陈代谢后的废物及免疫细胞与敌人打仗时遗留下来的病毒死伤尸体。修补受损的器官和组织,使其恢复原来的功能。记忆入侵者信息,当下次有同样的"抗原"入侵时便以此"抗体"将其消灭。

淋巴细胞,包括有 T 细胞、β 细胞及第三族群细胞。T 细胞及 β 细胞各执行不同功能,并且此两种细胞在表面都具有抗原受器。另一种第三族群细胞则没有这些受器。

吞噬细胞可分为单核球及多形核颗粒球。单核球则是指巨噬细胞及抗原呈现细胞,多形颗粒球则包括研究嗜中性球、嗜碱性球、嗜酸性球、肥大细胞及血小板。

2. 人工免疫研究

1) 人工免疫系统简介

20 世纪 80 年代,Farmer 等人率先基于免疫网络学说给出了免疫系统的动态模型,并探讨了免疫系统与其他人工智能方法的联系,开始了人工免疫系统的研究。直到 1996 年 12 月,在日本首次举行了基于免疫性系统的国际专题讨论会,首次提出了“人工免疫系统”(AIS)的概念。随后,人工免疫系统进入了兴盛发展时期,D. Dasgupta 和焦李成等认为人工免疫系统已经成为人工智能领域的理论和应用研究热点。1997 年和 1998 年 IEEE 国际会议还组织了相关专题讨论,并成立了“人工免疫系统及应用分会”。D. Dasgupta 系统分析了人工免疫系统和人工神经网络的异同,认为在组成单元及数目、交互作用、模式识别、任务执行、记忆学习、系统鲁棒性等方面是相似的,而在系统分布、组成单元间的通信、系统控制等方面是不同的,并指出自然免疫系统是人工智能方法灵感的重要源泉。Gasper 等认为多样性是自适应动态的基本特征,而人工免疫系统是比遗传算法更好地维护这种多样性的优化方法。

由于免疫系统本身的复杂性,有关算法机理的描述还不多见,相关算子也比较少。L. D. Castro、J. Kim、杜海峰、焦李成等基于抗体克隆选择机理相继提出了克隆选择算法。Nohara 等基于抗体单元的功能提出了一种非网络的人工免疫系统模型。而两个比较有影响的人工免疫网络模型是 Timmis 等基于人工识别球(Artificial Recognition Ball,AR),AR 概念提出的资源受限人工免疫系统(Resource Limited Artificial Immune System,RLAIS)和 Leandro 等模拟免疫网络响应抗原刺激过程提出的 aiNet 算法。

2) 基于人工免疫的网络安全研究

基于人工免疫的网络安全研究内容主要包括反病毒和抗入侵两个方面。针对反病毒和抗入侵等网络安全问题,国内外研究人员也设计了大量的算法、模型和原型系统。较有代表性的两个工作:一是 IBM 公司的研究人员 J. O. Kephart 等人提出的用于反病毒的计算机免疫系统;二是 S. Forrest 等人提出的可用于反病毒和抗入侵两个方面的非选择算法。

(1) J. O. Kephart 等人提出的计算机免疫系统。通过模拟生物免疫系统的各个功能部件以及对外来抗原的识别、分析和清除过程,IBM 公司的 J. O. Kephart 等研究人员设计了一种计算机免疫模型和系统,用于计算机病毒的识别和清除。该免疫反病毒模型是一个初步完整的免疫反病毒模型。对已知病毒,该系统依据已知病毒特征和相应的病毒清除程序来识别和消灭计算机病毒。对未知病毒,该系统主要是设计“饵”程序来捕获病毒样本,在“饵”程序受感染后对其进行自动分析并提取病毒特征,设计相应的病毒清除程序。当计算机发现并分析了未知病毒特征时,可将所产生的病毒特征和宿主程序恢复信息传播到网上邻近计算机中,从而使网络上的其他计算机很快就具有了对付该病毒的能力。该原型系统是一个病毒自动分析系统,它仅仅从结构和功能上来模拟生物免疫系统,而没有深入研究生物免疫系统完成这些功能的具体机制并建立和设计相应的模型和算法。

（2）非选择算法。S. Forrest 等人在分析 T 细胞产生和作用机制的基础上，提出了一个非选择算法。T 细胞在成熟过程中必须经过阴性选择，使得可导致自身免疫反应的 T 细胞克隆死亡并被清除，这样成熟的 T 细胞将不会识别"自我"，而与成熟 T 细胞匹配的抗原性异物则被识别并清除。非选择算法是一个变化检测算法，具有不少优点，但它不是一个自适应学习算法。非选择算法自提出后就受到众多研究人员的关注并对其进一步研究。目前，在非选择算法和免疫系统中的学习机制相结合方面已有了一定的进展。

（3）其他。此外还有其他很多具有相当影响的相关模型、算法和原型系统，如 R. E. Marmelstein 等人提出的用于反病毒的计算机病毒免疫分层模型和系统，D. Dasgupta 等人提出的基于免疫自主体的入侵检测系统框架等。在国内，王煦法项目组则从免疫功能特征、免疫进化学习原理、理论免疫学说等多个角度针对入侵检测系统、反病毒方面进行了相关算法、模型设计，并针对反病毒和抗入侵分别设计了相应的原型系统。

3. 人工免疫系统的应用

基于免疫系统模型已广泛地用于以下几个方面。

（1）模式识别。免疫系统的识别能力广泛应用于模式识别方面，主要涉及克隆选择、阴性选择和免疫网络等仿生机理。De Castro 研究了基于克隆选择机理的字符识别问题，采用状态空间表示待识别的模式闭。

（2）信息安全。免疫系统的防御机理可用于设计计算机信息安全系统。Forrest 基于免疫系统的自己-非己识别机理，首先提出了反向选择算法，用于检测被保护数据的改变。实验表明，这种方法能有效地检测到文件由于感染病毒而发生的变化。

（3）异常检测与故障诊断。Dasgupta 用反向选择算法检测时间序列数据中的异常，被监测系统的正常行为模式定义为"自己"，观测数据中任何超过一定范围的变化被认为是"非己"（即异常）。Costa Branco 等提出了一个具有二模块的人工免疫故障监测算法，这一算法被应用到感应电机的故障诊断中。刘树林等将反向选择算法应用于压缩机振动的在线检测。

（4）智能控制。将免疫机制引入控制领域，对解决复杂的动态自适应控制难题提供了崭新的思路。Kumar 将免疫算法、遗传算法和神经网络相结合，设计了一个自适应神经控制系统来控制复杂被控对象。

10.2.3　机器人与自主武器

1. 机器人概述

1920 年捷克斯洛伐克作家雷尔·卡佩克发表了科幻剧《罗萨姆的万能机器人》。在剧本中，卡佩克把捷克语"Robota"写成了"Robot"，"Robota"是农奴的意思。该剧预告了机器人的发展对人类社会的悲剧性影响，引起了大家的广泛关注，被当成了机器人的起源。

机器人是具有一些类似人的功能的机械电子装置或者叫自动化装置。它具有 3 个特点：一是有类人的功能，如作业功能、感知功能和行走功能；二是能完成各种动作；三是能根据人的编程自动地工作，可以改变它的工作、动作、工作对象和工作的一些要求。它是人造的机器或机械电子装置，所以这个机器人仍然是个机器，见图 10-12。

判断一个机器人是否是智能机器人，有 3 个基本特点：具有感知功能，即获取信息的功

图 10-12　机器人

能,机器人通过"感知"系统可以获取外界环境信息,如声音、光线、物体温度等;具有思考功能,即加工处理信息的功能,机器人通过"大脑"系统进行思考,它的思考过程就是对各种信息进行加工、处理和决策的过程;具有行动功能,即输出信息的功能,机器人通过"执行"系统(执行器)来完成工作,如行走、发声等。

美国科幻小说家阿西莫夫总结出了著名的"机器人三原则":第一,机器人不可伤害人,或眼看着人将遇害而袖手不管;第二,机器人必须服从人给它的命令,当该命令与第一条抵触时不予服从;第三,机器人必须在不违反第一和第二项原则的情况下保护自己。

2. 机器人的发展阶段

1947 年美国橡树岭国家实验室产生了世界上第一台主从遥控的机器人,用于核燃料搬运和处理。机器人的发展经历了 3 个阶段。

1)第一阶段

第一代机器人,也叫示教再现型机器人,它是通过计算机来控制一个多自由度的机械,通过示教存储程序和信息,工作时把信息读取出来,然后发出指令,这样机器人可以重复地根据人当时示教的结果,再现出这种动作。例如汽车的点焊机器人,它只要把这个点焊的过程示教完以后,再重复这一工作,它对于外界的环境没有感知,操作力的大小、工件存在与否、焊得好与坏它并不知道,这种第一代机器人就存在这种缺陷,见图 10-13。

图 10-13　第一代机器人

2）第二阶段

在 20 世纪 70 年代后期，人们开始研究第二代机器人，叫带感觉的机器人，这种带感觉的机器人是类似人在某种功能的感觉，如力觉、触觉、滑觉、视觉、听觉和人进行类比，有了各种各样的感觉。例如，在机器人抓一个物体时，它用力的大小能感觉出来，它能够通过视觉去感受和识别物体的形状、大小和颜色。抓一个鸡蛋，它能通过触觉知道它的力的大小和滑动情况，见图 10-14。

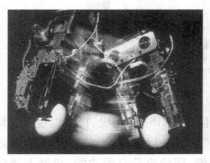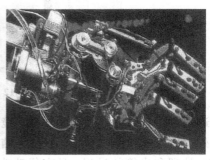

图 10-14　第二代机器人

3）第三阶段

第三代机器人也是机器人学中一种理想的也是所追求的最高级的阶段，叫智能机器人，只要告诉它做什么，而不用告诉它怎么去做，它就能完成运动，感知思维和人机通信的这种功能和机能。这一阶段目前的发展还是相对的，只是在局部有这种智能的概念和含义，但真正完整意义的智能机器人实际上并不存在，只是随着科学技术的不断发展，智能的概念越来越完整，它的内涵越来越丰富，见图 10-15。

图 10-15　第三代机器人

3. 自主机器人

自主机器人是其本体自带各种必要的传感器和控制器，在运行过程中无外界人为信息输入和控制的条件下，可以独立完成一定任务的机器人。

其组成如下：

① 视觉系统，获取环境图像，对图像进行颜色分割，识别环境目标，感知环境状态，并将结果发给决策程序。

② 决策系统，接收视觉系统的辨识结果，对环境进行分析，做出合理决策，将命令发送给底层控制系统。

③ 底层控制系统,通过串口接收上位机的命令,控制各轮行走和其他操作,将底层传感器的数据通过串口发送给上位机。

④ 通信系统,通过无线网络与外界联系。

4. 自主武器

自主武器指能够在无人干预情况下独立搜索、识别并攻击目标的一种新式武器,包括目前某些防御武器所具有的能够拦截来袭的导弹、火箭弹和炮弹或附近飞机的自主模式均属于自主武器的雏形。作为一种新式武器,有专家认为其出现可能改变战争模式,而其在随后发展中是否能够区分平民和军事目标也受到国际人道组织的关注。

自主武器在国际上并没有一个明确而广泛接受的定义。红十字国际委员会将其定义为:可以根据自身所部署的环境中不断变化的情况,随时学习或调整运转的武器。真正的自主武器能够在无人干预或操控的情况下搜索、识别并使用致命武力攻击包括人类在内的目标(敌军战斗员)。也有人将自主武器称为"杀手机器人",即具有某种形式人工智能的移动系统,能够在无人控制的情况下在动态环境中运行。但无人机不属于自主武器,因为其必须由人员操作,其属于遥控武器。全自主武器目前尚不存在,但值得注意的是目前该类武器均具有某种位置、部分自主和识别攻击目标的功能。不过,有些高科技军事单位正着手发展,或已经部署某些自主性更强,能够自动调整的试验型装备。美国、中国、德国、以色列、韩国、俄罗斯和英国都已投入研究。据预测,全自主武器将在 20~30 年内被研制成功并部署。自主武器的研发已带给人们更多的担忧,因为它无法区分军事目标和平民,从而违反人道法。此外,由于自主武器的操作者不明,谁应为武器的过错承担责任变得扑朔迷离。

10.2.4　人工智能与安全

1. 人工智能概念

人工智能(Artificial Intelligence,AI)是一门综合了计算机科学、生理学、哲学的交叉学科。人工智能的研究课题涵盖面很广,从机器视觉到专家系统,包括许多不同的领域。其特点是让机器学会"思考"。为了区分机器是否会"思考",有必要给出"智能"的定义。究竟"会思考"到什么程度才叫智能?

人工智能学科是计算机科学中涉及研究、设计和应用智能机器的一个分支。它的近期主要目标在于研究用机器来模仿和执行人脑的某些智力功能,并开发相关理论和技术。

人工智能是智能机器所执行的通常与人类智能有关的智能行为,如判断、推理、证明、识别、感知、理解、通信、设计、思考、规划、学习和问题求解等思维活动。

2. 人工智能历史

人工智能的发展并非一帆风顺,它经历了以下几个阶段。

第一阶段:20 世纪 50 年代人工智能的兴起和冷落。人工智能概念首次提出后,相继出现了一批显著的成果,如机器定理证明、跳棋程序、通用问题求解程序、LISP 表处理语言等。但由于消解法推理能力有限,以及机器翻译等的失败,使人工智能走入了低谷。

第二阶段:20 世纪 60 年代末到 70 年代,专家系统使人工智能研究出现新高潮。DENDRAL 化学质谱分析系统、MYCIN 疾病诊断和治疗系统、PROSPECTIOR 探矿系统、Hearsay-Ⅱ语音理解系统等专家系统的研究和开发,将人工智能引向实用化,并且 1969 年成立了国际人工智能联合会议。

第三阶段：20世纪80年代，第五代计算机使人工智能得到了很大发展。日本1982年开始了第五代计算机研制计划，即知识信息处理计算机系统KIPS，其目的是使逻辑推理达到数值运算那么快。虽然此计划最终失败，但它的开展形成了一股研究人工智能的热潮。

第四阶段：20世纪80年代末，神经网络飞速发展。1987年，美国召开第一次神经网络国际会议，宣告了这一学科的诞生。此后，各国在神经网络方面的投资逐渐增加，神经网络迅速发展起来。

第五阶段：20世纪90年代，人工智能再次出现新的研究高潮。随着互联网技术的发展，人工智能由单个智能主体转向基于网络环境下的分布式人工智能研究。不仅研究基于同一目标的分布式问题求解，而且研究多个智能主体的多目标问题求解，将人工智能更面向实用。另外，Hopfield多层神经网络模型的提出使人工神经网络研究与应用出现了欣欣向荣的景象。

第六阶段：2000年至今，人工智能进入"数据挖掘"时代。随着各种机器学习算法的提出和应用，特别是深度学习技术的发展，人们希望机器能够通过大量数据分析，从而自动学习出知识并实现智能化水平。这一时期，随着计算机硬件水平的提升、大数据分析技术的发展，机器采集、存储和处理数据的水平有了大幅提高。

3. 人类智能学派

符号主义，又称为逻辑主义、心理学派或计算机学派，其原理主要为物理符号系统假设和有限合理性原理。符号主义认为，人工智能源于数学逻辑，人的认知基元是符号，而且认知过程即符号操作过程，通过分析人类认知系统所具备的功能和机能，然后用计算机模拟这些功能来实现人工智能。

连接主义，又称为仿生学派或生理学派，其原理主要为神经网络及神经网络间的连接机制与学习算法。连接主义认为，人工智能源于仿生学，特别是人脑模型的研究，人的思维基元是神经元，而不是符号处理过程，因而人工智能应着重于结构模拟，也就是模拟人的生理神经网络结构，功能、结构和智能行为是密切相关的，不同的结构表现出不同的功能和行为。

行为主义，又称进化主义或控制论学派行为主义，它认为人工智能源于控制论，智能取决于感知和行动，提出了智能行为的"感知-动作"模式，智能不需要知识、表示和推理；人工智能可以像人类智能一样逐步进化；智能行为只能在现实世界中与周围环境交互作用下表现出来。

4. 安全问题

在大数据时代，数据的价值远远超过其本身。人工智能数据挖掘技术可以从大数据中发现知识、规律和趋势，为决策提供信息参考，使数据的价值被释放。然而近年出现的各种数据泄露大事件，对企业造成了严重的负面影响。因此，如何保护数据安全已经成为企业信息安全建设中的重中之重。

在金融领域，信息泄露使用户面临巨大风险。金融领域的信息加密技术远远跟不上人工智能的发展。爆破式系统攻击很容易撬开金融系统的脆弱防卫。金融系统的操作风险与其系统脆弱性不无关系，这使黑客进入系统的可能性增加，也给魔鬼操作员更便捷的途径。

人工智能技术给新闻行业带来的影响也是全方位的。具体表现在：一是新闻偏见和新闻失衡难以被发现和控制；二是媒介的舆论监督作用被削弱；三是公众的信息安全和著作权得不到基本保障；四是智能信息推荐系统很容易使受众深陷"信息茧房"。

已故著名学者霍金已多次在公开场合发表声明，对人工智能表示出极大的担忧，并认为人工智能巨大的风险将会完全取代人类。人工智能技术发展的目标是开发出比人类更聪明，而且能独立学习，不需要任何人工编程或干预的系统。但这种能力所造成的影响是未知的。事实是机器没有道德、悔恨或情绪。人工智能无法区分"好"和"坏"，没有人的感觉，这就使其决策时存在不可预见性和可怕性。

10.3 新技术与安全

10.3.1 可信计算

1. 可信计算概述

"可信计算"的英语有多个词，如 Trusted Computing、Trustworthy Computing、Dependable Computing。学术界把可信计算定义为："系统提供可信赖的计算服务的能力，而这种可信赖性是可以验证的"。从行为角度，可信计算组织（Trusted Computing Group，TCG）定义的可信计算为：一个实体是可信的，它的行为总是可预期的。可信计算的核心思想是：构造"信任链"和"信任度量"的概念，如果从初始的"信任根"出发，在平台环境的每一次转换时，这种信任可以通过"信任链"传递的方式保持下去而不被破坏，那么平台计算环境就始终是可信的。

可信性用来定义计算机系统的这样一种性质，即能使用户有理由认为系统所提供的各种服务确实是可以充分信赖的。因此，可信性不仅包含了可靠性、可用性、健壮性、可测试性、可维护性等内容，而且强调可存活性、保险性、安全性，它体现了对开放式网络环境下分布计算系统整体性能质量的评价，并侧重于数据完整性和软件保护能力的度量。

可信计算平台（Trusted Computing Platform，TCP）是能够提供可信计算服务的计算机软、硬件实体，它具有可靠性、可用性和信息的安全性。可信计算平台以 TPM（Trusted Platform Module）为信任根，为计算机系统信任验证提供了一种可行机制。可信计算机系统由硬件平台、操作系统、应用程序和网络系统多个层次组成。目前的 TCP 只是以 TPM 为核心提供了可信硬件平台。

安全操作系统是通过可信计算基（Trusted Computing Base，TCB）实现安全功能的。可信计算基指系统内保护装置的总体，包括硬件、固件、软件和负责执行安全策略的组合体。国标 GB 17859 要求最高等级安全操作系统的可信计算基 TCB 必须满足访问监控器需求，应能仲裁主体对客体的全部访问，应防篡改，足够小，能够分析和测试。

TPM（Trusted Platform Module，可信赖平台模块）可作为安全操作系统 TCB 的一个重要组成部分，其物理可信和一致性验证功能为安全操作系统提供了可信的安全基础。TPM 是一个可信硬件模块，由执行引擎、存储器、I/O、密码引擎、随机数生成器等部件组成，主要完成加密、签名、认证、密钥产生等安全功能，一般是一个片上系统（System on Chip，SoC），是物理可信的。TPM 提供可信的度量、度量的存储和度量的报告。

可信计算组织 TCG 通过定义一系列的规范来描述建立可信机制需要使用的各种功能

和接口,主要包括 TPM 主规范、TSS 主规范、可信 PC 详细设计规范、针对 CC 的保护轮廓等。由于 TCG 具有强烈的商业背景,其真正的用意在于数字版权保护。

2. 可信计算的发展历程

可信计算的形成有一个历史过程。在可信计算的形成过程中,容错计算、安全操作系统和网络安全等领域的研究使可信计算的含义不断拓展。由侧重硬件可靠性和可用性,到针对硬件平台和软件系统服务的综合可信,适应了 Internet 应用系统不断拓展的发展需要。

1) 容错计算阶段

在计算机领域,对于"可信"的研究可追溯到第一台计算机的研制。那时人们就认识到,不论怎样精心设计,选择多么好的元件,物理缺陷和设计错误总是不可避免的,所以需要各种容错技术来维持系统的正常运行。计算机研制和应用初期,对计算机硬件比较关注。但是,对计算机高性能的需求使得时钟频率大大提高,因而降低了计算机的可靠性。随着元件可靠性的大幅度提高,可靠性问题有所改善。此后人们还关注设计错误、交互错误、恶意推理、暗藏入侵等人为故障造成的各种系统失效状况,研发了集成故障检测技术和冗余备份系统的高可用性容错计算机。

2) 安全操作系统阶段

1967 年计算机资源共享系统的安全控制问题引起了美国国防部的高度重视,国防科学部旗下的计算机安全任务组的组建,拉开了操作系统安全研究的序幕。在探索如何研制安全计算机系统的同时,人们也在研究如何建立评价标准,衡量计算机系统的安全性。1983年,美国国防部颁布了历史上第一个计算机安全评价标准,这就是著名的可信计算机系统评价标准,简称 TCSEC 1331,又称橙皮书。1985 年,美国国防部对 TCSEC 进行了修订。TCSEC 标准是在基于安全核技术的安全操作系统研究的基础上制定出来的,标准中使用的可信计算机就是安全核研究成果的表现,与当前的可信计算有密切的联系。

3) 网络安全阶段

随着 Internet 的普及,人们对其依赖也越来越强。互联网已成为人们生活的一部分。然而,Internet 是一个面向大众的开放系统,对于信息的保密和系统安全考虑不完善。从技术角度来说,保护网络的安全包括两个方面的技术内容。

(1) 开发各种网络安全应用系统,包括身份认证、授权和访问控制、IPSec、电子邮件安全、认证与电子商务安全、防火墙、VPN、安全扫描、入侵检测、安全审计、网络病毒防范、应急响应以及信息过滤技术等,这些系统一般可独立运行于网络平台之上。

(2) 将各种与网络安全相关的组件或系统组成网络可信基,内嵌在网络平台中,受网络平台保护。从这两方面的技术发展来看,前者得到了产业界的广泛支持,并成为主流的网络安全解决方案。后者得到学术界的广泛重视,学术界还对"可信系统(Trusted system)"和"可信组件(Trusted component)"进行了广泛的研究。1987 年,美国国家计算机安全中心提出的可信网络解释就是这一技术的标志性成果。

现在,微软、英特尔等 190 家公司参加的可信计算平台联盟(TCPA)都在致力于数据安全的可信计算,包括研制密码芯片、特殊的 CPU、母板或操作系统安全内核。

3. 国内可信计算的研究进展

我国有关部门早在 20 世纪 90 年代便研制了微机安全保护卡,目的就是监控终端所有的安全事故。2000 年起,国家密码管理委员会办公室开始对可信计算技术的研究进行立项,武汉瑞达科技有限公司较早申请了立项研究。该公司依托武汉大学的技术力量,独立进行了"安全计算机"体系机构和关键技术的研究与实践。

2004 年 6 月,瑞达公司推出了国内首款自主研发的具有 TPM 功能的可信安全计算机。随后,通过国家鉴定。当月,中国首届 TCP 技术论坛在武汉召开。同年 9 月,国家相关领导机构召开了一次专门的 TCP 技术研讨会,首次将全球 TCP 相关技术专家、厂商召集在一起,探讨可信计算的未来。10 月份,我国第一届可信计算与信息安全学术会议在武汉大学召开。

总体而言,我国企业对可信计算技术的关注和投入研发是比较及时的。2005 年 4 月,联想和兆日科技基于可信计算技术的 PC 安全芯片(TPM)安全产品正式推出。此后不久,采用联想"恒智"安全芯片的联想开天 M400S 以及采用兆日 TPM 安全芯片(SSX35)的清华同方超翔 S4800、长城世恒 A 和世恒 S 系列安全 PC 产品纷纷面世。2005 年 12 月 10 日,在北京召开的第七届信息与通信安全国际会议上,国内有关安全产品在会上进行了展示。为了交流国内可信计算研究领域的研究成果和经验,促进可信计算技术的发展,展示在可信计算领域的最新科研成果、应用技术及产品,我国于 2006 年 8 月举办第二届全国可信计算学术会议。

经过几年的不懈努力,"安全 PC"产业链在我国已初步形成。不少厂商除研究可信终端外,还在研究可信网络设备、可信服务器等,旨在所有的网络节点中建立可信机制,最终形成一个全国性的可信网络。我国已跻身于世界上少数研制出可信 PC 国家之列,但由于我国信息安全技术整体水平的限制,加之企业规模小、缺乏足够的经济实力,可信计算技术目前尚未实现规模性和产业化,市场也未成熟。

从国家层面看,2005 年出台的国家"十一五"规划和"863 计划"都将"可信计算"列入重点支持项目,并有较大规模的投入与扶植,2005 年初,我国可信计算标准工作组正式成立,有关可信计算标准目前正在抓紧进行。可信计算呈现出信息安全主管部门重视,重要用户和企业关注的特点,相关工作正在有条不紊地积极开展。

2005 年 1 月,全国信息安全标准化技术委员会在北京成立了 WG1 TC260 可信计算工作小组。WG3 也开展了可信计算密码标准的研究工作。国家"十一五"期间已经将可信计算列入国家发改委信息安全专项目录,"863 计划"也正在启动可信计算专项。在基础研究层面已经把可信计算列为重大专项,先启动可信软件,投资额度也很大,达 1.5 亿元。

10.3.2　物联网及安全

1. 物联网定义

物联网是新一代信息技术的重要组成部分,其英文名称是"The Internet of things"。顾名思义,"物联网就是物物相连的互联网"。这有两层意思:第一,物联网的核心和基础仍然是互联网,是在互联网基础上的延伸和扩展的网络;第二,其用户端延伸和扩展到了任何物品与物品之间,进行信息交换和通信。因此,物联网的定义是通过射频识别(RFID)、红外感应器、全球定位系统、激光扫描器等信息传感设备,按约定的协议,把任何物品与互联网相连接,进行信息交换和通信,以实现对物品的智能化识别、定位、跟踪、监控和管理的一种网络,见图 10-16。

物联网指无处不在的末端设备（Devices）和设施（Facilities），包括具备"内在智能"的传感器、移动终端、工业系统、楼控系统、家庭智能设施、视频监控系统等和"外在使能"（Enabled）的，如贴上 RFID 的各种资产（Assets）、携带无线终端的个人与车辆等"智能化物件或动物"或"智能尘埃"（Mote），通过各种无线／有线的长距离／短距离通信网络实现互联互通（M2M）、应用大集成（Grand Integration）以及基于云计算的 SaaS 营运等模式，提供安全可控乃至个性化的实时在线监测、定位追溯、报警联动、调度指挥、预案管理、远程控制、安全防范、远程维保、在线升级、统计报表、决策支持、领导桌面（集中展示的 Cockpit Dashboard）等管理和服务

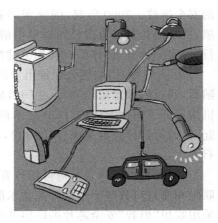

图 10-16　物联网

功能，实现对"万物"的高效、节能、安全、环保、管、控、营一体化。

2. 物联网发展历史

物联网最早可追溯到 1990 年施乐公司的网络可乐贩卖机 Networked Coke Machine。

1999 年在美国召开的移动计算和网络国际会议上 MIT Auto-ID 中心的 Ashton 教授首先提出物联网的概念。

2003 年美国《技术评论》提出传感网络技术将位居未来改变人们生活的十大技术之首。

2005 年 11 月 17 日，在突尼斯举行的信息社会世界峰会（WSIS）上，国际电信联盟（ITU）发布《ITU 互联网报告 2005：物联网》报告。

2009 年 1 月 28 日，奥巴马就任美国总统后，与美国工商业领袖举行了一次"圆桌会议"，作为仅有的两名代表之一，IBM 首席执行官彭明盛首次提出"智慧地球"这一概念，建议新政府投资新一代的智慧型基础设施。当年，美国将新能源和物联网列为振兴经济的两大重点。

2009 年 8 月，温家宝总理在视察中国科学院无锡物联网产业研究所时，对于物联网应用也提出了一些看法和要求。自温总理提出"感知中国"以来，物联网被正式列为国家五大新兴战略性产业之一，写入"政府工作报告"，物联网在中国受到了全社会极大的关注。

3. 物联网技术

从技术架构上来看，物联网可分为 3 层，即感知层、网络层和应用层。

（1）感知层由各种传感器以及传感器网关构成，包括二氧化碳浓度传感器、温度传感器、湿度传感器、二维码标签、RFID 标签和读写器、摄像头、GPS 等感知终端。感知层的作用相当于人的眼耳鼻喉和皮肤等神经末梢，它是物联网识别物体、采集信息的来源，其主要功能是识别物体和采集信息。

（2）网络层由各种私有网络、互联网、有线和无线通信网、网络管理系统和云计算平台等组成，相当于人的神经中枢和大脑，负责传递和处理感知层获取的信息。

（3）应用层是物联网和用户（包括人、组织和其他系统）的接口，它与行业需求结合，实现物联网的智能应用。

物联网的行业特性主要体现在其应用领域内，目前绿色农业、工业监控、公共安全、城市

管理、远程医疗、智能家居、智能交通和环境监测等各个行业均有物联网应用的尝试,某些行业已经积累一些成功的案例。

4. 物联网安全概念

物联网安全指物联网硬件、软件及其系统中的数据受到保护,不受偶然的或者恶意的原因而遭到破坏、更改和泄露,物联网系统可连续、可靠、正常地运行,物联网服务不中断。物联网系统的安全是要保障物联网应用系统在信息采集、汇聚、传输、处理、决策等全过程中安全可靠。

物联网安全要求:保密性,避免非法用户读取机密数据;数据鉴别能力,避免节点被恶意注入虚假信息;设备鉴别,避免非法设备接入物联网;完整性,校验数据是否被修改;可用性,确保感知网络的服务任何时间都可提供给合法用户。

面对物联网安全威胁,其安全体系应该包括以下 3 个部分。

(1) 数据安全。通过安全定位,在物联网恶攻的条件下,仍能有效、安全地确定节点位置;安全数据融合,任何情况下保证融合数据的真实和准确的方法,保证处理数据的保密性、完整性和时效性。

(2) 网络安全。通过安全路由,防止因误、滥用路由协议而导致网络瘫痪或信息泄露;容侵容错,网络传输层技术应避免入侵或攻击对系统造成的影响,还应使用网络可扩展、负载均衡等策略为应用层提供数据服务。

(3) 节点安全。通过安全、有效的密钥管理机制、高效冗余的密码算法、较高量级的安全协议为网络传输层和应用层提供安全基础设施。

5. 物联网安全挑战

(1) 互联网的脆弱性。互联网在设计之初,由于其目标是设计一种主要用于研究和军事目的的网络,相对比较封闭,并没有考虑安全问题,互联网本身并不保障安全性,这是当前互联网安全问题日益严重的根源。互联网所具有的安全问题,物联网同样具有。

(2) 复杂的网络环境。物联网将组网的概念延伸到了现实生活的物品中,从某种意义上来说,现实生活将建设在物联网中,从而导致物联网的组成非常复杂,复杂性带来了不确定性,我们无法确定物联网信息传输的各个环节是否被未知的攻击者控制,复杂性可以说是安全的最大障碍。

(3) 无线信道的开放性。为了满足物联网终端自由移动的需要,物联网边缘一般采用无线组网的方式,但是无线信道的开放性使其很容易受到外部信号干扰和攻击;同时,无线信道不存在明显边界,外部观测者可以很容易监听到无线信号。

(4) 物联网终端的局限性。一方面,无线组网方式使物联网面临着更为严峻的安全形势,使其对安全提出了更高要求;另一方面,物联网终端一般是一种微型传感器,其处理、存储能力以及能量都比较低,导致一些对计算、存储和功耗要求较高的安全措施无法加载。

(5) 无线网络攻击升级。无线网络比有线网络更容易受到入侵,因为被攻击端的计算机与攻击端的计算机并不需要网线设备上的连接,攻击者只要在你所在网域的无线路由器或中继器的有效范围内,就可以进入内部网络访问资源。近几年针对无线终端、手机、显示屏物理设备的劫持和控制的演示已成为主流。目前,通过智能手机和手持设备发起攻击的技术不断完善。一个非常简单的设备如手机、计算机就可以攻破智能卡。

（6）经济利益诱惑。任何一个社会高度依赖的大众化基础设施，都将会吸引一些恶意攻击者的破坏。物联网的价值巨大，它将影响并控制现实世界中的事件，并且包含一些非常有价值的信息，从而不可避免地受到攻击者的极度关注。针对物联网的攻击主要表现在以下几个方面：利用漏洞的远程设备控制；标签复制和身份窃取；非授权数据访问；破坏数据完整性；传输信号干扰；拒绝服务。

（7）国家和社会的安全。在物联网发展的高级阶段，由于物联网具有感知、计算和执行能力，广泛存在的感知设备将会对国家、社会、企业和个人信息安全构成新的威胁。一方面，由于物联网具有网络技术种类上的兼容和业务范围上无限扩展的特点，因此当大到国家电网数据小到个人病例情况都接到看似无边界的物联网时，将可能导致更多的公众个人信息在任何时候、任何地方被非法获取；另一方面，随着国家重要的基础行业和社会关键服务领域如电力、医疗等都依赖于物联网和感知业务，国家基础领域的动态信息将可能被窃取。所有这些问题使得物联网安全上升到国家层面，成为影响国家发展和社会稳定的重要因素。

6. 网络安全技术局限

信息安全专家国富安认为，从物联网概念传入中国之初到现在，随着物联网建设的加快，物联网的安全问题必然成为制约物联网全面发展的重要因素。

与传统网络相比，物联网感知节点大都部署在无人监控的环境，具有能力脆弱、资源受限等特点，并且由于物联网是在现有的网络基础上扩展了感知网络和应用平台，传统网络安全措施不足以提供可靠的安全保障，从而使得物联网的安全问题具有特殊性。所以在解决物联网安全问题时，必须根据物联网本身的特点设计相关的安全机制。

由于物联网设备可能是先部署后连接网络，而物联网节点又无人值守，所以如何对物联网设备远程签约、如何对业务信息进行配置就成了难题。另外，庞大且多样化的物联网必然需要一个强大而统一的安全管理平台；否则单独的平台会被各式各样的物联网应用所淹没。但这样将使如何对物联网机器的日志等安全信息进行管理成为新的问题，并且可能割裂网络与业务平台之间的信任关系，导致新一轮安全问题的产生。传统的认证是区分不同层次的，网络层的认证负责网络层的身份鉴别，业务层的认证负责业务层的身份鉴别，两者独立存在。但是大多数情况下，物联网机器都有专门的用途，因此其业务应用与网络通信紧紧地绑在一起，很难独立存在。

10.3.3　云计算及安全

1. 云计算概述

1）云计算概念

狭义云计算指IT基础设施的交付和使用模式，指通过网络以按需、易扩展的方式获得所需资源；广义云计算指服务的交付和使用模式，指通过网络以按需、易扩展的方式获得所需服务。云计算的核心思想是将大量用网络连接的计算资源统一管理和调度，构成一个计算资源池向用户按需服务。提供资源的网络被称为"云"。"云"中的资源在使用者看来是可以无限扩展的，并且可以随时获取，按需使用，随时扩展，按使用付费。

云计算是网格计算、分布式计算、并行计算、效用计算、网络存储、虚拟化、负载均衡等传统计算机和网络技术发展融合的产物。事实上，许多云计算部署依赖于计算机集群（但与网格的组成、体系机构、目的和工作方式大相径庭),也吸收了自主计算和效用计算的特点。通过使计算分布在大量的分布式计算机上,而非本地计算机或远程服务器中,企业数据中心的运行将与互联网更相似。这使得企业能够将资源切换到需要的应用上,根据需求访问计算机和存储系统。好比是从古老的单台发电机模式转向了电厂集中供电的模式。它意味着计算能力也可以作为一种商品进行流通,就像煤气、水电一样,取用方便,费用低廉。最大的不同在于,它是通过互联网进行传输的。

2) 云计算服务

云计算可以认为包括以下几个层次的服务,即基础设施即服务(IaaS)、平台即服务(PaaS)和软件即服务(SaaS)。云计算服务通常提供通用的通过浏览器访问的在线商业应用,软件和数据可存储在数据中心。

基础设施即服务(Infrastructure-as-a-Service,IaaS)消费者通过 Internet 可以从完善的计算机基础设施获得服务。

平台即服务(Platform-as-a-Service,PaaS)指将软件研发的平台作为一种服务,以 SaaS 的模式提交给用户。因此,PaaS 也是 SaaS 模式的一种应用。但是,PaaS 的出现可以加快 SaaS 的发展,尤其是加快 SaaS 应用的开发速度。

软件即服务(Software-as-a-Service,SaaS)是一种通过 Internet 提供软件的模式,用户无须购买软件,而是向提供商租用基于 Web 的软件来管理企业经营活动。相对于传统的软件,SaaS 解决方案有明显的优势,包括较低的前期成本、便于维护、快速展开使用等。

3) 云计算体系架构

云计算的三级分层为云软件、云平台和云设备。

上层分级:云软件 SaaS 打破以往大厂垄断的局面,所有人都可以在上面自由挥洒创意,提供各式各样的软件服务。参与者是世界各地的软件开发者。

中层分级:云平台 PaaS 打造程序开发平台与操作系统平台,让开发人员可以通过网络撰写程序与服务,一般消费者也可以在上面运行程序。参与者是 Google、微软、苹果、Yahoo。

下层分级:云设备 IaaS 将基础设备(如 IT 系统、数据库等)集成起来,像旅馆一样,分隔成不同的房间供企业租用。参与者有英业达、IBM、戴尔、升阳、惠普、亚马逊等公司。

2. 云计算安全

1) 云计算安全威胁

云计算服务对信息安全带来了巨大冲击:在云平台中运行的各类云应用没有固定不变的基础设施,没有固定不变的安全边界,难以实现用户数据安全与隐私保护;云服务所涉及的资源由多个管理者所有,存在利益冲突,无法统一规划部署安全防护措施;云平台中数据与计算高度集中,安全措施必须满足海量信息处理需求。

裴小燕和张尼在《信息通信技术(2012-1)》上发表《浅析云计算安全》一文,对云中数据安全、应用安全、虚拟化安全、云服务滥用等问题进行了分析和归纳。

(1) 云中数据安全。云计算环境下,用户的所有数据直接存储在云服务商的公有云服务器中,对于私有云来说,公有云存放的数据将存在一定的风险。

(2) 应用安全。由于云环境的灵活性、开放性以及公众可用性等特性,给应用安全带来了很大挑战。云服务商在部署应用程序时应当充分考虑未来可能引发的安全风险。对于使用云服务的用户而言,应提高安全意识,采取必要措施,保证云终端的安全。

（3）虚拟化安全。虚拟化是云计算的重要特色，虚拟化技术有效加强了基础设施、平台、软件层面的扩展能力，但虚拟化技术的应用使得传统物理安全边界缺失，传统的基于安全域/安全边界的防护机制难以满足虚拟化下多租户应用模式，用户信息安全使用户信息隔离问题在共享物理资源环境下的保护更为迫切。

（4）云服务滥用。云计算平台为用户提供低门槛的使用接口，这为不法分子利用云平台提供了机会。如利用庞大的网络资源和计算资源，组织大规模 DDoS 攻击，这样的攻击往往难以防范及溯源。另外，通过对用户整体情况统计分析，可获取我国舆情动向、经济运行情况等重要数据。这将对我国政治、经济、文化安全构成极大威胁。

2）云计算安全概念

（1）云计算安全的定义。

在云计算出现之后，云计算就与安全有着密切的联系，产业界和学术界因此提出了云安全的概念。对于云安全一词，目前还没有明确的定义。但是，云安全可以从两方面来理解。第一，云计算本身的安全通常称为云计算安全，主要是针对云计算自身存在的安全隐患，研究相应的安全防护措施和解决方案，如云计算安全体系架构、云计算应用服务安全、云计算环境的数据保护等，云计算安全是云计算健康可持续发展的重要前提。第二，云计算在信息安全领域的具体应用称为安全云计算，主要利用云计算架构，采用云服务模式，实现安全的服务化或者统一安全监控管理。

（2）云安全 CSA 模型。

当前，美国国家标准与技术研究所（National Institute of Standards and Technology，NIST）给出的 3 种服务模型已经被广泛接受并成为业内的事实规范。这 3 种服务模式包括基础设施即服务 IaaS 模式、平台即服务 PaaS 模式和软件即服务 SaaS 模式。例如，亚马逊公司提供的以亚马逊网络服务（AWS）为框架的服务器、存储、带宽、数据库以及信息接口的资源服务模式，就是比较典型的 IaaS 模式；而微软公司的 Azure 服务平台提供一系列可供开发的操作系统，也看作是一种 PaaS 服务模式。

根据其所属层次不同，针对上述 3 类服务模式，云安全联盟 CSA 提出了基于基本云服务的层次性及其依赖关系的安全参考模型，如图 10-17 所示。该模型主要反映了从云服务模型到安全控制模型的映射。该安全模型的突出特点是提供商所在的等级越低，云计算用

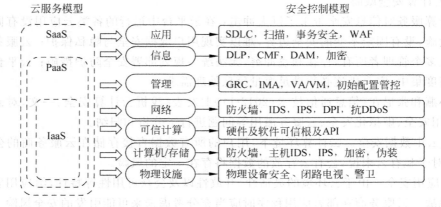

图 10-17　CSA 云计算安全模型

户所要自行承担的安全能力和管理职责就越多。进而 CSA 模型是可以允许用户有条件获取所需安全配置信息以及运行状态信息的,也允许用户部署实施自有专用安全管理软件来保证自己数据的安全。

10.3.4 普适计算与无线网络

1. 普适计算概述

1) 计算的历程

综观计算机技术的发展历史,计算模式经历了第一代的主机(大型机)计算模式和第二代的 PC(桌面)计算模式,第三代计算为普适计算(Pervasive computing 或 Ubiquitous computing)。普适计算是当前计算技术的研究热点,也称为第三种计算模式。

在主机计算时代,计算机是稀缺资源,人与计算机的关系是多对一的关系。20 世纪 80 年代,PC 开始流行,计算模式也随之跨入桌面计算时代。这时人与计算机的关系演变为一对一的关系。进入 21 世纪,计算模式也开始跨入普适计算时代。在普适计算时代,各种具有计算和联网能力的设备将变得像现在的水电纸笔一样,随手可得,人与计算机的关系将发生革命性的改变,变成一对多的关系。

2) 普适计算定义

普适计算指在普适环境下使人们能够使用任意设备、通过任意网络、在任意时间都可以获得一定质量的网络服务的技术。

普适计算是在网络技术和移动计算的基础上发展起来的,其重点在于提供面向客户、统一、自适应的网络服务。普适环境主要包括网络、设备和服务;网络环境包括 Internet、移动网络、电话网、电视网和各种无线网络等。普适计算设备更是多种多样,包括计算机、手机、汽车、家电等能够通过任意网络上网的设备;服务内容包括计算、管理、控制、资源浏览等,见图 10-18。

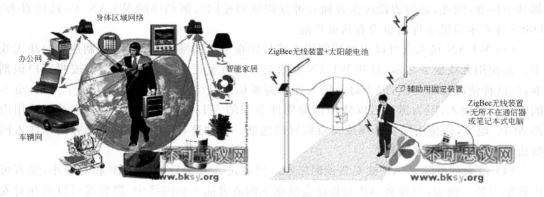

图 10-18　普适计算系统

普适计算具有以下特点:在任何时间、任何地点、任何方式的方便服务,不同的网络(不同协议、不同带宽)、不同的设备(屏幕、平台、资源)、不同的个人偏好等。

3) 普适计算的发展历史

普适计算由施乐公司 PALOATO 研究中心的首席技术官 Mark Weiser 于 1991 年提出:21 世纪的计算将是一种无所不在的计算(Ubiquitous Computing)模式。1999 年,IBM

提出普适计算(又叫普及计算)的概念。IBM 认为,实现普适计算的基本条件是计算设备越来越小,方便人们随时随地佩戴和使用。在计算设备无时不在、无所不在的条件下,普适计算才有可能实现。1999 年开始的 UbiComp 国际会议、2000 年开始的 Pervasive Computing 国际会议和 2002 年 IEEE Pervasive Computing 期刊的创刊都标志着普适计算研究的开始。

　　早在 20 世纪 90 年代中期,作为普适计算研究的发源地,Xerox Parc 研究室的科学家就曾预言普适计算设备(智能手机、PDA 等)的销量将在 2003 年前后超过代表桌面计算模式的 PC,这一点已经得到了验证。据 IDC 统计,2001 年美国和西欧的 PC 销量已经开始进入平稳期,甚至开始下滑,而在同期,手机和 PDA 的销量却大幅度攀升,在很多国家,手机的拥有量已经超过了 PC。

2. 无线网络安全问题与对策

　　1) 安全问题

　　无线网络已成为当今黑客最感兴趣的目标之一。与有线网络不同,无线网络是在空中传输数据的,而且通常传输范围大于机构的物理边界。尤其值得注意的是,如果使用了功能强大的定向天线,WLAN 可以方便地扩展到设计规定的大厦以外。这种情况使传统物理安全控制措施失去效力,因为无线频率范围内的所有人都能看到传输的内容。

　　(1) 干扰无线通信容易。简单的干扰发送器就能使通信瘫痪。例如,不断对 AP(传统有线网络中的 Hub)提出接入请求,无论成功与否,最终都会耗尽其可用的无线频谱,将它"踢出"网络。相同频率范围以内的其他无线服务可以降低 WLAN 技术的范围和可用带宽。用于在手机和其他信息设备之间通信的"蓝牙"技术是当今与 WLAN 设备使用相同无线频率的诸多技术之一。这些有意或无意的拒绝服务(DoS)攻击都可以严重干扰 WLAN 设备的操作。

　　(2) 多数 WLAN 设备都使用直接排序扩展频谱(DSSS)通信。由于多数 WLAN 设备都基于标准,因此,必须假设攻击者拥有可以调整到相同传播顺序的 WLAN 卡,这样看来,DSSS 技术本身既不保密也没有认证功能。

　　(3) WLAN 接入点可以识别按照烧入或打印在卡上的唯一 MAC 地址制造的每块无线卡。在使用无线服务之前,某些 WLAN 要求对卡进行登记。然后,接入点将按照用户识别卡,但这种情况比较复杂,因为每个接入点都需要访问这个表。即使实施了这个方案,也不能防止黑客侵入,因为黑客可以使用借助固件下载的 WLAN 卡,这些 WLAN 卡不适用内部 MAC 地址,而使用随机选择或特意假冒的地址。借助这种假冒的地址,黑客可以注入网络流量,或者欺骗合法用户。

　　(4) 最大的危险是 AP 被安装到网络中。黑客进入大楼后,由于 AP 相对较小,黑客可以隐秘安装。例如,只要将 AP 安装在会议桌下面或者插入到网络中,黑客就可以从相对安全的地方侵入网络,如位于停车场的汽车内。另外,还存在遭受中间人(MITM)攻击的可能性。借助可以假冒成可信 AP 的设备,黑客可以像在自己设备上一样操作无线帧。

　　2) 对策

　　要消除这种危险,企业可以使用政策和防范步骤。

　　(1) 从政策角度看,思科建议企业在整体安全政策的基础上制定完整的无线网络政策。这种无线政策至少应禁止 IT 不支持的 AP 连接到网络中。从步骤角度看,IT 部门应该定期检查办公区,看有无欺诈性 AP。这种检查包括物理搜索和无线扫描。几家厂商提供的工具都可以检查某个区域是否存在无线 AP。

（2）从实施角度看,以太网交换机都能按照连接客户机的 MAC 地址限制对某些端口的访问。这些控制可以识别与端口相连的第一个 MAC 地址,然后防止后续 MAC 地址连接。通过控制还可以防止规定数量以上的 MAC 地址连接。这些特性都可以解决欺诈 AP 问题,但都会增加管理负担。在大企业中管理 MAC 地址表本身就可能成为全职工作。还需要注意的是,在会议室里很难知道哪些系统将与某个网络端口相连。由于会议室是黑客安装欺诈 AP 的目标,因此,可以禁止从所有会议室进行有线网络接入。总之,从会议室提供对网络的无线接入是当今企业选择部署无线 LAN 技术的主要原因之一。

3. WiFi 标准

WPA2 是 WPA 的升级版,是 WiFi 联盟对采用 IEEE 802.11i 安全增强功能产品的认证计划。WPA2 是基于 WPA 的一种新的更为安全的加密算法。该算法几乎无懈可击,即使是暴力破解也是“不可能完成的任务”,字典破解猜密码则像买彩票。这说明无线网络环境越来越安全,覆盖范围越来越大,速度也越来越快。2006 年 3 月 WPA2 已经成为一种强制性的标准。

10.3.5　量子通信

1. 量子通信

量子通信是利用量子纠缠效应进行信息传递的一种新型的通信方式。量子通信是近 20 年发展起来的新型交叉学科,是量子论和信息论相结合的新的研究领域。量子通信主要涉及量子密码通信、量子远程传态和量子密集编码等,近来这门学科已逐步从理论走向实验,并向实用化方向发展。高效安全的信息传输日益受到人们的关注。基于量子力学的基本原理,并因此成为国际上量子物理和信息科学的研究热点。

量子通信系统的基本部件包括量子态发生器、量子通道和量子测量装置。按其所传输的信息是经典还是量子而分为两类。前者主要用于量子密钥的传输,后者则可用于量子隐形传态和量子纠缠的分发。隐形传送指的是脱离实物的一种“完全”的信息传送。从物理学角度可以这样来想象隐形传送的过程：先提取原物的所有信息,然后将这些信息传送到接收地点,接收者依据这些信息选取与构成原物完全相同的基本单元,制造出原物完美的复制品。但是,量子力学的不确定性原理不允许精确地提取原物的全部信息,这个复制品不可能是完美的。因此,长期以来隐形传送不过是一种幻想而已。

2. 量子密码术

量子密码术是密码术与量子力学结合的产物,它利用了系统所具有的量子性质。量子密码术并不用于传输密文,而是用于建立和传输密码本。根据量子力学的不确定性原理以及量子不可克隆定理,任何窃听者的存在都会被发现,从而保证密码本的绝对安全,也就保证了加密信息的绝对安全。最初的量子密码通信利用的都是光子的偏振特性,目前主流的实验方案则用光子的相位特性进行编码。首先想到将量子物理用于密码术的是美国科学家威斯纳。他于 1970 年提出,可利用单量子态制造不可伪造的“电子钞票”。但这个设想的实现需要长时间保存单量子态,不太现实。

3. 量子信息学

量子力学的研究进展导致了新兴交叉学科"量子信息学"的诞生,为信息科学展示了美好的前景。另外,量子信息学的深入发展,遇到了许多新课题,反过来又有力地促进量子力学自身的发展。当前量子信息学无论在理论上还是在实验上,都在不断取得重要突破,从而激发了研究人员更大的研究热情。但是,实用的量子信息系统是宏观尺度上的量子体系,人们要想做到有效地制备和操作这种量子体系的量子态目前还是十分困难的。其应用主要在下面 3 个方面,即保密通信、量子算法和快速搜索。

4. 国内量子通信的发展

中国科学院物理所于 1995 年以 BB84 方案在国内首次做了演示性实验,华东师范大学用 B92 方案做了实验,但也是在距离较短的自由空间里进行的。2000 年,中国科学院物理所与研究生院合作,在 850nm 的单模光纤中完成了 1.1km 的量子密码通信演示性实验。

2008 年 8 月 12 日,美国《国家科学院院刊》发表了中国科学技术大学潘建伟教授关于量子容失编码实验验证的研究成果。潘建伟小组首次在国际上原理性地证明了利用量子编码技术可以有效克服量子计算过程中的一类严重错误——量子比特的丢失,为光量子计算机的实用化发展扫除了一个重要障碍。

2012 年潘建伟等人在国际上首次成功实现百公里量级的自由空间量子隐形传态和纠缠分发,为发射全球首颗"墨子号"量子通信卫星奠定了技术基础。国际权威学术期刊《自然》杂志 8 月 9 日重点介绍了该成果,见图 10-19。

2017 年 9 月 29 日,世界首条量子保密通信干线——"京沪干线"正式开通。中国科学家成功实现了

图 10-19　"墨子号"量子通信卫星

洲际量子保密通信。这标志着中国在全球已构建出首个天地一体化广域量子通信网络雏形,为未来实现覆盖全球的量子保密通信网络迈出了坚实的一步。

10.3.6　大数据与安全

1. 大数据概述

大数据(Big data)指无法在一定时间范围内用常规软件工具进行捕捉、管理和处理的数据集合,是需要新处理模式才能具有更强的决策力、洞察发现力和流程优化能力的海量、高增长率和多样化的信息资产。大数据具有 Volume(大量)、Velocity(高速)、Variety(多样)、Value(低价值密度)、Veracity(真实性)等特点。

随着现代社会的高速发展以及信息流通,人们之间的交流越来越密切,生活也越来越方便。有人把数据比喻为蕴藏能量的煤矿。对于很多行业而言,如何利用这些大规模数据是赢得竞争的关键。例如,对大量消费者提供产品或服务的企业可以利用大数据进行精准营销;做小而美模式的中小微企业可以利用大数据做服务转型;面临互联网压力之下必须转型的传统企业需要与时俱进,充分利用大数据的价值。2015 年 9 月,国务院印发《促进大数据发展行动纲要》,系统部署了我国大数据发展的工作。

大数据时代,人们的思维也要随之变革。第一,利用所有的数据,而不再仅仅依靠部分

数据,即不是随机样本,而是全体数据;第二,唯有接受不精确性才有机会打开一扇新的世界之窗,即不是精确性,而是混杂性;第三,不是所有的事情都必须知道现象背后的原因,而是要让数据自己"发声",即不是因果关系,而是相关关系。

大数据的出现诞生了很多处理分析工具:

① Hadoop 是大量数据分布式处理的软件框架,是一个能够让用户轻松架构和使用的分布式计算平台。

② HPCC 即高性能计算与通信平台。

③ Storm 是自由开源软件,一个分布式的、容错的实时计算系统。

④ Apache Drill 是一种分布式海量数据交互式查询引擎。

⑤ RapidMiner 是数据挖掘解决方案。

2. 大数据安全风险与挑战

大数据时代,传统的信息安全手段已经不能满足大数据时代的信息安全要求,对大数据进行安全防护变得更加困难,数据的分布式处理也加大了数据泄露的风险。

(1) 云计算设施为数据窃密创造了上佳的条件,安全威胁将持续加大。随着大数据、云计算技术的发展和应用,越来越多的大数据出现在云端,而大数据在云端的集中存储处理,使得安全保密风险也向云端集中,一旦云端服务器违规外联或被攻击,海量信息可在瞬间被集中窃取。

(2) 大数据成为网络攻击的重点目标,加大了信息泄露风险。大数据的"大",体现在数据被不断地处理和利用后其价值会越来越大,因此,大数据更易成为攻击者重点关注的大目标。美国"棱镜门"事件显示,美国通过云计算和大数据技术,利用收集的公开数据并进行分析所获得的开源情报占其情报总量的 80%~90%,凸显了大数据时代信息泄露风险不断加剧。

(3) 大数据成为高级可持续威胁(APT)的攻击载体和网络攻击手段。数据挖掘和数据分析之类的大数据技术可以被攻击者用来发起高级可持续威胁攻击。攻击者将 APT 攻击代码隐藏在大数据中,利用大数据发起僵尸网络攻击,能够同时控制大量傀儡机并发起攻击,使得攻击更加精准,从而严重威胁网络安全。

(4) 增加了隐私泄露的风险。在电子邮件、记录存档、社交网络等方面每天都有大量数据产生,其中包含大量的个人隐私。大数据的产生也增加了个人隐私泄露的风险,这些用户的数据中不仅有企业运营的数据,也有用户个人的隐私以及用户网络浏览等行为,一旦用户个人的信息泄露,被不法分子利用,则可能会造成用户个人的财产损失,甚至威胁到用户的人身安全。

思　考　题

10-1　什么是国家网络空间安全?

10-2　国家为什么要进行网络监管? 什么是其权力泛用?

10-3　军事信息对抗有几种形式?

10-4　什么是生物识别? 有几种生物识别技术?

10-5　什么是人工免疫？什么是人工免疫系统？

10-6　什么是机器人？什么是自主武器？

10-7　什么是人工智能？有几个人工智能学派？

10-8　人工智能有哪几方面安全问题？人工智能会代替人类吗？

10-9　什么是可信计算？

10-10　什么是物联网？其安全风险有哪几方面？

10-11　什么是云计算？其有什么安全威胁？

10-12　什么是普适计算？WiFi有标准吗？

10-13　什么是量子通信？其特点是什么？我国量子通信的国际地位如何？

10-14　什么是大数据？大数据有什么安全风险？

第 2 部分 基本操作能力

第 2 部分　基本操作能力

第 11 章 微机操作与实验

11.1 微 机 操 作

11.1.1 微机操作方法

1. 微机启动

1）正常启动微机的步骤

接通电源，打开显示器，再打开主机电源。微机进行硬件测试，测试通过后开始启动操作系统。如果用户不是在网络环境下运行，开机后就可以直接进入 Windows 10 界面。如果用户是在网络环境下运行，还要按屏幕上的提示，输入用户名和密码。如果计算机中同时安装了 Windows 10 和其他操作系统，计算机首先显示多操作系统启动界面，通过按方向键↑和↓来选择 Windows 10 系统，并按 Enter 键进入。启动完成，显示器屏幕上显示 Windows 10 桌面。

2）非正常启动

在 Windows 10 系统运行的过程中，如果因为某些程序运行出错而导致键盘、鼠标操作无反应，或出现其他故障造成的死机，可以重新启动微机。非正常启动方法有以下几种。

（1）按 Ctrl＋Alt＋Del 组合键，弹出"Windows 安全"对话框，移动鼠标指针到"任务管理器"选项，单击左键，弹出"Windows 任务管理器"窗口，如图 11-1 所示。在其"应用程序"选项卡的任务列表中，选择出现故障的任务，并单击"任务结束"按钮，关闭所选择的程序，然后再用其他方式重新启动。

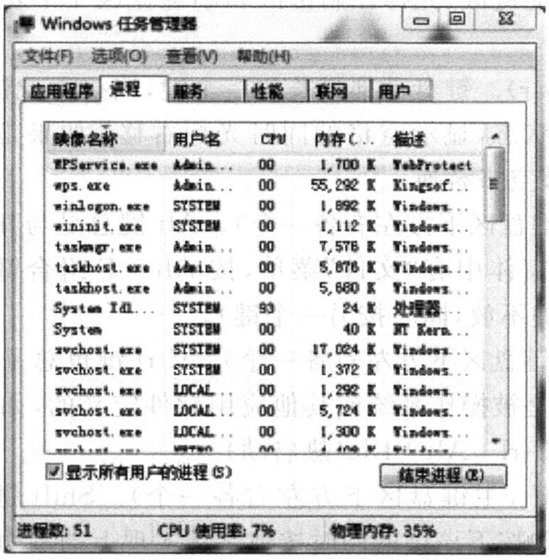

图 11-1 Windows 任务管理器

（2）按主机面板上的复位（Reset）按钮，重新启动计算机系统。

以上两种方法都不能启动计算机时，只能按住主机电源开关不放，直到断电，再按电源开关重新启动。

2．关闭微机

在使用完计算机后，保存所有程序中处理的结果，关闭所有运行着的应用程序。单击任务栏上的"开始"按钮，单击"关机"选项，弹出"关闭 Windows"对话框。在"关闭 Windows"对话框中，"希望计算机做什么？"下拉列表提供的 4 个选项中选择"关机"选项，单击"确定"按钮即可关闭计算机。如果选择"重新启动"选项，将重新启动计算机。选择"等待"选项，将使计算机处于休眠状态以节省电能，但会将内存中所有内容全部保存在硬盘上。单击"取消"按钮，则表示不退出 Windows。

3．键盘使用

键盘输入是目前人机交流的主要方式之一，在熟悉键盘各个键位置的基础上，掌握正确的打字姿势和键盘指法，才能有效地访问计算机输入信息和控制计算机。观察键盘，认识微机标准键盘的布局，并熟悉各键的功能，如图 11-2 所示。

图 11-2　微机标准键盘的布局

键盘由主键盘区、功能键区、光标控制键区和小键盘区 4 个功能区组成，一些比较常用的字符键和控制键如下。

（1）空格键（Space Bar）。键盘下部最长的一个键，当按下此键时会得到一个空格。文本录入时，如果是在插入状态，显示空格的同时光标右移；如果是在改写状态（Insert 关闭状态），当前的字符就会被空格替换。

（2）转换键（Alt，主键盘区下方左右各一个）。Alt 键总是与其他键同时使用，一般作为快捷键使用。例如，当前窗体中有"文件"菜单，按 Alt＋F 组合键可以快捷地打开该菜单（注：＋号表示按住 Alt 键不放，同时按另一个键）。

（3）控制键（Ctrl，主键盘区下方左右各一个）。Ctrl 键也总是与其他键同时使用，组合实现各种功能，这些功能是被操作系统或其他应用软件定义的，如 Ctrl＋X（剪切）、Ctrl＋C（复制）、Ctrl＋V（粘贴）、Ctrl＋Alt＋Dle（热启动）。

（4）上挡切换键（Shift，主键盘区下方左右各一个）。Shift 键也需要与其他键同时使用，功能主要有两种：一是按下该键的同时按数字键实现上挡键功能，如按 Shift＋2 可输入数字键 2 上面的@；二是使小写状态临时转换为大写状态（注：按一次只对一个字符有效，需要连续使用时需多次按下或按住不放）。

（5）大写锁定键（CapsLock）。大、小写字母转换键。当设置为大写状态时，键盘右上角的"CapsLock"指示灯亮，灯灭表示当前是小写状态。

（6）回车键（Enter，小键盘区也有一个）。Enter 键一般是确认用的。按下该键后被选择的功能/按钮才被计算机确认并执行。另外，在文本录入时作为换行使用。

（7）退格键（←或 Backspace）。按一次键可以删除当前光标位置左边的一个字符，并将光标左移一个位置。

（8）制表定位键（Tab）。用来定位移动光标，每按一次 Tab 键，光标就跳到下一个位置（一般是 8 个字符位）。在程序窗口中，它可以作为移动当前焦点用，按一下焦点就移动到下一个对象上。

（9）取消键（Esc）。在应用程序中常用来取消某个操作，退回到上一级菜单等。

（10）拷屏键（PrintScreen）。拷屏键也称打印屏幕键，具有简单的截图功能。按一下可以把当前屏幕的信息复制到剪贴板中，然后可以按 Ctrl＋V 组合键粘贴到某个文档中。

（11）插入键（Insert）。在文本录入时，切换插入与改写状态。在插入状态下，输入的字符插在光标之前，光标后的字符后移；在改写状态下，输入的字符将覆盖光标处的原有字符。

（12）删除键（Delete）。按一次键可以删除当前光标位置右边的一个字符，并将光标右移一个位置，可对比一下退格键。

（13）数字锁定键（NumLock）。切换小键盘区的功能，按下此键后，键盘右上方的数字锁定指示灯"NumLock"亮，表示小键盘用来输入数字和进行四则运算；否则小键盘的功能与光标控制区相同，起移动光标的作用。

（14）鼠标使用。鼠标是一种通过手动控制光标位置的设备。现在系统普遍使用的是二键或三键的鼠标。操作鼠标可以做以下事情，如确定光标位置、从菜单栏中选取所要运行的菜单项、在不同的目录间移动复制文件并加快文件移动的速度。通常鼠标由左键、右键和滑轮来和计算机进行交互。对左键的操作分为单击和双击。单击左键一般用来确定光标位置，对计算机内的文件对象进行选择确定；双击左键一般用来启动应用程序。对鼠标右键的操作一般为单击，这样就可以启动相应的"右键菜单"。鼠标滑轮用于在应用软件使用中或者网页浏览中更新屏显内容。

11.1.2　指法练习

熟悉键盘布局后，就应该掌握微机键盘操作的正确姿势和基本指法，熟练找出键盘上常用键的位置，双手在键盘上的控制区域如图 11-3 所示。

使用计算机键盘时，键盘的高低位置要放置适当；要坐姿端正、腰背挺直，双脚自然地放在地面上；肩部放松，大臂自然下垂并微靠近身体，小臂与手腕略向上倾斜；手腕要放松，不可拱起也不可触到键盘；十指稍作弯曲，其中 8 个手指轻放在基准键上，两个大拇指轻置于空格上。注意，击键时眼睛要看屏幕而不是键盘，即"盲打"。

键盘上的 ASDFJKL；是 8 个基准键，F 键和 J 键上分别有一个凸起；左手小指、无名指、中指、食指分别放在 A、S、D、F 这 4 个键上，右手食指、中指、无名指、小指分别放在 J、K、L、"；"这 4 个键上。击键时用力适当，不可用力过猛或过轻，击键后各手指迅速返回到基准键上。

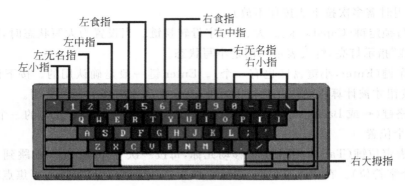

图 11-3　双手在键盘上的控制区域

　　为了键盘输入的高效和准确,使用键盘时采用了根据不同手指分区进行击键输入的方法。注意,除了常用的打字键区有指法分区外,小键盘区主要针对右手也进行了指法分区。如果是大量输入数字,采用正确的小键盘指法输入将会起到事半功倍的效果。

　　小键盘上的数字基准键是 4、5、6 这 3 个键,对应右手的食指、中指和无名指。5 键上一般有个小凸起。其中,右手食指负责 7、4、1、Num Lock 这 4 个键,右手中指负责 8、5、2、/ 这 4 个键,右手无名指负责 9、6、3、* 和小数点这 5 个键,右手小指负责 −、+、Enter 这 3 个键,还有一个键是 0,由大拇指负责。其实,用得最多的是 0～9 这 10 个数字和一个小数点,其他 6 个键使用频率相对较低。

11.1.3　打字软件介绍

　　金山打字是金山公司推出的系列教育软件,主要由金山打字通和金山打字游戏两部分构成,是一款功能齐全、数据丰富、界面友好、集打字练习和测试于一体的打字软件,适用于打字教学、电脑入门、职业培训、汉语培训等多种使用场景。金山打字通针对用户水平定制个性化的练习课程,循序渐进,提供英文、拼音、五笔、数字符号等多种输入练习,并为收银员、会计、速录等职业提供专业培训,其界面如图 11-4 所示。

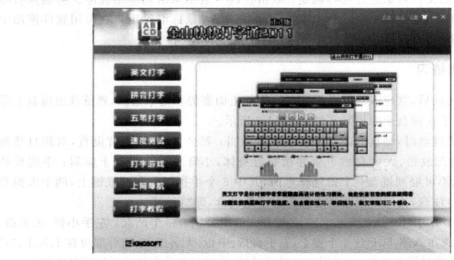

图 11-4　金山打字通界面

（1）英文打字。分为键位练习（初级）、键位练习（高级）、单词练习和文章练习。在键位练习部分，通过配图引导以及合理的练习内容安排，帮助用户快速熟悉、习惯正确的指法，由键位记忆到英文文章全文练习，逐步让用户盲打并提高打字速度，界面如图 11-5 所示。

图 11-5　英文打字练习界面

（2）拼音打字。其包括音节练习、词汇练习、文章练习。在音节练习阶段不但可以让用户了解拼音打字的方法，还可以帮助用户学习标准的拼音。同时还加入了异形难辨字练习、连音词练习、方言模糊音纠正练习以及 HSK（汉语水平考试）字词的练习。这些练习给初学汉语或者汉语拼音水平不高的用户提供了极大的方便，同时也非常适合中小学生及外国留学生的汉语教学工作。为拼音录入学习提供了全套的解决方案，界面如图 11-6 所示。

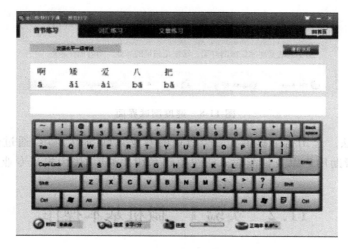

图 11-6　拼音打字练习界面

（3）五笔打字。分 86 和 98 两个版本的编码，从字根、简码到多字词组逐层逐级地练习，如图 11-7 所示。

图 11-7　　五笔打字练习界面

（4）速度测试。其包括屏幕对照、书本对照、同声录入 3 种方式。其中，书本对照功能允许用户自行选择要测试的内容，也可以将软件内置的测试文章打印出来，作为测试素材，如图 11-8 所示。

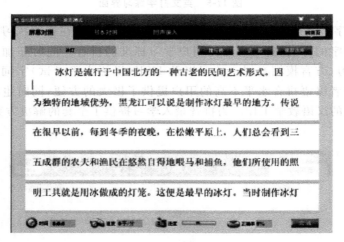

图 11-8　　速度测试界面

（5）其他用法。金山打字提供了多个行业的专业文章/词汇练习，通过使用金山打字的练习功能，可以帮助用户以及智能输入法快速熟悉相关词库，极大提高专业文章录入速度。

11.2　实验 1　微机基本操作

1. 实验目的

通过基本操作实验的学习，要求学生熟练掌握微机基本操作。

（1）熟练掌握微机启动、关闭的方法。

（2）掌握微机键盘和鼠标的使用，进行键盘指法练习。

2. 实验内容

（1）启动计算机，进入 Windows 10 系统。

（2）字母输入练习。打开一个文本文档，在其中输入下列字母，如有误请用右手小指按 Backspace 键删除：

Six hundred years ago Sir Johan Hawkwood arrived in Italy with a band of soldiers and settled near Florence He soon made a name for himself and came to be known to the Italians as Giovanni Acuto Whenever the Italian city states were at war with each other Hawkwood used to hire his soldiers to princes who were willing to pay the high price he demanded

（3）非字母键与综合打字练习。输入下列内容，如有误请用右手小指按 Backspace 键删除：

　　，，，，，，……。。。///；；！

　　：'？{}[]=+^

　　！@#$%^&*()_

　　！@#￥%……&*()——

　　、|\|<>《》

（4）将打字练习的文档保存在硬盘上，关闭所有应用程序。关闭计算机，切断电源。

第 12 章 Windows 操作与实验

12.1 Windows 基本操作

12.1.1 Windows 桌面与配置

启动 Windows 10 后,出现在用户面前的整个屏幕区域称为桌面,如图 12-1 所示。它是显示窗口、图标、菜单、对话框等的平台,也是 Windows 用户和计算机交互的工作区域。

图 12-1 Windows 10 桌面

1. 桌面上的图标

Windows 采用图形符号来表示计算机的各种资源,这些图形符号称为图标,由代表程序、文件、文件夹等各种对象的小图像和标题组成。每台计算机的桌面上的图标是不完全相同的,每个对象的图标也可以自行更换,但是一般在 Windows 10 的桌面上都有下列图标。

(1)我的电脑。“我的电脑”管理着计算机所有资源,包括文件、软硬件配置、控制面板等。双击桌面上的“我的电脑”图标,将在“我的电脑”窗口中显示计算机中有效的驱动器和文件夹等,利用“我的电脑”可以对文件夹及文件进行创建、移动、复制等所有有关文件的操作。

(2)我的文档。“我的文档”是 Windows 为计算机用户创建的个人文件夹,含有“图片收藏”“我的视频”“我的音乐”子文件夹,其中保存的文档、图形或其他文件可以得到快速访问,便于存取。在应用程序中保存文件时,如果没有选择其他位置,该文件将自动保存在“我的文档”中。

(3)回收站。“回收站”用于暂时存放被删除的文件及其他对象(通过 USB 接口的外接存储设备,删除文件及对象时不会存放进“回收站”)。

(4)网上邻居。“网上邻居”文件夹包含了工作组内的计算机、共享的打印机和整个网络等,可用于快速访问当前计算机所在的局域网中的硬件和软件资源及网络资源。例如,访问共享的网络打印机,就像访问自己的计算机上连接的打印机一样。

(5)Internet Explorer(IE)。IE 是一个集成的 Internet 套件,双击“IE”图标,可以快速

打开 Internet Explorer 浏览器,使用 Internet 网络上丰富的网络资源。

（6）桌面快捷方式图标。快捷方式图标是左下角带有弧形箭头的图标,双击这些图标可以快速启动程序或打开文件或文件夹。这些图标由用户根据需要在桌面上创建。

以上介绍的系统资源如果桌面上没有放置,用户可以通过"显示属性"进行添加。首先在桌面上单击鼠标右键,在弹出的快捷菜单中选择"桌面图标设置"命令,弹出图 12-2 所示对话框,可以给桌面添加"计算机""回收站""控制面板""Internet Explorer"等各类系统资源。

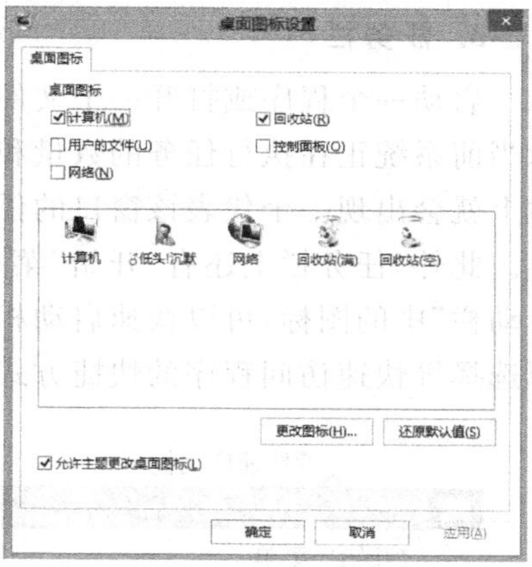

图 12-2　"桌面图标设置"对话框

2. "开始"按钮

"开始"按钮是 Windows 10 的一个重要按钮,用户对计算机的所有操作可以从这里开始。单击"开始"按钮,打开"开始"菜单,如图 12-3 所示。"开始"菜单由当前用户的名称、常用程序的快捷方式、所有程序、系统常用的文件夹和系统命令构成。将鼠标指针指向(单击)"所有程序",显示计算机当前安装的所有程序的列表。选择列表中的命令项,可以启动某个相应的程序。"我最近的文档"中包含最近使用过的15 个文档名,选择列表中的文档名可以快速打开最近用过的文档。

图 12-3　桌面"开始"菜单栏

3. 任务栏

启动一个程序或打开一个文件(夹)等操作通常称为执行一个任务,任务栏就是用来显示当前系统正在执行任务的数量和种类的区域。每启动一个程序或打开一个窗口后,任务栏上就会出现一个代表该窗口的任务按钮,单击该任务按钮可以快速地进行各窗口间的切换。此外,任务栏上还有"开始"菜单、快速启动栏及通知区域,如图 12-4 所示。单击"快速启动栏"中的图标,可以快速启动相应的程序。"通知区域"显示系统的时间及音量控制、电源选择等快速访问程序的快捷方式及提供关于活动状态信息的快捷方式。

图 12-4 任务栏

任务栏的位置、大小及是否锁定任务栏、显示任务栏及显示时钟等属性,用户可以通过调整"任务栏和'开始'菜单属性"对话框中的"任务栏"选项卡的设置进行重新设置和改动。

(1) 改变任务栏位置。通常任务栏显示在桌面的底部,如果用户需要,可将鼠标指针移至任务栏空白处,单击鼠标,可将任务栏拖动到屏幕的任何一边。

(2) 改变任务栏的大小。将鼠标指针移至任务栏的边缘,鼠标指针将变为双箭头形状,此时按住鼠标左键拖动任务栏,可使任务栏扩大或缩小。

(3) 任务栏的属性设置。在任务栏空白处单击鼠标右键,在弹出的快捷菜单中选择"属性"命令,打开"任务栏和'开始'菜单属性"对话框,如图 12-5 所示。

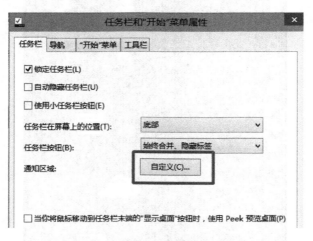

图 12-5 "任务栏和'开始'菜单属性"对话框

锁定任务栏:选择该复选框,任务栏被锁定,不能改变大小和位置。

自动隐藏任务栏:一般情况下,任务栏一直会在屏幕上出现,选择此项后任务栏就会在不需要的时候自动隐藏。当用户需要任务栏出现时,可以把鼠标指针移至任务栏消隐的位置,任务栏就会再度出现。

显示快速启动:选择该复选框,在任务栏上显示有快速启动栏,用户可以将桌面上经常使用文件的图标拖到"快速启动栏"中,便于快速启动;否则,快速启动栏隐藏。

将任务栏保持在其他窗口的前端：当窗口最大化时，任务栏总是在其他窗口的前面，即任务栏总是可见的。

分组相似任务栏按钮：选择此项，当任务栏上按钮太拥挤时，同一类型文件的按钮将会折叠为一个按钮，单击按钮上的下拉列表箭头，显示文件名列表，选择可进行切换。

显示时钟：选择此项后，在任务栏的右端将显示一个时钟，如果把鼠标指针放到这个时钟上，还会显示当前系统的日期信息。

"通知区域"显示的系统时间也是可以设置或修改的，双击任务栏右边的系统时间，可以打开"日期/时间属性"对话框进行设置。

① 时间和日期选项卡：用户可根据需要修改计算机的系统时间和日期。在对话框的日期选择区中可以设置日期。修改年、月、日；在对话框的时间选择区中可以设置时间，修改时、分、秒。

② 时区选项卡：用户可以根据所在的地区，在下拉列表中选取所需时区以实现时区的调整。中国应选择"(GMT+08：00)北京，重庆，香港特别行政区，乌鲁木齐"。也可以双击"控制面板"的"时间/日期"图标来打开"时间/日期属性"对话框进行设置。

12.1.2　Windows 文档与磁盘管理

1. Windows 文档管理

1) 创建文件和文件夹

用户可以通过选择"桌面"→"我的电脑"或"Windows 资源管理器"→"浏览"来创建新的文件或文件夹。

(1) 菜单。选择"文件"→"新建"→"相应的文件类型"或"文件夹"→输入相应的文件或文件夹名，按 Enter 键确认。

(2) 快捷菜单。用鼠标右键单击选定窗口的空白处，选择"新建"→"相应的文件类型"或"文件夹"→输入相应的文件或文件夹名，按 Enter 键确认。

(3) 工具创建法(只适合在部分窗口，前提是有"新建"的常用工具按钮)。单击即可创建某一类型的文件，在"保存"对话框中，会有新建文件夹的按钮，直接单击即可创建。

2) 重命名文件和文件夹

(1) 菜单。选择"文件"→"重命名"菜单命令，在输入新的名称后，按 Enter 键。

(2) 快捷菜单。单击鼠标右键，在弹出的快捷菜单中选择"重命名"命令，输入新的名称后，按 Enter 键。

(3) 鼠标单击。两次单击需重命名的文件或文件夹的"名字区"，输入新的名称后，按 Enter 键。

3) 选定文件或文件夹

可以通过以下几种方式进行。

(1) 单个文件或文件夹：单击该文件或文件夹。

(2) 多个连续的文件或文件夹：

① 按住 Shift 键不放，单击第一个文件或文件夹和最后一个文件或文件夹。

② 在要选择的文件外围单击并拖动鼠标，则文件周围将出现一虚线框，鼠标经过的文件将被选中。

（3）多个不连续的文件或文件夹：单击第一个文件或文件夹，按住 Ctrl 键单击其余要选择的文件或文件夹。

（4）所有文件或文件夹：按 Ctrl＋A 组合键，或选择"编辑"→"全选"菜单命令。

4）复制、移动文件和文件夹

（1）菜单："编辑"→"复制/剪切"→选定目标地→"编辑/粘贴"。

（2）快捷键：按 Ctrl＋C 或 Ctrl＋X→选定目标地→按 Ctrl＋V。

（3）鼠标拖动：

① 同一磁盘中的复制，选中对象→按 Ctrl 键再拖动选定的对象到目标地。

② 不同磁盘中的复制，选中对象→拖动选定的对象到目标地。

③ 同一磁盘中的移动，选中对象→拖动选定的对象到目标地。

④ 不同磁盘中的移动，选中对象→按 Shift 键再拖动选定的对象到目标地。

（4）快捷菜单：单击右键，选择快捷菜单中的"复制"命令，选定目标地，再单击右键选择快捷菜单中的"粘贴"命令。

注意"移动"与"复制"的区别：

① 从执行的步骤看，复制执行的是"复制"命令，而移动执行的是"剪切"命令。

② 从执行的结果看，复制之后，在原位置和目标位置都有这个文件；而移动后，只有在目标位置有这个文件。

③ 从执行的次数看，在复制中执行一次"复制"命令可以"粘贴"无数次；而在移动中，执行一次"剪切"命令却只能"粘贴"一次。

5）删除文件或文件夹

（1）删除文件到回收站，方法有以下 4 种：

① 菜单，选择"文件"→"删除"菜单命令。

② 快捷键，按 Delete 键。

③ 鼠标拖动，将其拖动到回收站中。

④ 快捷菜单，单击右键，选择快捷菜单中的"删除"命令。

（2）彻底删除文件和文件夹：按 Shift＋Delete 组合键。

（3）彻底删除回收站的文件和文件夹：清空回收站。

（4）更改回收站的属性：更改 C 盘和 D 盘的回收站空间为 15％磁盘大小，并且不显示删除确认对话框。

6）恢复删除的文件或文件夹

Windows 提供了一个恢复被删除文件的工具，即回收站。如果没有被删除的文件，它显示为一个空纸篓的图标，如果有被删除的文件，则显示为装有废纸的纸篓图标。借助"回收站"可以将被删除的文件或文件夹恢复。

方法一：

① 双击"回收站"图标，打开"回收站"窗口。

② 选择要恢复的文件或文件夹。

③ 选择"文件"→"还原"菜单命令或单击右键，选择快捷菜单中的"还原"命令，则选定对象自动恢复到删除前的位置。

方法二：选择要恢复的文件或文件夹，直接拖曳到某一文件夹或驱动器中。

7）创建快捷方式

可以设置成快捷方式的对象有应用程序、文件、文件夹、打印机等。

（1）快捷菜单法。选定对象，单击鼠标右键，在弹出的快捷菜单中选择"发送到桌面"命令。

（2）拖放法。选定对象，单击鼠标右键并拖动到目标位置后松开右键，在弹出的快捷菜单中选择"在当前位置创建快捷方式"命令。

（3）直接在桌面上创建快捷方式：

① 在桌面空白处单击鼠标右键，在弹出的快捷菜单中选择"新建"→"快捷方式"命令，出现创建快捷方式对话框。

② 在命令行中输入项目的名称和位置。如果不清楚项目的详细位置，可以单击"浏览"按钮来查找该项目。当在浏览对话框中查找到所需的项目后，单击打开按钮返回到创建快捷方式对话框。

③ 单击"下一步"按钮，出现选择程序的标题对话框。在选择快捷方式的名称文本框中已经显示了一个默认的标题名称，也可以重新命名。

④ 单击"完成"按钮，即可在桌面上创建一个快捷方式。

8）查找文件或文件夹

选择"开始"→"文件资源管理器"命令，则弹出"搜索"窗口，如图 12-6 所示。

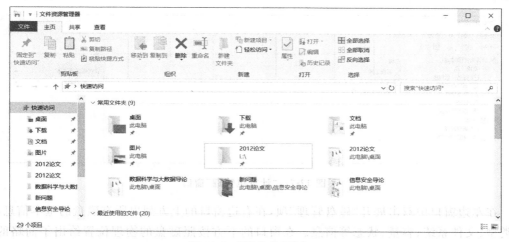

图 12-6　"搜索结果"窗口

（1）利用文件名进行查找。在"名称"栏中输入要查找的文件或文件夹的名称。其中文件或文件夹的名称可以包含有通配符"?"和"＊"。如果要查找多个文件或文件夹名称，那么在输入名称时还可以同时输入多个查找的名称，各个名称之间用逗号、分号或空格隔开即可。例如，＊.doc，即查找所有的 Word 文档；＊.＊，即查找所有文件；A?B＊.exe 即查找所有 A 开头的 B 为第三个字符的可执行文件。在"查找范围"下拉列表框中设定文件或文件夹的查找范围，即在哪一个磁盘驱动器或是在哪一个文件夹中进行查找。可以单击下拉列表框右边的下拉按钮，在其中选择搜索范围即可；也可以单击"浏览"按钮打开浏览窗口，然后在其中选择查找的具体位置或范围。可单击"其他高级选项"进行查找。单击"搜索"按钮开始查找，如果中途要停止查找，可单击"停止"按钮。如果要查找新的文件或文件夹名称,可以单击"新搜索"按钮,然后重复上面的操作步骤即可。

(2)利用日期进行查找。在 Windows 10 中,系统记录的文件或文件夹的信息中除了其名称以外,还包括文件或文件夹的创建日期及修改日期。所以可以通过日期进行文件或文件夹的查找。操作方法如下:单击"什么时候修改的",可根据相关提示分 4 种情况进行查找。

(3)查看或修改文件或文件夹的属性。选定文件或文件夹后,单击鼠标右键,在弹出的快捷菜单中选择"属性"命令,然后在"属性"对话框的属性设置区域中选中"只读""隐藏""存档"等复选框。DOS 系统中文件的属性分 4 种,即存档文件(C)、只读文件(R)、隐藏文件(D)和系统文件(S)。一个文件可以具有上述一种或多种属性,只读文件只能读出不能改写;隐藏文件和系统文件不能用简单的列目录命令显示;只读文件、隐含文件和系统文件都不能用删除命令删除。

2. Windows 磁盘管理

1) Windows 10 磁盘管理工具

磁盘管理工具可以对计算机上的所有磁盘进行综合管理,可以对磁盘进行打开、管理磁盘资源、更改驱动器名和路径、格式化或删除磁盘分区以及设置磁盘属性等操作。右键单击"我的电脑"图标,在弹出的快捷菜单中选择"管理"命令,打开"计算机管理"窗口,如图 12-7 所示。

图 12-7　"计算机管理"窗口

在左边窗口中双击展开"磁盘管理"项,在右边窗口的上方列出所有磁盘的基本信息,包括类型、文件系统、容量、状态等信息。在窗口的下方按照磁盘的物理位置给出了简略的示意图,并以不同的颜色表示不同类型的磁盘。右键单击需要进行操作的磁盘,便可以打开相应的快捷菜单,选择其中的命令便可以对磁盘进行管理操作。

(1)物理磁盘的管理。物理磁盘是计算机系统中物理存在的磁盘,在计算机系统中可以有多块物理磁盘。在 Windows 10 中分别以"磁盘 0""磁盘 1"等标注出来。右键单击需要进行管理的物理磁盘,在弹出的快捷菜单中选择"属性"命令,打开物理磁盘属性对话框。在"常规"选项卡中可以看到该磁盘的一般信息,包括设备类型、制造商、安装位置和设备状态等信息。在"设备状态"列表中可以显示该设备是否处于正常工作状态,如果该设备出现异常,可以单击"疑难解答"按钮来加以解决。在"设备用法"下拉列表框中可以禁用或启用此设备。需要注意的是,操作系统所在的磁盘不能被禁用。在"磁盘属性"标签中选中"启用写入缓存"复选项,将允许磁盘写入高速缓存,这样可以提高写入的性能。在"卷"选项卡中列出了该磁盘的卷信息,在下面的"卷"列表框中选择卷,单击"属性"按钮,可以对卷进行设置。在"驱动程序"选项卡中,用户可以单击"驱动程序详细信息"按钮,查看驱动程序的文件信息。如果需要更改驱动程序,单击"更新驱动程序"按钮,将打开升级驱动程序向导。当新的驱动程序出现异常时,可以单击"返回驱动程序"按钮,恢复原来的驱动程序。单击"卸载"按钮可以将设备从系统中删除。

(2) 逻辑磁盘属性设置。通过 Windows 10 的磁盘管理工具,用户可以分别设置单个逻辑磁盘的属性。右键单击需要管理的逻辑磁盘,在弹出的快捷菜单中选择"属性"命令,打开逻辑磁盘属性对话框。在"常规"选项卡中列出了该磁盘的一些常规信息,如类型、文件系统、打开方式、可用和已用空间等。最上方的磁盘图标右边的框中用于设置逻辑驱动器的卷标。在 Windows 10 中,磁盘可以像文件一样设置关联,单击"更改"按钮,可以打开"打开方式"对话框,用户可以在其中设置打开磁盘的默认程序。Windows 10 推荐使用资源管理器打开,下面列出了当前可以使用的其他程序,选中其中的打开程序,单击"确定"按钮即可。在"工具"选项卡中,给出了磁盘检测工具、磁盘碎片整理工具和备份工具按钮,单击这些按钮,可以直接对当前磁盘进行相应的操作。在"硬件"选项卡中列出了所有有关的硬件,选定某个选项后单击"疑难解答"按钮可以进行磁盘故障的排除,单击"属性"按钮可以打开属性对话框。"共享"选项卡用于设置共享属性。如果选择"不共享该文件夹"选项,此逻辑磁盘上的资源将不能被其他计算机上的用户使用。选择"共享该文件夹"项后,可以对共享进一步设置。其中"共享名"用于共享时在网络环境中的名称;当在"用户数限制"选项组中选中"最多用户"项时,系统将尽可能地允许用户访问,或者通过文本框设定用户的最大数量限制;单击"缓存"按钮可以对缓存进行设置,在打开的"缓存设置"对话框中的设置下拉列表框中有"自动缓存文档""自动缓存程序和文档""手动缓存文档"等选项,用户可以根据自己的需要进行选择;单击"新建共享"按钮,可以设置新的共享,在打开的"新建共享"对话框中用户可以对共享名、备注、最多用户、允许等项进行设置。

2) 分区管理

Windows 10 集成了强大的分区管理功能,用户可以方便地创建或删除分区。

(1) 创建分区。创建分区可以通过分区向导来完成,其具体步骤如下。

① 在标识为未分配的磁盘空间处单击鼠标右键,在弹出的快捷菜单中选择"新建分区"命令,以打开分区向导。单击"下一步"按钮。

② 在出现的界面中选择分区的类型。系统提供了主分区、扩展分区、逻辑分区等 3 种分区类型供用户选择。保持系统默认值,单击"下一步"按钮。

③ 在"指定分区大小"界面中,系统给出了最大磁盘空间量和最小磁盘空间量供用户选择,用户可以在这两个值之间选择分区容量。设置完毕后单击"下一步"按钮。

④ 在"指派驱动器号和路径"界面中,可以进行分配一个驱动器号、将驱动器装入 NTFS 文件夹、不分配驱动器号或路径等操作,根据需要进行选择即可,单击"下一步"按钮。

⑤ 在"格式化分区"界面中进行格式化分区设置,如果选中"不要格式化这个磁盘分区"项,系统将不格式化此分区;选中"按照下面的设置格式化这个磁盘分区"项后,可进一步设置格式化选项,包括文件系统、分配单位大小、卷标、执行快速格式化、启动文件或文件夹压缩等。

⑥ 设置完成后单击"下一步"按钮,在出现的界面中将列出具体的分区信息,单击"完

成"按钮结束分区的创建。

（2）删除分区。右键单击需要删除的分区，在弹出的快捷菜单中选择"删除分区"命令，在弹出的提示框中单击"是"按钮，即可删除该分区。

（3）格式化分区。右键单击需要格式化的分区，在弹出的快捷菜单中选择"格式化"命令，打开"格式化"对话框。在该对话框中设置该分区的卷标、文件系统、分配单位大小等选项，单击"确定"按钮即可进行分区的格式化。

（4）指定驱动器号和路径。当驱动器发生变化时（如新增驱动器），以前安装的软件可能无法使用，这时用户可以通过指定驱动器和路径来解决。右键单击需要更改的驱动器，在弹出的快捷菜单中选择"更改驱动器号和路径"命令，打开相应的对话框。在该对话框列表中列出了此驱动器拥有的驱动器号和路径，用户可以通过从列表中的任意一个驱动器号和路径来访问此驱动器。Windows 10 允许一个卷同时拥有多个驱动器号和路径，但其前提是使用 NTFS 文件系统。单击"添加"按钮可以添加驱动器号和路径，在打开的相应对话框中，用户可以通过单选项选择是使用驱动器还是 NTFS 文件夹来标识此卷，然后在下拉列表框或文本框中具体指定链接的位置。设置完毕后单击"确定"按钮。

3）磁盘清理

Windows 系统使用一段时间之后，有可能存在各种各样无用的文件，它们往往占据了部分硬盘空间，如果手工对其删除清理需要切换到不同的目录中进行操作，非常麻烦，但是通过 Windows 10 提供的磁盘清理程序就可以很快解决。

（1）在资源管理器窗口中，右键单击需要进行清理的磁盘盘符，在弹出的快捷菜单中选择"属性"命令，打开"属性"对话框。然后单击"常规"选项卡。

（2）单击"磁盘清理"按钮，Windows 10 会首先自动扫描该磁盘上的可删除文件，然后以列表的形式询问你是否对某个项目进行删除。如果做进一步的清理工作，单击"磁盘清理"窗口中的"其他选项"选项卡，这里集成了 Windows 组件、安装的程序和系统还原三部分内容，它们也能够释放出更多的磁盘空间。

（3）单击"确定"按钮即可进行磁盘的清理。

4）磁盘工具的使用

通过磁盘"属性"对话框中的"工具"选项卡可以对磁盘进行"查错""碎片整理"和"备份"等操作。这里着重讲解前两个工具的使用。

（1）磁盘查错功能。"查错"工具类似于 Windows 98/2000 中的磁盘扫描工具，单击该按钮会发现 Windows 10 的这个功能显得非常简单，它只提供了"自动修复文件系统错误"和"扫描并试图恢复坏扇区"两个选项，同时选中，单击"开始"按钮即开始磁盘扫描工作。

（2）磁盘碎片整理。单击"开始整理"按钮，打开"磁盘碎片整理程序"对话框，单击列表中需要整理的磁盘，然后单击"碎片整理"按钮即可进行磁盘碎片的整理。

在对话框的下面还有一个"分析"按钮。它可以对当前选中的磁盘进行磁盘分析，待分析任务完成之后，系统会给出一份包含了卷信息和文件信息两方面的详细报告，依此可以判断这个分区是否需要进行碎片整理。

12.1.3　Windows 打印机管理

Windows 除了提供以上功能外，还提供打印机服务。在默认情况下，管理员组和超级用户组的成员拥有管理打印机许可。

1. 打印机安装

打印机安装基本步骤如下：

① 单击任务栏上的"开始"→"设置"→单击"打印机"命令，显示"打印机"窗口。

② 单击以选择要改变其默认值的打印机图标。

③ 在"文件"菜单中，单击"属性"命令，显示打印机属性。

当安装完打印机驱动程序后第一次打开打印机属性对话框时，将出现确认窗口。此后，将出现打印机属性对话框的初始画面。

① 根据需要进行设定，然后单击"确定"按钮（此处进行的设定将在所有应用程序中用作默认值）。

② 单击"确定"按钮，完成设置。

当计算机中安装有一个比目前安装的驱动程序更新的驱动程序时，会显示一个信息对话框。如果发生这种情况，则无法用自动运行程序安装。请使用信息中显示的驱动程序，并用"添加打印机"重新安装。具体方法：

① 单击"开始"→"设置"→"打印机"。

② 双击"添加打印机"图标。

③ 按照向导中的说明安装驱动程序。

2. 更改打印机设置

要更改打印机设定值，必须拥有管理打印机许可。在默认情况下，管理员组和超级用户组的成员拥有管理打印机许可。当设定选购件时，请使用有管理打印机许可的账号登录。单击任务栏上的"开始"→"设置"→"打印机"命令，显示"打印机"窗口，选择要改变其默认值的打印机图标。在"文件"菜单中，单击"打印首选项…"命令，显示打印首选项属性。根据需要进行设定，然后单击"应用"按钮，最后单击"确定"按钮完成设置。

从应用程序指定打印机设定值，要针对特定应用程序设定打印机，应从该应用程序中打开"打印"对话框。以下说明了如何在 Windows 10 附带的写字板应用程序中进行设定。

对于不同的应用程序，打开"打印"对话框的实际步骤也可能不同。在应用程序中的"文件"菜单中，单击"打印…"命令，显示"打印"对话框。在"选择打印机"框中选择要使用的打印机，单击要改变其打印设定值的选项卡。根据需要进行设定，然后单击"应用"按钮并单击"确定"按钮。最后在应用程序的菜单中单击"打印"命令开始打印。

12.1.4　Windows 多媒体功能

Windows 10 为用户提供了一些多媒体功能，下面介绍系统自带的两种多媒体应用。

1. 录音机

其作用是录制、播放和编辑声音文件。启动步骤：单击"开始"→"所有程序"→"附件"→"语音录音机"命令，显示窗口如图 12-8 所示，按住中间按钮可以开始录音。

图 12-8　录音机

录制和播放声音的方法如下。

① 单击菜单栏中的"文件"→"新建"命令,创建一个新的音频文件。

② 单击"录制"按钮,开始录音。

③ 录制完毕后单击"停止"按钮,这样一个文件就录制好了。

④ 单击"播放"按钮,即可播放录制的音频文件。

修改声音文件的方法如下。

① 更改声音文件的音量。在录音机程序中更改声音文件的方法如下:选择"文件"→"打开"命令,打开目标声音文件(∗.wav格式),然后选择"效果"→"加大音量(按25%)/降低音量"命令即可。

② 将声音文件插入到另一个声音文件中的方法如下:选择"文件"→"打开"命令,打开目标声音文件,然后将该声音文件的播放滑块拖曳至目标位置,最后选择"编辑"→"插入文件"命令,并在打开的"插入文件"对话框中选择目标插入文件即可。

2. 媒体播放器

媒体播放器(Windows Media Player)可以播放多种类型的音频和视频文件,还可以播放和制作CD副本、播放DVD、收听Internet广播站、播放电影剪辑或观赏网站中的音乐电视。例外,Windows Media Player还可以制作自己的音乐CD。启动方法:单击"开始"→"所有程序"→ Windows Media Player命令,显示窗口如图12-9所示。

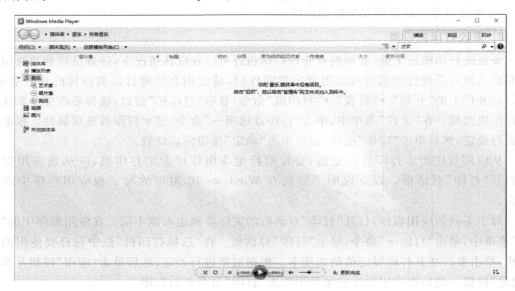

图 12-9　Windows Media Player 窗口

(1) 功能任务栏。"功能任务栏"有7个按钮,分别对应7个主要的播放机功能,即"正在播放""媒体指南""从CD复制""媒体库""收音机调谐器""复制到CD或设备"和"外观选择器"。要想隐藏"功能任务栏",可单击"隐藏任务栏"按钮。

(2) "播放列表"区域。"播放列表"区域显示当前播放列表中的各项。对于DVD,"播放列表"区域显示DVD标题和章节的名称。

(3) 显示和隐藏菜单栏。完整模式下始终显示菜单栏,在"查看"菜单中选择"完整模式选项"命令,然后单击"显示"菜单栏。

12.2 实验 2 Windows 10 基本操作

1. 实验目的

通过基本操作实验的学习，要求学生熟练掌握 Windows 10 的基本操作、文档管理、磁盘管理和桌面设置等。掌握 Windows 10 系统中打印机操作和多媒体软件使用。

2. 实验内容

(1) 启动 Windows 10，熟悉"桌面"，了解桌面图标、快捷方式及"开始"菜单栏。

(2) 新建文件及文件夹。在 D 盘创建一个命名为"计算机基础"的文件夹，并在此文件夹目录下创建一个".txt"的文本文档。

(3) 在"D:/计算机基础"路径下进行搜索，搜索后缀为".txt"的所有文件。

(4) 将搜索到的文件创建桌面快捷方式。

(5) 删除计算机基础文件夹中所有文件扩展名为".txt"的文件。

(6) 双击打开"桌面"上的"IE"浏览器，在地址栏输入 www.baidu.com，并访问该网页，并通过浏览器菜单上的"文件"→"另存为"→"保存网页"命令将此网页保存。

(7) 查看计算机的"磁盘管理"项，通过磁盘碎片整理工具对 D 盘进行整理。

(8) 查看计算机"打印机"窗口，查看各项打印机属性。

(9) 打开"录音机"，录制两段声音文件，将文件 A 插入到文件 B 中，保存为文件 C。

(10) 打开 Windows Media Player 窗口，从"媒体库"中找到一个视频文件，将其播放。或者在计算机中找到一个视频文件，通过 Windows Media Player 播放。

第 13 章　Word 基本操作与实验

13.1　Word 基本操作

Office 是 Microsoft 公司推出的办公软件，Word 文本处理软件是 Office 套装软件中的重要组件，运用非常广泛。Word 具有"所见即所得"的特点，可以处理文字、表格和图片，能够满足各种文档的编排、打印需求，使用 Word 可以方便、快捷地制作出各种专业化的精美文档。本节将以 Microsoft Office Word 2010 版本进行实例演示。

13.1.1　文档与文本的操作

1. 创建新文档

建立一个文档后才能进行文本输入和编辑。可以创建空白文档或基于模板的文档。常用方法有以下几种。

（1）启动 Word 时会自动新建一个空文档，并为其暂时命名为"文档 1"。

（2）选择"文件"→"新建"菜单命令，在打开的"新建文档"任务窗口中，单击"空白文档"链接或单击"本机上的模板"链接。

（3）按 Ctrl＋N 组合键；或单击常用工具栏中的 按钮。

如果在桌面或任意一个磁盘驱动器窗口上创建 Word 文档，操作步骤如下：

① 右击桌面空白处或某一个磁盘驱动器应用窗口，在弹出的快捷菜单中选择"新建"→"Microsoft Word 文档"命令。

② 系统默认的文档名为"新建 Microsoft Word 文档"，也可以重新命名 Word 文档。

2. 打开已有文档

在应用程序窗口中找到并双击要打开的 Word 文档图标。选择"文件"→"打开"菜单命令，或单击"常用"工具栏上的"打开"按钮，在出现的"打开"对话框中（图 13-1）选择文档所在的路径、文档类型和要打开的文件，单击"打开"按钮。

3. 文档的输入

新建或打开一个文档后，即可在文档窗口中对文档进行录入、修改等操作。页面上竖条形的闪烁光标称为插入点，它定位当前输入的文字或者图像。输入字符后，插入点自动向右移动一个字符位置。对文档进行编辑前，需要移动和定位插入点。单击文档的非空白区域，插入点立即被定位在该位置，再使用键盘定位，如表 13-1 所示。

图 13-1　打开文档对话框

表 13-1　键盘定位光标

按　　键	光标移动效果
→	光标右移一个字符
←	光标左移一个字符
↑	光标上移一行
↓	光标下移一行
PgUp	光标上移一页
PgDn	光标下移一页
End	光标右移至当前行末
Ctrl+PgUp	光标到整个页面的首行首字前面,再按一下,光标到了前一页的首行首字前
Ctrl+PgDn	光标到了下一页的首行首字前面
Home	光标移至当前行的开头
Ctrl+Home	光标移至文件头
Ctrl+End	光标移至文件尾
Ctrl+→	光标右移一个字或一个单词
Ctrl+←	光标左移一个字或一个单词
Ctrl+↑	光标移动到上一个段首
Ctrl+↓	光标移动到下一个段首

　　文本录入时主要有以下 3 种情况。

　　(1) 英文、中文录入。一般英文字母以及键盘上有的符号只需按相应的键即可录入。录入文本后,插入点自动后移,同时文本被显示在屏幕上。当输入到段尾时,应按 Enter 键,表示段落结束,系统会自动换行。

　　(2) 特殊符号录入。在文档中录入拉丁字母、希腊字母、汉字偏旁部首的一些键盘上没有的特殊符号,可以将光标定位到录入位置;选择“插入”→“符号”菜单命令,打开“符号”对话框,从中选择需要插入的符号。也可通过在输入法状态条的“软键盘”上单击鼠标右键,在弹出的快捷菜单中选择相应的命令。

（3）日期和时间的录入。在 Word 2010 中，当前系统的日期和时间可以利用"插入/日期时间"来快速地输入，操作方法和"插入/符号"类似。如果在"日期和时间"对话框中选中"自动更新"复选框，通过将插入点置于"日期和时间"中，再按 F9 键，可更新日期和时间，则日期和时间可随系统的日期和时间的变化而更新。

4. 编辑文档

编辑文档应遵循先选定后操作的原则。

1）删除文本

（1）删除单个字符，将插入点移到欲删除字符的左边或右边，按 BackSpace 键删去光标左边的字符，按 Delete 键删除光标右边的字符。

（2）删除一段文本，按 BackSpace 键和 Delete 键将选定的文本删除。

2）移动和复制文本

（1）剪切移动文本。选定要移动的文本，选中"编辑"菜单中的"剪切"命令，将此时选择的文本存放到剪贴板中。将光标定位在欲插入的位置，选择"编辑"菜单中的"粘贴"命令或单击"粘贴"按钮 ，即完成移动。

（2）拖动移动文本。将鼠标指针置于已选定的文本上，鼠标指针变为指向左上方的箭头，按住鼠标左键，箭头处出现一个小虚线框和指示插入点的虚线，拖动鼠标指针，直到插入点虚线到达目标位置上时松开鼠标，则选中的文本被移动到该位置。

（3）与键盘结合移动文本。选定欲移动的文本，按住 Ctrl 键并在目标位置上右击鼠标，则选定的文本移动到目标位置。

3）撤销与恢复

操作过程中，如果对先前所做的工作感到不满意或误操作，可单击工具栏中的"撤销" 按钮，撤销刚刚做过的操作，使文档还原为操作之前的状态。单击"重复"按钮 ，还原刚才被撤销的操作。

4）查找与替换

查找和替换功能可以一次完成批量修改字或词，便于快速修改文档。例如，在输入文本时对于一些复杂且重复出现的词，可以用简单字母代替，在最后定稿时进行替换即可。

（1）查找。查找命令能快速确定给定文本出现的位置。选择"开始"→"查找"菜单命令，打开"查找和替换"对话框。在"查找内容"文本框中输入欲查找的文本内容，单击"查找下一处"按钮，这时 Word 开始查找，将找到的内容移动到当前文档窗口，并以反白形式显示，若找不到，则显示相关的提示信息。单击"高级"按钮，出现图 13-2 所示的高级查找对话框，可以查找某些特定的格式或符号等。

图 13-2　高级查找

（2）替换。替换功能与查找功能非常相似，所不同的是在找到指定的文本后，替换功能可以用新文本内容取代找到的内容。选择"开始"→"替换"菜单命令，在弹出对话框中选择"替换"选项卡，如图 13-3 所示。

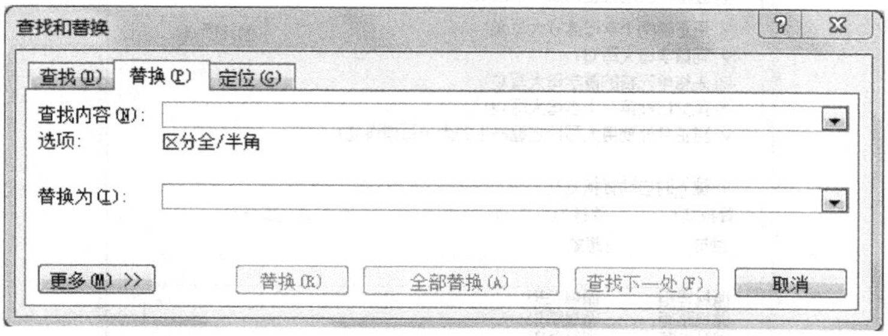

图 13-3　"替换"选项卡

在"查找内容"文本框中输入欲查找的文本内容，如 Word 2010，在"替换为"文本框中输入替换的新文本内容，如 Word 2010。若希望替换，则单击"替换"按钮；否则单击"查找下一处"按钮。如果要进行全部替换，单击"全部替换"按钮。

5．自动更正与拼写检查

1）自动更正

Word 2010 提供的自动更正功能，可以帮助用户在输入文字的过程中自动检查英文拼写错误、语法错误和汉语成语的输入错误，对英文还可以自动纠正错误。自动更正功能强弱依赖于 Word 的自动更正词库，即词库中的错误词条搜集得越多，自动更正能力也就越强。利用 Word 2010 中的自动更正功能，将容易混淆的错别字设置成自动更正词条，添加到自动更正词库，一旦输入错误就自动更正。为自动更正词库添加新词条：

① 选择要建立为自动更正词条的文本（如"想象"）。

② 选择"文件"→"选项"→"校对"菜单命令，在弹出对话框中选"自动更正"选项卡。如图 13-4 所示，选中的文本出现在"替换为"框中。

③ 在"替换"框中输入错误的词条名（如"想向"），单击"添加"按钮。

④ 该词条添加到自动更正的列表框，单击"关闭"按钮。

⑤ 当输入词条名"想向"时，Word 就将相应的词条"想象"来代替它。

2）拼写检查

在 Word 2010 中，用户可以在输入文本时自动检查拼写错误。选择"文件"→"选项"→"校对"菜单命令，可在其中进行更新拼写和语法检查设置，如图 13-5 所示。拼写检查的操作步骤如下：

① 将光标定位于需要检查的文字部分的开头，或选取要校对的文本。

② 选择"拼写和语法"（按 F7 键）命令。这时，Word 将自动对光标后的内容进行检查校对。

6．保存和关闭文档

1）保存文档

在文档中输入数据后，要将其保存在磁盘上以备后用。在文档的输入和编辑过程中要随时保存文档，以免出现意外而丢失数据。可以用不同的名称、不同的文件格式在不同的位置保存文档。可保存在编辑的活动文档，也可以同时保存选择的所有文档。

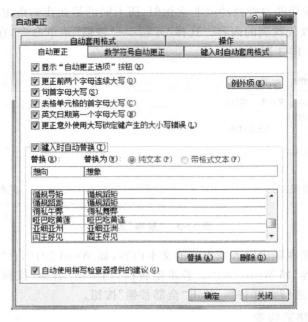

图 13-4　"自动更正"对话框

图 13-5　拼写检查对话框

（1）保存未命名的文档。选择"文件"→"另存为"菜单命令，或单击工具栏上的"保存"按钮，弹出"另存为"对话框，如图 13-6 所示。单击"保存位置"下拉列表框箭头，选择目标盘符和文件夹，如果要把文档保存在磁盘上的某一个文件夹中，双击打开选定的文件夹。Word 保存文档的默认文件夹是 My Documents。单击"新建文件夹"按钮，可以在一个新的文件夹中保存文档，单击对话框左边框中的图标，可以在相应的文件夹中保存文档。在"文件名"文本框中输入要保存的文件名，如"计算机基础"，默认的保存类型是 Word 文档，系统自动添加.doc 扩展名。若用户要保存为其他类型的文档（如纯文本、文档模板），单击该列表框右侧的向下箭头，在下拉列表框中用鼠标选择所需的文件类型，再单击"保存"按钮。

图 13-6　"另存为"对话框

（2）保存一份已命名的文档。有 3 种方法：选择"文件"→"保存"菜单命令；按 Ctrl＋S 组合键；单击"常用"工具栏中的 按钮。

（3）设置定时自动保存。Word 具有定时自动保存功能，每隔一定的时间可以自动保存一次文档内容，这样可以减少因停电、死机等意外事件导致信息丢失造成的损失。选择"文件"→"选项"菜单命令，打开"Word 选项"对话框，如图 13-7 所示。选择"保存"选项卡和"保存自动恢复值的时间间隔"复选框，在微调框中输入时间间隔，单击"确定"按钮。这样每隔一定时间（如 10 分钟），Word 就自动对当前文档保存一次。值得一提的是，这种定时自动保存与前面的几种保存方法所做的保存不是一回事。前面的几种保存是真正意义的文件存盘，而定时自动保存只是为已选择的文档保存了一个供 Word 使用的临时备份文件，以便在遇到意外情况用户来不及存盘时，Word 可以根据临时备份文件来恢复用户文档。因此，它不能代替用户所做的存盘。

（4）同时保存所有已选择的文档。选择 Shift 键，选择"文件"→"全部保存"菜单命令，便可以逐个自动保存所有已选择的文档。

2）关闭文档

关闭文档常用方法是单击文档窗口右上角的关闭按钮 或选择"文件"→"关闭"菜单命令。按住 Shift 键，选择"文件"→"全部关闭"菜单命令，便可逐个自动关闭所有已选择的文档。如果被关闭的文档尚未命名，Word 将弹出"另存为"对话框，让用户保存之后再关闭。

图 13-7 选项对话框

13.1.2 文档排版

在文档录入工作完成后,一般都需要对文档格式进行编排,达到理想的视觉效果。Word 2010 具有强大的排版功能,可以对文档进行字符格式化、段落格式化、页面设计等。

1. 字符的格式化

字符的格式化包括字体种类、字符大小、字形、字间距、颜色和各种修饰效果等多种形式,通过改变字符格式可以产生许多特殊的效果。

(1) 使用格式工具栏设置字符格式。Word 文档输入的文字默认为宋体五号字,利用开始工具栏(图 13-8)可以对比较常用的字符格式进行快速设置,如改变字体、字形、字号、颜色等。"开始"工具栏中显示的是当前插入点字符的格式设置。如果不做新的定义,显示的字体和字号将用于下一个输入的文字。若所做的选择包含多种字体和字号,那么字体和字号的显示将为空。"样式"框定义了文本的样式。例如,文章中的章、节、小节等各级标题及正文,可分别采用"样式"框中的各级标题和正文的设置,这样可在"大纲模式"观看文章时从各标题级纵览全文。

(2) 使用菜单方式设置字符格式。菜单方式不但可以完成"格式"工具栏中所有字体设置功能,还能增

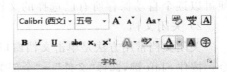

图 13-8 格式工具栏

设一些特殊格式。打开"字体"对话框,如图 13-9 所示。定义后的参数将作用于新输入字符的格式或修改选定部分的字符设置。"预览"框实时显示出选样效果。单击"确定"按钮。设置边框和底纹:选择"页面布局"→"页面设置"→"版式"菜单命令,打开"边框"对话框,通过选择"边框"或"底纹"选项卡,可以为选中的区域设置丰富多彩的边框和底纹,如图 13-10 所示。

图 13-9 "字体"选项卡

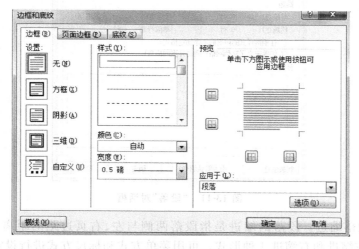

图 13-10 "边框"选项卡

(3) 复制字符格式。利用工具栏上的"格式刷"按钮,可以将一个文本的格式复制到另一个文本上,操作如下:

① 选定需要这种格式的文本或将插入点定位在此文本上。

② 单击工具栏上的"格式刷"按钮。

③ 移动鼠标,使鼠标指针指向欲排版的文本头,此时鼠标指针的形状变为一个格式刷,单击鼠标,拖曳到文本尾,此时欲排版的文本被加亮,然后放开鼠标,完成复制格式工作。若

要复制格式到多个文本上,则双击"格式刷"按钮;完成复制格式化后,再单击"格式刷"按钮,复制结束。

2. 段落的格式化

Word 中"段落"是指以段落标记 ↵ 作为结束符的文本、图形或其他对象的集合。一个段落可以只是一个回车符;也可以是一行或若干行。如果对一个段落操作,只需在操作前将插入点置于段落中即可。倘若是对几个段操作,首先应该选定这几个段落,再进行各种段落排版操作。

(1)文本的对齐。在 Word 中,段落格式主要是指段落对齐方式、段落缩进、段内行间距和段间距等。选择"开始"→"段落"菜单命令,在对话框中选择"缩进和间距"选项卡,如图 13-11 所示。单击"对齐方式"下拉列表框按钮,选择所需的对齐方式,通过"预览"框观看,确认后单击"确定"按钮。

图 13-11　"段落"对话框

(2)设置段落缩进。段落的缩进是指段落两侧与左、右页边距的距离,主要有首行缩进、悬挂缩进、左缩进和右缩进 4 种形式。可用菜单方式和标尺方式进行设定。

(3)设置行间距和段间距。段落间距的设置主要是指文档行间距与段间距的设置,计算机默认的是单倍行距。行间距设置步骤如下:

① 如果只设置某一段文本的行间距,把光标定位在该段的任意位置;如果要设置整篇文档的行间距,则选中整篇文档。

② 选择"开始"→"段落"菜单命令,打开"段落"对话框。

③ 在对话框的"行距"下拉列表框中选择行距倍数,或者直接在"设置值"框中输入行距的准确数值。

④ 观看"预览"窗口显示的设置效果。认可后,单击"确定"按钮。设置段间距是调整段落与段落间的距离,设置方法与前类似。注意:在"间距"区域中调整"段前"和"段后"间距的单位是行数。

(4) 分栏。分栏是将文本分成若干个条块的排版方式,操作步骤如下:

① 选中要分栏的段落。

② 选择"页面布局"→"分栏"菜单命令,打开"分栏"对话框,如图 13-12 所示。

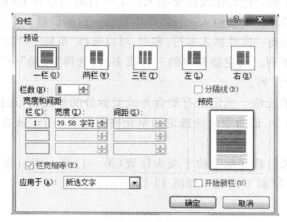

图 13-12　"分栏"对话框

③ 在"预设"框里设置栏数,在"宽度和间距"框里设置栏的宽度和间距,在"分隔线"复选框里选择是否设置分隔线。

④ 在"预览"窗口中观察设置效果,单击"确定"按钮。

(5) 文档视图。Word 2010 提供了 5 种视图方式,即普通视图、Web 版式视图、页面视图、大纲视图和阅读版式。

13.1.3　表格处理

1. 创建表格

Word 2010 提供了强大的表格处理功能,可以方便地在文档中插入表格。主要有 4 种方式:使用工具栏按钮创建表格;利用"插入表格"命令插入表格;将文本转换为表格;手工绘制表格等。以下以利用"插入表格"命令插入表格为例进行介绍。

(1) 把光标定位在要插入表格的位置,选择"插入"→"表格"菜单命令,弹出"插入表格"对话框,如图 13-13 所示。

(2) 在"列数"和"行数"框中输入表格的列数和行数值,在"'自动调整'操作"选项组中选择操作内容,确定表格的样式。

(3) 单击"自动套用格式"按钮,可以按照 Word 已经定义的格式创建表格。

(4) 单击"确定"按钮完成制作。选中"为新表格记忆此尺寸"复选框,可以把"插入表格"对话框中的设置变成以后创建新表格时的默认值。

图 13-13　"插入表格"对话框

2. 编辑表格

（1）插入单元格。将光标定位在要插入单元格的位置，选择"表格"→"插入"→"单元格"菜单命令，打开"插入单元格"对话框。单击"确定"按钮，完成插入。

（2）删除单元格。选中要删除的一个或多个单元格并右击，选择快捷菜单中的"删除"→"单元格"命令，打开"删除单元格"对话框，选中一个选项后，单击"确定"按钮即可。

（3）插入整行或整列。把光标放在要插入点上一行的结束符上（即表格外面的回车符），按 Enter 键，每按一次 Enter 键便插入一行。单击最后一行的最后一个单元格，按 Tab 键，可在表格末添加一行。如果要一次性插入多行、多列，可以选择"布局"→"行和列"命令操作。

（4）删除整行或整列。选定要删除的一行或多行，选择"布局"→"删除"菜单命令，再单击"行/列"，完成删除行/列。

（5）合并和拆分单元格。选定所有要合并或要拆分的单元格，选择"布局"→"合并单元格"或"拆分单元格"命令，该命令使所选定的单元格合并成一个；或在对话框内输入要拆分的单元格数即可。

（6）绘制斜线表头。将光标定位于表头位置（第一行第一列），选择"设计"→"边框"命令，弹出下拉菜单，选择"斜下框线"，如图 13-14 所示。

3. 表格样式

（1）表格自动套用格式。将光标置于表格中的任何位置，选择"设计"，用户可以从列表框中预定义的多种样式中挑选出自己需要的格式。

（2）边框和框线。选定需要添加边框和框线的单元格或整个表格，单击"设计"工具栏的绘图边框，从"样式"下拉列表框中选择框线线形。从"宽度"下拉列表框中选择框线的宽度。单击"颜色"按钮，出现一调色板，从中选择框线颜色。

（3）表格中文本排列方式。单击需要进行文本排列操作的表格单元格或表格单元格区域并右击，在弹出的快捷键菜单中选择"文字方向"命令，打开"文字方向-表格单元格"对话框，如图 13-15 所示。从中选择所需的排列方式，单击"确定"按钮。

图 13-14　插入斜下框线

图 13-15　"文字方向"对话框

13.1.4　图片编辑

Word 2010 具有实用、灵活的图形处理功能,用户可以在文档中插入图片对象,并且可以随意安排它们在文档中的位置、改变大小、进行组合等操作,轻而易举实现图文混排,使文档图文并茂。

1. 插入图片

在文档中可以插入来自其他文件的图片,也可以从"剪辑库"中插入剪贴画或图片。以从其他文件插入为例介绍,步骤如下。

(1) 将光标定位于需要插入图片的位置,选择"插入"→"图片"→"来自文件"菜单命令,打开"插入图片"对话框,如图 13-16 所示。

图 13-16　"插入图片"对话框

(2) 在"查找范围"下面的列表框中选择图形文件所在的文件夹,打开文件夹选择所需的图形文件。

(3) 单击"插入"按钮,将图形插入当前位置,单击"插入"按钮右侧的下拉按钮可以选择插入图片文件的方式,如是否以链接方式插入。

2. 编辑图片

利用"格式"工具栏(图 13-17)和"设置图片格式"对话框,对插入的图片作进一步的修饰,可以调整图片的色调、亮度、对比度、大小,还可以对图片进行裁剪、设置图片的边框、版式等操作。

1) 缩放和剪裁图片步骤

图 13-17　"图片"工具栏

(1) 单击选定图形对象,在其对角和沿着选定矩形的边界会出现 8 个尺寸控制点(黑色方形点),可拖动尺寸控点来调整对象的大小。

（2）选中图片并右击，弹出快捷菜单，从中选择"设置图片格式"命令，弹出"设置图片格式"对话框。

（3）选择"大小"选项卡，在对话框中列出图片的原始尺寸、现在尺寸和缩放比例；可以按对象指定的长、宽百分比来精确地调整其大小；如果选中"锁定纵横比"复选框，那么在调整对象大小时要保持其高与宽的比例；如果选中"相对于图片的原始尺寸"复选框，那么每次调整缩放比例时都是相对于图片的原始尺寸调整比例；否则改变比例是相对于当前的图片大小。

（4）如果对象是图片、照片、位图或者是剪贴画，可对其进行裁剪。单击"图片"工具栏的"裁剪"按钮 ，在尺寸控点上拖动定位裁剪工具，当放开鼠标左键后，可实现对图片的裁剪。

2）设置图片的版式

通过设置图片的版式可以调整图片在文档中的位置以及文字的环绕方式。

（1）选中图片，单击格式工具栏中的"位置"按钮，指向"文字环绕"选项，弹出文字环绕菜单。

（2）选择一种环绕方式，单击该选项，如四周型环绕，图片就放置在文字的中间。

（3）将光标移动到图片上，这时光标变成一个十字形箭头，按住鼠标拖动图片，调整图片位置，选择合适的位置后松开鼠标，显示所选的文字环绕图片的形式。

（4）也可以通过"布局"来准确设置版式。右键单击图片，弹出快捷菜单，选择"布局"命令，打开的对话框如图 13-18 所示。在其中选择"文字环绕"选项卡，可以选择不同的图文环绕方式和水平对齐方式。Word 2010 中默认的环绕方式为"嵌入型"。

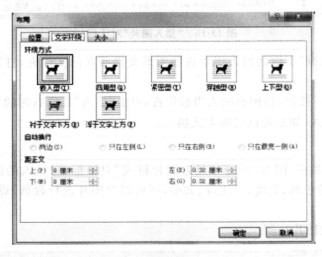

图 13-18　设置图片格式对话框

13.1.5　文档打印

选择"文件"→"打印"菜单命令，显示"打印"对话框，如图 13-19 所示。在该对话框中用户可以设置打印选项，如选择打印机并设置属性、页面范围、份数等。当有关参数设置完毕后，单击"确定"按钮，即可按设置要求打印文档。

图 13-19　"打印"对话框

13.2　实验 3　Word 基本操作

1. 实验目的

熟练掌握 Word 中基本的排版功能(如设置字体、字号、段落缩进、行对齐方式、表格及图片插入等);掌握分栏设置的操作过程;熟练掌握页面设置及文档打印技术。

2. 实验内容

(1)将新建文件以"word1.doc"为文件名存入 D 盘"word 练习"文件夹。

(2)设置页面。设置文本页面,页边距:上下、左右均为 3cm;纸张大小为 A4 竖放。

(3)设置分栏格式:把第 2 段文本设置为两栏格式,不加分隔线。

(4)字体设置。将正文设置为楷书、4 号、蓝色。

(5)段落设置。将正文行距设置为 1.5 倍,各段首行缩进两个字符。

(6)设置底纹。正文第一段,底纹:填充红色;图案式样:20%。

(7)插入图片。从文件中选择一个合适的图片文件,以宽 4.5 厘米、高 3.5 厘米的大小插入正文第二段中合适的位置,设置为"紧密型"图文环绕方式。

(8)插入表格。利用"表格"菜单插入表格,设置行数、列数分别为 10、5。设置表格中文本对齐方式为"居中"。

第 14 章　Excel 操作与实验

14.1　Excel 操作

14.1.1　Excel 基本操作

1. 打开 Excel

（1）创建新文档。将光标移动到计算机屏幕右下角的"开始"按钮，单击打开"开始"按钮。在"程序"上找到"Microsoft Office 2010"→"Microsoft Office Excel 2010"，再单击鼠标左键，就可以打开 Excel 2010，如图 14-1 所示。

（2）打开已有文档。在应用程序窗口中单击  按钮，或者选择"文件"→"打开"菜单命令，出现"打开"对话框中，选择文件所在路径，单击"打开"按钮，如图 14-2 所示。

2. 认识 Excel

Excel 2010 操作界面除了包括标题栏、快速访问工具栏、功能区、文件按钮、滚动条、状态栏、视图切换区以及比例缩放以外，还包括名称框、编辑栏、工作表区、工作表列表区等组成部分，见图 14-3。

（1）名称框和编辑栏。在左侧的名称框中，用户可以给一个或一组单元格定义一个名称，也可以从名称框中直接选取定义过的名称来选中相应的单元格。选中单元格后可以在右侧的编辑栏中输入单元格的内容，如公式或文字及数据等。

（2）工作表区。工作表区就是一张很大的表，其中包括工作簿名称、行号、列号、滚动条、工作表标签、工作表标签切换按钮、窗口水平分割线、窗口垂直分割线以及当前工作表的一部分。工作表有 16384 行（1～16384）、256 列（A～Z、AA～IV）。

图 14-1　选择 Microsoft Office Excel 2010 命令

（3）状态栏。状态栏的功能是显示当前工作状态，或提示进行适当的操作。它分为两部分：前一部分现实工作状态（如"就绪"表示可以进行各种可能的操作，Excel 已准备就绪）；后一部分显示设置状态（如"NUM"表示小键盘处于数字输入状态）。

3. 输入符号

（1）字符的输入。单击需要输入的单元格，使之成为活动单元格，在单元格中输入"姓名"文本，输入文字的方法与 Word 中相同。按 Enter 键后确认输入。有些特殊的字符，如

图 14-2　"打开"对话框

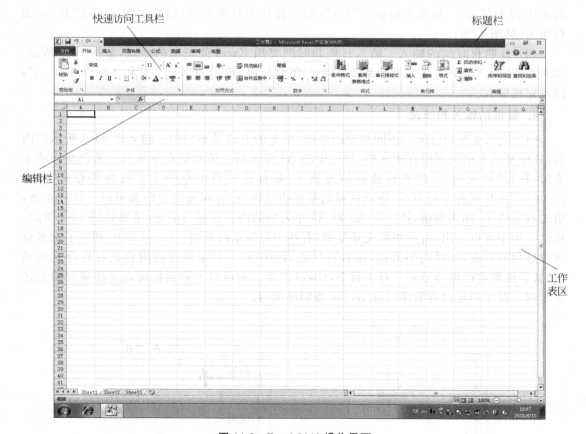

图 14-3　Excel 2010 操作界面

某职工的编号是"001"，称其为数字型字符串。数字型字符串虽然由数字组成，但它不表示大小，并不是一个数字，如果直接输入"001"，Excel 2010 会按数字处理，自动省略前面两个"0"，造成输入错误。在输入时，数字型字符前面要加一个英文状态下的单引号"'"，而且单引号要在英文输入状态下输入。输入"'001"，按 Enter 键确认，在单元格内单引号不会显示出来，但编辑栏中还是可以看到。光标会移动到下一行同列单元格。用鼠标或键盘的方向键选定另外的单元格，输入也会确认。例如，按键盘的右方向键，输入也会被确认，B1 单元格将成为活动单元格，见图 14-4。

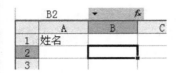

图 14-4　活动单元格

（2）数字的输入。数字可以直接输入单元格，若数字位数太多，会自动以科学记数法显示。例如，输入"6560000000"，显示图 14-5 的 B3 单元格所示。输入分数时，整数与分数之间应有一个空格，分数分隔符用斜杠"/"表示。例如，输入 4，应该输入"4＋空格＋7/8"，如图 14-5 的 B4 单元格所示。对纯分数，如应该输入"0＋空格＋7/8"，如图 14-5 的 B6 单元格所示（0 没有显示）。如果直接输入"7/8"，就会被作为日期看待，结果如图 14-5 的 B5 单元格所示，见图 14-5。

（3）日期和时间的输入。输入日期和时间要用 Excel 能识别的格式，如图 14-5 所示。如果需要输入当前的系统日期和系统时间，只需要分别用组合键"Ctrl＋;"和"Ctrl＋Shift＋;"，即可完成输入。

4. 数据的输入和修改

（1）填充文本和时间。不同类型的数据，填充的方式是不同的。输入图 14-6 所示的内容，选中要填充的数据所在单元格，如这里的 A1 单元格。单元格右下角有个黑色实心的正方形，称为"填充柄"。将光标放在填充柄上，鼠标指针将由空心十字变为实心十字，见图 14-6。按住鼠标左键不放，拖动鼠标到需要的位置，行方向或列方向都可以。放开左键，填充就完成了，如法炮制，把图中 A3 和 A5 单元格的内容也进行填充，结果如图 14-7 所示。从这个例子可以看出，有一些填充是复制，有些不是简单的复制。Excel 2010 预定了很多有规律排列的数据，如时间型数据，还有"甲、乙、丙……"。如果填充的内容正好符合这些系统，就会按规定的内容填充。对于数字，Excel 需要 3 项或以上的数据决定是按规律填充还是复制。对于固定内容的序列，Excel 可按顺序填写。

图 14-5　数字的输入　　　　　　　图 14-6　将光标放在填充柄上

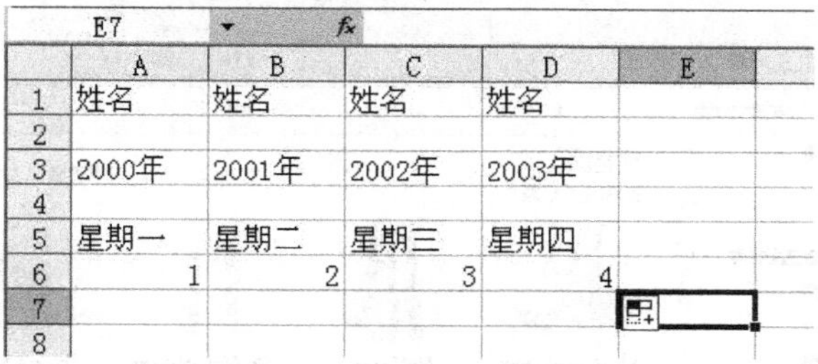

图 14-7　填充单元格

（2）删除单元格里面的内容。首先选中将要删除的单元格或多个单元格，按键盘上的 Delete 键，单元格里的内容就被删除了。Delete 键只能删除单元格内容，而单元格的格式等都保留下来。如果想清除它们，可以使用"开始"菜单中的"清除"命令，见图 14-8。无论是 Delete 键还是菜单中的"清除"命令，都不会删除单元格本身，如果要把单元格本身删除，应该使用"开始"菜单中的"删除"命令，见图 14-9。

图 14-8　选择"清除"命令　　　　图 14-9　删除单元格本身

　　删除单元格后，它的位置需要其他单元格填补，在"删除"对话框中可以选择填补的方式。由于删除单元格会影响到其他单元格的位置，所以要慎用，一般删除内容就可以了。

5. 保存和关闭 Excel

（1）保存 Excel 文件。单击左上角的"文件"菜单，选择"保存"命令，打开"另存为"对话框。在"保存位置"下拉列表框中选择合适的文件夹，在"文件名"输入框中输入文件名。设置完成后，单击"确定"按钮。如果工作簿已经保存过，又不想改变保存的位置和保存的名字，选择保存命令就不会有"另存为"对话框，也可以直接使用工具栏上的"保存"按钮来保存，见图 14-10。Excel 保存文档的默认文件夹是"我的文档"，单击对话框左边框中的图标，可以在相应的文件夹中保存文档。在"文件名"文本框中输入要保存的文件名，如 Book1，默认的"保存类型"是 Excel 文档，系统自动添加 .xls 扩展名。若用户要保存为其他类型的文档，单击该列表框右侧的向下箭头，在下拉列表框中用单击所需的文件类型，再单击"保存"按钮即可。

（2）关闭 Excel。关闭文档的方法是单击文档窗口右上角的关闭按钮 ⊠，或选择"文件"→"关闭"菜单命令。如果被关闭的文档尚未保存或命名，会出现提示对话框，让用户保存后再关闭。

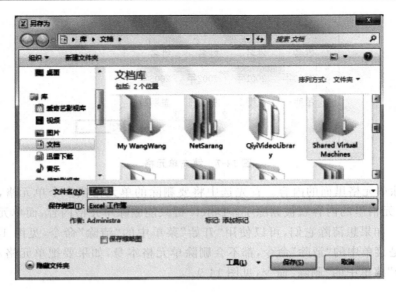

图 14-10　"另存为"对话框

14.1.2　工作表的编辑

1. 工作表的插入

在首行给表格加一个标题。通常，标题应该在第一行，而第一行已经有内容了，所以首要的操作是插入一行。在行号"1"上单击，选中此行。由于新行插入的位置，在当前选中行的上边，所以这一操作是给插入的行定位。单击"开始"选项卡，单击"插入"按钮，选择"插入单元格"命令，如图 14-11 所示。操作完成后在表格中就新插入了一行，而原来的第一行变成第二行。插入列的方法与插入行的方法一样。

2. 合并单元格

现在准备输入标题，为了整齐和美观，将标题放在哪一个单元格内都不合适，它的宽度应该和下面的内容的总宽度相同，所以首先合并单元格。合并单元格是把多个单元格合并成一个单元格，选中 A1~D1，单击格式栏中的"合并单元格"命令，如图 14-12 所示。

完成这一步操作后，A1~D1 单元格就合并成一个大的单元格了，在这个单元格中输入标题就可以了，如图 14-13 所示。

3. 工作表的格式

（1）设置字体、字号。选中要改变字体的单元格，单击格式工具栏中"字体"下拉按钮"↗"，拖动列表框右边缘的滚动条，在下拉列表框中选择需要的字体，如选择"黑体"。单击格式工具栏中"字号"下拉按钮，在弹出的下拉列表框中选择"10"磅，见图 14-14。

（2）设置颜色。

① 文字颜色的设置：选中将要设置的文字，单击工具栏中的"字体颜色"下拉按钮，在弹出的对话框中选择"红色"，如图 14-15 所示。

② 表格背景颜色的设置：和字体颜色一样，首先选中要设置背景的单元格。单击工具栏中的"填充颜色"下拉按钮，选择合适的颜色，如"黄色"。填充后的效果如图 14-16 所示。

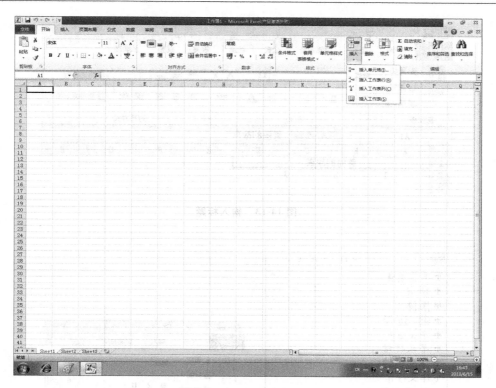

图 14-11　选择"插入单元格"命令

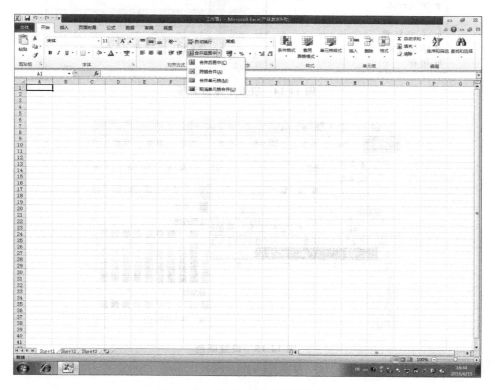

图 14-12　单击"合并单元格"命令

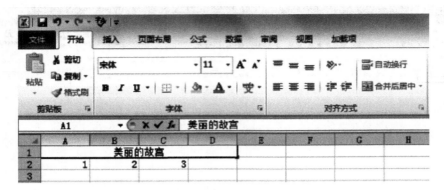

图 14-13　输入标题

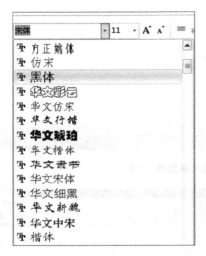

图 14-14　设置字体和字号

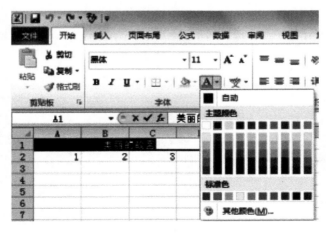

图 14-15　设置颜色

图 14-16　填充颜色效果

4. 单元格的格式

（1）单元格对齐方式。单元格是 Excel 的基本单位，它的格式设置就显得非常重要。用格式工具栏上的命令可以进行部分格式设置，不过，"开始"选项卡中的"对齐方式"组中更为全面。"对齐方式"组中有使用频率很高的命令。首先是"文本对齐方式"常设置为居中，让各列的栏目名与内容对齐，阅读时不易出错，而且更加整齐美观。现在把单元格的内容设置为居中显示。选中工作表的所有内容，单击"格式"菜单中的"单元格"命令，打开"设置单元格格式"对话框。在"文本对齐方式"区域中，分别单击"水平对齐"和"垂直对齐"下拉按钮"⊡"，在弹出的下拉列表框中选择"居中"，如图 14-17 所示，然后单击"确定"按钮。在"文本控制"部分，也可以合并单元格，方法是选中需要合并的单元格，再选中这里的"合并单元格"复选框。不过，与使用工具栏上的"合并及居中"按钮相比较，步骤要多一些。但如果想要把已经合并了的单元格重新分开，就要在这里去掉该复选框。选中"自动换行"复选框可以在单元格内容较多时分行显示，避免把列的宽度设得过大。单元格文本一般都水平排列，有些情况需要竖直排列。例如，在列方向上合并了多个单元格，想把这个单元格的内容也竖直排列，在"方向"区域可以调节。

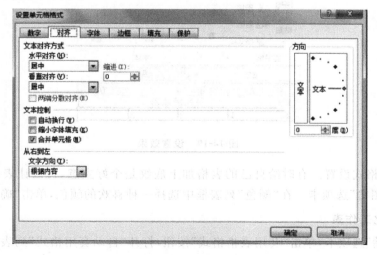

图　14-17

（2）边框格式设置。现在的单元格虽然看上去有淡淡的边框线，但打印时不会打印输出，需要加上真正的边框线。而 Excel 2010 为单元格准备了多种边框线条，加边框也更自由准确，不仅可以把内部和外边框分别设置，甚至可以控制每一线条。下面给表格加边框。选中所有包含内容的单元格，单击"开始"选项卡，选中"格式"命令，弹出"设置单元格格式"对话框，选择"边框"选项卡，如图 14-18 所示。加边框时原则上先选择线条加框。现在先加上外边框，在"线条"列表框中，在双线条上单击选中它，然后在"预置"区域单击"外边框"，外边框就加好了。在单线条上单击选中它，然后在"预置"区域单击"内部"，就给内部加了单线，在对话框的"边框"选项卡中可以预览加框的效果。在"边框"预览框周围有 8 个小框，在它们上面单击，可以控制局部的线条。例如，在最左上方的小框上单击，在预览框中可以看到外边框的上部都去掉了。如果需要还可以在"颜色"下拉列表框中给边框加上颜色，这个例子不需要颜色，单击"确定"按钮即可，见图 14-19。

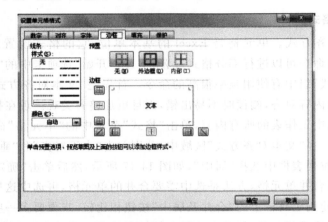

图 14-18 "设置单元格格式"对话框

图 14-19 设置效果

（3）图案格式设置。有时给自己的表格加上底纹是个好主意，可以让表格看上去更漂亮。先进入"图案"选项卡。在"颜色"列表框中选择一种喜欢的颜色，单击"确定"按钮。

5. 格式化工作表

选择"开始"选项卡，单击"套用表格格式"按钮，打开"自动套用格式"列表框，如图 14-20 所示。在列表中包括近 20 种样式，选择自己喜欢的。然后单击"确定"按钮就可以了。还有一种方法是利用工具栏上的"格式刷"改变格式。选择一种样式,然后单击工具栏上的 图标按钮,此时光标的符号不再是箭头了,取而代之的是在光标的前面有一个"刷子"一样的图标。选择将要设置格式样式的单元格(有几个选几个),直到满意为止。最后单击工具栏上的 按钮就可以了。

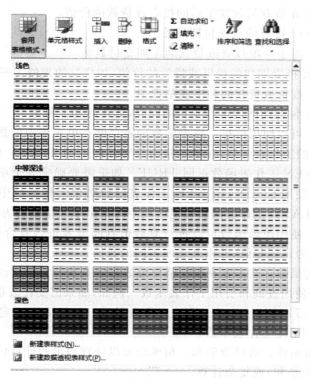

图 14-20　"自动套用格式"列表框

14.1.3　数据图表

1. Excel 中使用的函数

Excel 函数共有 11 类,分别是数据库函数、日期与时间函数、工程函数、财务函数、信息函数、逻辑函数、查询和引用函数、数学和三角函数、统计函数、文本函数及用户自定义函数。

(1) 数据库函数。当需要分析数据清单中的数值是否符合特定条件时,可以使用数据库工作表函数。例如,在一个包含销售信息的数据清单中,可以计算出所有销售数值大于1000 且小于 2500 的行或记录的总数。Microsoft Excel 共有 12 个工作表函数用于对存储在数据清单或数据库中的数据进行分析,这些函数的统一名称为 Dfunctions,也称为 D 函数,每个函数均有 3 个相同的参数,即 database、field 和 criteria。这些参数指向数据库函数所使用的工作表区域。其中参数 database 为工作表上包含数据清单的区域,参数 field 为需要汇总的列的标志,参数 criteria 为工作表上包含指定条件的区域。

(2) 日期与时间函数。通过日期与时间函数,可以在公式中分析和处理日期值和时间值。

(3) 工程函数。工程工作表函数用于工程分析。这类函数中的大多数可分为 3 种类型,即对复数进行处理的函数、在不同的数字系统(如十进制系统、十六进制系统、八进制系统和二进制系统)间进行数值转换的函数和在不同的度量系统中进行数值转换的函数。

(4) 财务函数。财务函数可以进行一般的财务计算,如确定贷款的支付额、投资的未来值或净现值以及债券或息票的价值。财务函数中常见的参数如下。

① 未来值(fv):在所有付款发生后的投资或贷款的价值。

② 期间数(nper):投资的总支付期间数。

③ 付款(pmt):对于一项投资或贷款的定期支付数额。

④ 现值(pv):在投资期初的投资或贷款的价值,如贷款的现值为所借入的本金数额。

⑤ 利率(rate):投资或贷款的利率或贴现率。

⑥ 类型(type):付款期间内进行支付的间隔,如在月初或月末。

(5) 信息函数。可以使用信息工作表函数确定存储在单元格中的数据类型。信息函数包含一组以 IS 开头的工作表函数,在单元格满足条件时返回 TRUE。例如,如果单元格包含一个偶数值,ISEVEN 工作表函数返回 TRUE。如果需要确定某个单元格区域中是否存在空白单元格,可以使用 COUNTBLANK 工作表函数对单元格区域中的空白单元格进行计数,或者使用 ISBLANK 工作表函数确定区域中的某个单元格是否为空。

(6) 逻辑函数。使用逻辑函数可以进行真假值判断或者进行复合检验。例如,可以使用 IF 函数确定条件为真还是假,并由此返回不同的数值。

(7) 查询和引用函数。当需要在数据清单或表格中查找特定数值或者需要查找某一单元格的引用时,可以使用查询和引用工作表函数。例如,如果需要在表格中查找与某一列中的值相匹配的数值,可以使用 VLOOKUP 工作表函数。如果需要确定数据清单中数值的位置,可以使用 MATCH 工作表函数。

(8) 数学和三角函数。通过数学和三角函数可以处理简单的计算(如对数字取整、计算单元格区域中的数值总和)或复杂计算。

(9) 统计函数。统计工作表函数用于对数据区域进行统计分析。例如,统计工作表函数可以提供由一组给定值绘制出的直线的相关信息,如直线的斜率和 y 轴截距,或构成直线的实际点数值。

(10) 文本函数。通过文本函数,可以在公式中处理文字串。例如,可以改变大小写或确定文字串的长度。可以将日期插入文字串或连接在文字串上。下面的公式为一个示例,借以说明如何使用函数 TODAY 和函数 TEXT 来创建一条信息,该信息包含当前日期并将日期以"dd-mm-yy"的格式表示。

(11) 用户自定义函数。如果要在公式或计算中使用特别复杂的计算,而工作表函数又无法满足需要,则需要创建用户自定义函数。这些函数称为用户自定义函数,可以通过使用 Visual Basic for Applications 来创建。

2. 绘制图表

(1) 产生一个表。创建一个数据表,选中需要产生图表数据的区域 A1:D4。选择菜单中的"插入"→"图表"命令,打开插入"图表"对话框,见图 14-21。默认"图表类型"为"柱形图"和"子图表类型",单击下方的"按下不放可查看示例"按钮,可以看到将要得到的图表外观预览。直接单击"完成"按钮,将在目前工作表中得到产生的图表,见图 14-22。如果想要更新表中的数据,可以在表格中直接修改,图表会自动对于修改做出变动。

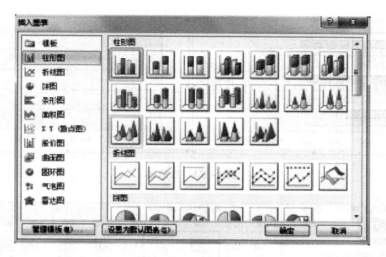

图 14-21　"插入图表"对话框

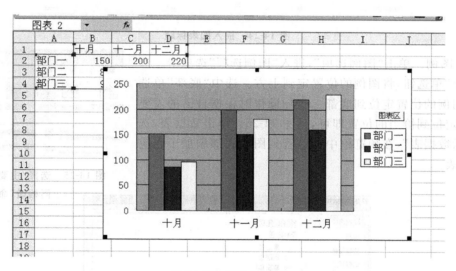

图 14-22　产生的图表

（2）更换表的类型。选中图表，然后选择菜单中的"图表"→"图表类型"命令，打开"图表类型"对话框。修改图表类型为"条形图"，子类型保持默认，一直按住"按下不可放可查看示例"按钮，即可以预览该图表类型得到的效果图。如果满意可单击"确定"按钮。接着，尝试其他图表类型。将图表类型改为"折线图"，一直按住"按下不可放可查看示例"按钮，预览该图表类型得到的效果图，见图 14-23。

（3）图表选项。标题：选择"布局"选项卡，单击"图表标题"按钮，插入图表标题，见图 14-24。在"图表标题"框中输入"公司广告部业务"，"分类（X）轴"输入"第四季度业绩"，"数值（Y）轴"输入"业绩额（万元）"，具体效果出现在预览框中。

① 网络线。单击"网格线"，进入"网格线"选项卡。在"数值（Y）轴"下，选择"主要横网格线"命令。在预览框中查看图表效果，如图 14-25 所示。

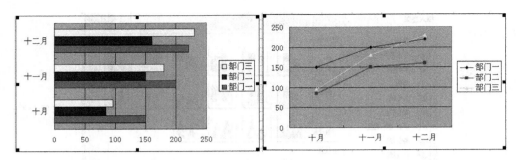

图 14-23　效果图

图 14-24　插入图表标题

② 图例。单击"图例选项",进入"图例选项"选项卡。选中"靠上"单选钮,将图例的位置定到上方。选中"底部"单选钮,将图例的位置定位到底部。实际操作时根据自己的需要将图例定位到恰当的位置即可,见图 14-26。单击数据表,选择"显示数据表",在预览框中可以看到图表底部添加了相应的数据表。

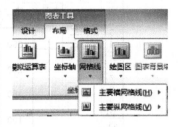

图 14-25　选择"主要横网格线"命令

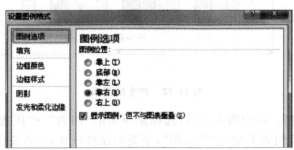

图 14-26　"图例选项"选项卡

14.1.4　页面设置和打印

1. 页面设置

"页面设置"对话框包括页面、页边距、页眉/页脚和工作表 4 个选项卡,现在分别介绍如何来设置它们。

(1)"页面"选项卡。在这里还是以课程表为例,在"页面"选项卡中,主要完成以下设置。在"方向"区域选中"横向"单选钮,使页面的安排更合理。在"缩放比例"微调框中调节到 130%，打印时把课程表放大一些。在"纸张大小"下拉列表框中选择"A4"，如图 14-27 所示。所有的设置完成以后，单击"确定"按钮，回到打印预览视图，效果如图 14-28 所示。从预览视图中可以看出，课程表已经变为横向，而且尺寸也加大了，使页面的利用更为合理。

图 14-27 "页面"选项卡

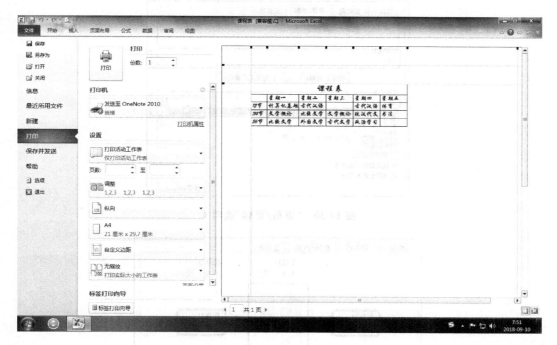

图 14-28 预览效果

（2）"页边距"选项卡。"页边距"选项卡的设置内容比较少，主要是调节上、下、左、右页边距，如果有页眉或页脚，还可以设置其位置，如图 14-29 所示。把左、右边距设置为 2.4，其他可以不作改动。其实，在打印预览视图的预览框中，页边距用虚线表示，把光标放在虚线上可以直接拖动调节页边距。这种方法更为直观，而且可以直接看到调整以后的效果。

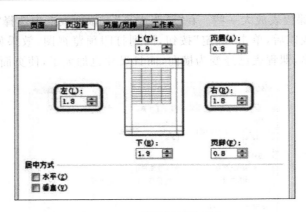

图 14-29　"页边距"选项卡

（3）"页眉/页脚"选项卡。"页眉/页脚"选项卡的界面如图 14-30 所示。如果要设置页眉，可以单击"页眉"下拉按钮，在下拉列表框中选择 Excel 2010 提供的页眉。如果这些页面并不是自己需要的，可单击"自定义页眉"按钮，打开"页眉"对话框，如图 14-31 所示。在左、中、右 3 个文本框中输入自己的页眉，单击"确定"按钮，完成页眉的设置。对页脚的设置与页眉的设置基本相同，依此类推。

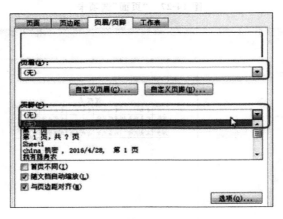

图 14-30　"页眉/页脚"选项卡

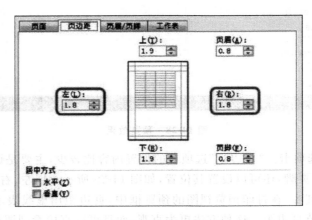

图 14-31　"页眉"对话框

（4）"工作表"选项卡。在"工作表"选项卡中可以准确地设置打印区域、打印内容、打印顺序等，"工作表"选项卡如图 14-32 所示。下面介绍设置打印区域的方法：单击"打印区域"部分的选定区域按钮，出现"页面设置·打印区域"对话框，如图 14-33 所示。选定打印区域，框中会自动加入选定区域的单元格地址，单击"输入"按钮。设置完成后将会只打印选中的部分。单击"确定"按钮，回到打印预览视图，单击"打印"按钮，打开"打印内容"对话框，如图 14-34 所示。在这个对话框中主要设置"打印范围"和"打印份数"两个选项，设置完成后就可以单击"确定"按钮开始打印。

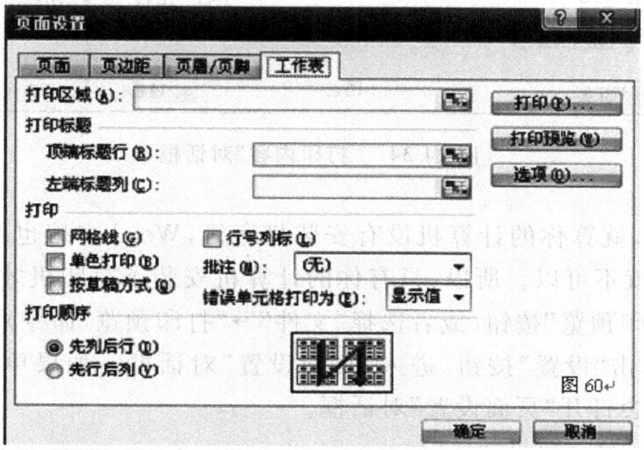

图 14-32　"工作表"选项卡

图 14-33　"页面设置·打印区域"对话框

2．工作表的打印

完成工作表的制作之后，后期工作就是打印工作表了。打印工作表首要的工作就是连接打印机，然后把它打印出来。在打印工作表之前应该通过打印预览来观察打印的效果，如果不满意，可以及时修改。这样既节约了纸张，也节约了打印等待的时间。需要说明的是，

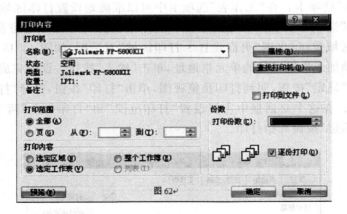

图 14-34 "打印内容"对话框

Excel 和 Word 不同,就算你的计算机没有安装打印机,Word 文档也可以进行页面设置和打印预览,但 Excel 就不可以。所以,只有你的计算机安装了打印机才能进行下面的操作。单击工具栏上的"打印预览"按钮(或者选择"文件"→"打印预览"命令),进入打印预览视图,如图 14-35 所示。单击"设置"按钮,进入"页面设置"对话框。如果单击"文件"菜单,选择"页面设置"命令,也会打开"页面设置"对话框。

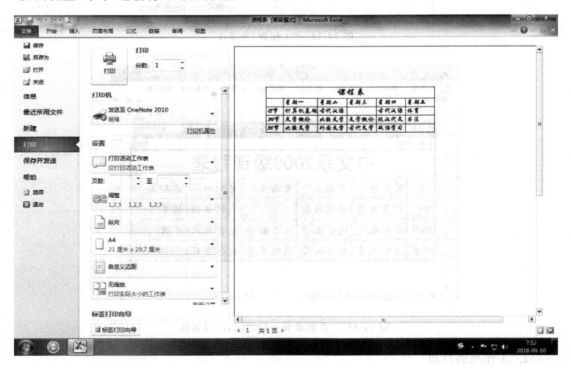

图 14-35 打印预览视图

14.2　实验 4　Excel 基本操作

1. 实验目的

通过基本操作实验的学习,要求学生熟练掌握如何建立数据表格,掌握数据管理和制作图表的方法。

2. 实验内容

(1) 创建工作簿和工作表,进行单元格的设置和内容编辑。

(2) 常见公式和函数的使用,如求和、求平均值等。

(3) 数据管理,包括数据排序、筛选、分类、汇总等。

(4) 制作图表,包括创建、修改、修饰等,见表 14-1 和图 14-36。

表 14-1　数据表

姓名 \ 科目	语文	数学	英语	平均分
张三	80	60	90	76.67
李四	70	50	60	60.00
王五	90	80	90	86.67
平均分	80.00	63.33	80.00	

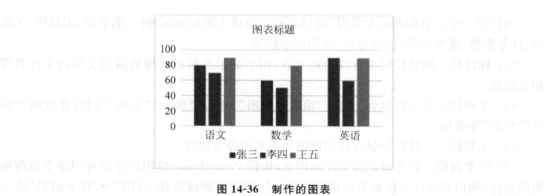

图 14-36　制作的图表

第15章　PowerPoint 演示文稿制作

15.1　PowerPoint 操作

15.1.1　PowerPoint 启动和退出

1. 启动 PowerPoint 2010

方法一：选择"开始"→"所有程序"→Microsoft Office→Microsoft Office PowerPoint 2010 命令。

方法二：双击桌面上的 Microsoft Office PowerPoint 2010 快捷方式图标。

方法三：通过资源管理器找到 PowerPoint 2010 系统执行文件，双击即可。

2. 退出 PowerPoint 2010

方法一：选择"文件"→"退出"菜单命令。

方法二：单击应用程序窗口的关闭按钮。

15.1.2　PowerPoint 窗口界面

当打开一个已有的演示文稿时，窗口界面的组成主要包括标题栏、菜单栏、工具栏、工作区、任务窗格、视图切换区、状态栏、帮助搜索栏等。

（1）标题栏。标题栏位于窗口的最上方，用于显示当前正在编辑演示文稿的文件名等相关信息。

（2）菜单栏。菜单栏包含"文件""编辑""视图""插入""格式""工具""幻灯片放映""窗口""帮助"等菜单。

（3）工具栏。工具栏中包含许多由图标表示的命令按钮。

（4）任务窗格。任务窗格像个浮动面板，提供 PowerPoint 应用程序的常用命令及剪贴板的操作，利用它可以方便地实现很多功能。任务窗格通过选择"视图"→"任务窗格"命令显示，一般在窗口右边，还可以通过按住 Ctrl 或 Alt 键再拖动来调整位置。

（5）视图切换区。在 PowerPoint 2010 系统中提供 3 种视图，即普通视图、幻灯片浏览视图和幻灯片放映视图。用户可以通过视图切换区实现对不同视图方式的切换。

（6）工作区。工作区是 PowerPoint 的主要操作界面，在这里用户可以对幻灯片和演示文稿进行编辑或者应用各种效果进行操作。在不同的视图方式下，工作区界面有所不同。在普通视图方式下，工作区包括 3 个部分，即大纲与幻灯片缩略图区、幻灯片编辑区和备注区。在幻灯片浏览视图方式下，工作区只显示幻灯片缩略图。

① 大纲与幻灯片缩略图区：显示幻灯片的标题、大纲信息和缩略图，在这里可以方便用户对不同幻灯片之间进行的快速选择和显示。

② 幻灯片编辑区：对幻灯片的信息对象进行编辑和设置的区域。

③ 备注区：在这里实现对幻灯片备注信息的添加、修改及管理。

（7）状态栏。显示 PowerPoint 当前的各种状态信息。

（8）帮助搜索栏。用于搜索引擎，查询有关 PowerPoint 操作的使用帮助。

15.1.3　演示文稿的组成

一个演示文稿由若干张幻灯片组成，一张幻灯片通常又包含多个信息对象。幻灯片的信息对象有不同的类型，常见的有标题、文本、图形、表格、声音等。由于幻灯片中各信息对象的布局不同，每张幻灯片都采用了某种排版格式，称之为幻灯片版式。

PowerPoint 2010 系统提供了文字版式、内容版式、文字和内容版式、其他版式等四大类共 31 种版式。常用的版式有标题幻灯片、只有标题、标题与文本、标题和两栏文本、空白、内容、标题和内容、标题文本与内容、标题文本与文本、文本与图表等。

演示文稿的每一张幻灯片可以看成有两层：一是信息对象层；二是背景层。不同层的编辑和设置分别在不同的操作环境中进行。

幻灯片外观是整个幻灯片的外观，一个演示文稿中各张幻灯片可以设置统一的外观格式，也可以设置不同风格的外观。幻灯片的外观格式的设置一般通过使用母版、幻灯片背景、使用配色方案、应用设计模板以及设置页眉和页脚、编号、页码来实现。

15.1.4　演示文稿视图

Microsoft PowerPoint 2010 有 3 种主要视图，即普通视图、幻灯片浏览视图和幻灯片放映视图。而 PowerPoint 2000 包括 5 种视图，即幻灯片视图、大纲视图、普通视图、幻灯片浏览视图和幻灯片放映视图。PowerPoint 2010 将 PowerPoint 2000 中的幻灯片视图、大纲视图、普通视图合并为普通视图。选用不同的视图可以使文档的浏览或编辑更加方便。

1. 普通视图

普通视图是主要的幻灯片编辑视图，可用于插入新幻灯片、插入和编辑信息对象、设置信息对象的格式、设置幻灯片外观、设置幻灯片动画、设置超级链接等操作。普通视图是 PowerPoint 2010 默认的视图方式，在普通视图方式下的 PowerPoint 2010 窗口，工作区由大纲与幻灯片缩略图区、幻灯片编辑区和备注区 3 个部分组成。大纲与幻灯片缩略图区又包括两个选项卡，即"大纲"和"幻灯片"。

（1）"幻灯片"选项卡用于查看幻灯片的缩略图，可看到一列缩小了的幻灯片，使用鼠标拖动中间的分界线可以调整"幻灯片"缩略图区的大小，同时使幻灯片以最大限度自动缩放。

（2）"大纲"选项卡中并不显示幻灯片图形，而是显示每张幻灯片的大纲信息，包括幻灯片的标题与文本内容，其他内容不显示。在这里便于对幻灯片标题和文本信息的修改以及对幻灯片顺序的调整。

2. 幻灯片浏览视图

幻灯片浏览视图是缩略图形式的幻灯片的专有视图，幻灯片浏览视图用于将幻灯片缩小、多页并列显示，便于对幻灯片进行移动、复制、删除和调整顺序等操作。

在结束创建或编辑演示文稿后，幻灯片浏览视图给出演示文稿的整个图片，使重新排列、添加或删除幻灯片以及预览切换和动画效果都变得很容易。

3. 幻灯片放映视图

幻灯片放映视图占据整个计算机显示屏幕，就像一个实际的幻灯片全屏幕放映。在这种全屏幕视图中，用户所看到的演示文稿就是将来观众所看到的，如用户可以看到图形、时间、影片、动画元素以及将在实际放映中看到的切换效果。

PowerPoint 2010 的 3 种视图方式的切换可通过视图切换按钮进行，也可以通过选择"视图"→"普通"（或"幻灯片浏览"→"幻灯片放映"）命令来实现。

15.2　文稿制作

创建演示文稿一般步骤如下。

（1）创建.ppt 文件，包括演示文件的创建和保存，幻灯片的插入、编辑和设置等。

（2）设置幻灯片的外观格式，一般通过使用母版、幻灯片背景、使用配色方案、应用设计模板以及设置页眉和页脚、编号、页码等实现。

（3）设置幻灯片的动画和超级链接。幻灯片的动画包括幻灯片中各信息对象显示的动画和演示文稿放映时幻灯片切换的动画。演示文稿的超级链接包括使用超级链接命令和设置动作按钮。

（4）演示文稿的放映、打印和打包等处理。

15.2.1　演示文稿创建方式

1. 创建空演示文稿

在"新建演示文稿"任务窗格中选择"空演示文稿"将会产生空白的文档窗口。这种方式建立的幻灯片不包含任何背景图案、格式和内容，但包含了 31 种自动版式供用户选择。用户可以从"幻灯片版式"任务窗格中任意选择某种版式，然后在窗口中根据信息对象占位符的提示，插入文本、内容或其他的信息对象，并进行格式设置。如果要插入新的幻灯片，通过"插入"→"新幻灯片"菜单命令，或单击常用工具栏中的"插入新幻灯片"按钮即可。

2. 根据设计模板创建演示文稿

在"新建演示文稿"任务窗格中选择"根据设计模板创建"，该任务窗格将会切换到"幻灯片设计"任务窗格。在"幻灯片设计"任务窗格中单击一种设计模板，此时所选的模板格式将会应用到幻灯片上，此幻灯片已有了相应的背景图案和格式。

3. 根据内容提示向导创建演示文稿

在"新建演示文稿"任务窗格中，如果用户选择"根据内容提示向导"选项，就可以按照向导提示，经过 5 个步骤创建出新演示文稿。在"根据内容提示向导"创建演示文稿时，用户可以根据 PowerPoint 的每个提示对话框逐步进行设置。完成 5 个步骤后，单击"完成"按钮，将弹出"保存"对话框，输入保存文件的文件名。这样系统将自动生成一个已包括多张幻灯片的新的演示文稿，演示文稿的幻灯片不仅包括了基本的信息内容，还包括了背景图案和格式。这种方式比较方便、直观，用户操作起来十分简便。

4. 根据现有演示文稿创建新演示文稿

如果用户想在以前编辑的演示文稿的基础上创建新的演示文稿,可以在"新建演示文稿"任务窗格中选择"根据现有演示文稿"选项,就会弹出"根据现有演示文稿新建"对话框,在此选择根据现有演示基础上新建或修改幻灯片,实现创建新的演示文稿。这样新的演示文稿将包括现有演示文稿的全部内容和格式。

注意:这与打开一个已有的演示文稿是不同的。

5. 根据相册创建演示文稿

除了上面所讲的演示文稿创建方式外,利用 PowerPoint 还可以以相册的方式创建演示文稿。在"新建演示文稿"任务窗格中,选择"相册"选项,将会弹出"相册"对话框,从该对话框中选择一个图片,单击"插入"按钮即可完成图片插入,此时在"相册版式"选项组中用户可以对"图片版式""相册形状"和"设计模板"进行设置。

15.2.2　演示文稿创建实例分析

现以制作图 15-1 所示的演示文稿为例,说明演示文稿创建的一般过程。创建操作步骤如下。

图 15-1　演示文稿示例

(1) 启动 PowerPoint 2010 系统。

(2) 选择"文件"→"新建"菜单命令,弹出"新建演示文稿"任务窗格,在该任务窗格中选择"空演示文稿",弹出"幻灯片版式"任务窗格。

（3）在"幻灯片版式"任务窗格中选择版式,此处选择"标题,文本与内容"版式,此时创建了空幻灯片。

（4）根据新幻灯片版式中各占位符的提示,输入幻灯片对象的内容、标题、文本和图片,这样就完成了第1张幻灯片的制作。

15.2.3　演示文稿编辑

1. 插入新幻灯片

在演示文稿中插入一新的幻灯片,可以在普通视图和幻灯片浏览视图中进行。一般是在普通视图窗口左边的"幻灯片"窗格中进行。具体操作：①选取一张幻灯片；②选择"开始"选项卡,单击"新建幻灯片"按钮,或在工具栏中单击"插入新命令"按钮；③从窗口右边的"幻灯片版式"窗格中选择需要的版式。这样就在选取幻灯片之后插入了一张新幻灯片,原选取的幻灯片往后移动一张。另外,选取一张幻灯片并右击鼠标,在弹出的快捷菜单中选择"新幻灯片"命令,也可以在选择的幻灯片之后插入一张新幻灯片。直接按 Ctrl+M 组合键也能实现新幻灯片的插入操作。如果需要在两张幻灯片之间插入一张新幻灯片,可以使用鼠标在两张幻灯片之间的区域单击,待提示线出现后,再选择"插入"选项卡,单击"新幻灯片"按钮即可。

2. 选取幻灯片

在选择幻灯片时按住 Ctrl 键,可以选中不连续的多张幻灯片；单击选取一张幻灯片后,按住 Shift 键再选中另一张幻灯片,将同时选取多张连续的幻灯片；全部选取幻灯片可以使用"编辑"→"全选"或按 Ctrl+A 组合键。

3. 删除、移动和复制幻灯片

在普通视图的"幻灯片"窗格中,先选取要操作的幻灯片,右击鼠标,在弹出的快捷菜单中使用剪切、复制、粘贴和幻灯片删除命令,可现实幻灯片删除、移动、复制等操作。如果选择"插入"→"幻灯片副本",将在选取幻灯片后插入其幻灯片副本。幻灯片副本与选定幻灯片完全相同,包括版式、文字及图形等所有对象及属性。

4. 隐藏幻灯片

设置幻灯片的隐藏,一般在普通视图窗口左边的"幻灯片"窗格中进行。具体操作：

① 选取一张或多张幻灯片。

② 右击鼠标,在弹出的快捷菜单中选择"隐藏幻灯片"命令。被"隐藏"的幻灯片在"幻灯片"窗格中仍可看到其缩略图,但是在幻灯片播放时 PowerPoint 将跳过这些被隐藏的幻灯片。

15.2.4　幻灯片编辑

1. 通过占位符插入信息对象

用户制作幻灯片时,通过选择"幻灯片版式"为新幻灯片提供了插入信息对象的占位符,供插入所需的标题、图片、表格等对象之用。

2. 在幻灯片中添加对象

在幻灯片中除了通过选择"幻灯片版式"所提供的占位符插入信息对象外,PowerPoint 还提供了用户自由插入图片、图示、文本框、影片和声音、对象、书签等信息对象的方法。一般通过"插入"→"…"插入对象。

3. 插入影片和声音

为了使演示文稿更加生动、形象,更能吸引观看者的注意力,经常会在 PowerPoint 幻灯片中插入影片。为了在幻灯片放映的同时播放解说词或音乐,可在幻灯片中插入事先准备好的声音文件等。

(1) 插入声音文件。选择"插入"→"音频"→"文件中的声音",弹出"插入声音"对话框。在选择插入声音文件后,在播放中设置播放的效果,若选择"自动"则在放映幻灯片时自动播放该声音,若选择"单击时"则在放映幻灯片时需要单击幻灯片上的插入标记才会播放。成功插入声音文件后,在幻灯片中央位置上以一个插入标记图标显示。

(2) 插入影片文件。选择"插入"→"视频""文件中的影片",弹出"插入影片"对话框。以下的操作与插入文件中的声音类似。设置影片大小。

4. 文本格式设置

PowerPoint 幻灯片中的标题、副标题、各类文本框等信息对象均为文本对象,对其设置与 Word 中文本设置类似。

(1) 字符格式。幻灯片中字符格式包括中西文字体、字形、字号、颜色、阴影、上下标等格式。具体操作:

① 选取字符内容或文本对象。

② 选择"开始"→"字体",或者右击文本框的边框,在弹出的快捷菜单中选择"字体"命令,弹出"字体"对话框。

(2) 段落格式。幻灯片中段落格式包括段落对齐、段落缩进、行距、段间距(包括段前距和段后距)、项目符号和编号等格式。段落格式的设置一般从"格式"菜单中进入,选择"开始"→"…",包括项目符号和编号、对齐方式、字体对齐方式、行距等选项。还可以通过窗口中标尺的操作来实现。

(3) 项目符号和编号。在 PowerPoint 幻灯片中,项目符号和编号是比较常见的段落格式,使用它可使文本信息的表示层次更分明、更具有可读性。具体操作:设置项目符号和编号格式可通过选择"开始"→"项目符号和编号",弹出"项目符号和编号"对话框,从中选择符号和编号。

5. 对象格式设置

对象需要设置基本的格式,包括填充颜色、线条颜色、字体颜色、边框线型、阴影、三维效果等格式。操作一:在"绘图"工具栏使用相应的按钮;操作二:选择占位符,单击鼠标右键,在弹出的快捷菜单中选择"设置占位符格式",弹出对话框;操作三:选择要设置格式的对象,如文本框、图片、表格等。单击鼠标右键,在弹出的快捷菜单中选择相应的格式设置选项,如设置文本框格式、设置图片格式、设置对象格式等。这里选择的对象不同弹出的对话框也不同。

15.3　实验5　演示文稿制作

1. 实验目的与要求

掌握 PowerPoint 的基本编辑技术。熟悉向幻灯片中添加对象的方法。掌握给幻灯片添加动画、设置动作按钮的方法。掌握幻灯片放映效果的设置。

2. 实验内容与步骤

要求：制作图 15-2 所示的演示文稿。

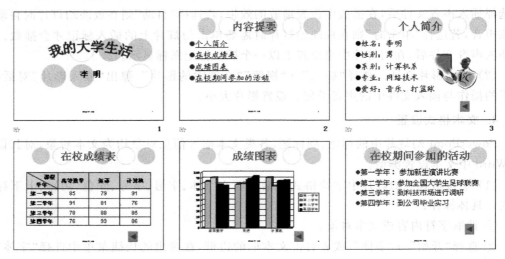

图 15-2　"我的大学生活"演示文稿

（1）启动 PowerPoint 程序。操作步骤：选择"开始"→"程序"→Microsoft Office→Microsoft Office PowerPoint 2010 命令即可打开 PowerPoint 编辑窗口。

（2）新建演示文稿。操作步骤：

① 选择"文件"→"新建"命令，在窗口右侧的任务窗格中选择"根据设计模板"选项，在列表中选择名称为 Watermark. pot 的模板。

② 在窗口左侧的"大纲"窗格选中第一张幻灯片后，按 Enter 键可以依次产生 5 张新的幻灯片。

（3）编辑第 1 张幻灯片（包含有艺术字、页脚、幻灯片编号）。操作步骤：

① 选择"插入"→"图片"→"艺术字"，选择一种艺术字样式，并编辑"我的大学生活"文本。

② 在副标题占位符中输入姓名"李明"。

③ 单击"插入"→"幻灯片编号"，在弹出对话框（见图 15-3）中设置幻灯片编号和页脚信息。

（4）编辑第 2 张幻灯片（包含项目符号、超级链接）。操作步骤：

① 输入标题，字体设置为宋体、54 号字、加粗、红色，在下方占位符中选定项目符号，在

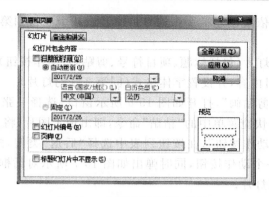

图 15-3　"页眉和页脚"对话框

菜单中选择"项目符号和编号"命令，在弹出对话框中可以设置项目符号的颜色等。

② 输入项目内容，字体设置为楷体、40 号。

③ 选定第一个项目内容，在菜单中选择"超链接"命令，弹出图 15-4 所示对话框。

图 15-4　"插入超链接"对话框

④ 单击"书签"按钮，弹出图 15-5 所示对话框，选择"幻灯片 3"，即创建了一个由"个人简介"到第 3 张幻灯片的超级链接。

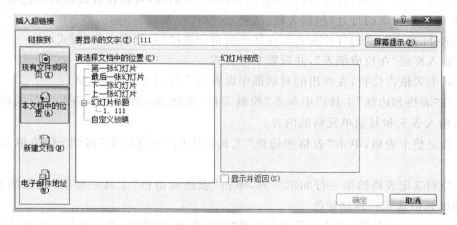

图 15-5　选择链接位置

⑤ 参照上述步骤,依次创建第 2 张幻灯片中其余几个项目到第 4～6 张幻灯片的超级链接。

(5) 编辑第 3 张幻灯片(包括标题、项目符号、剪贴画、动作按钮)。操作步骤:

① 输入标题和项目内容,并设置字体格式(同第 2 张幻灯片)。

② 选择"插入"→"剪贴画",打开如图 15-6 所示窗口,选择一张剪贴画,选择"复制"命令,再到幻灯片中,选择快捷菜单中的"粘贴"命令,即出现了图片,将其移动到合适的位置。

③ 选择"开始"→"动作按钮",在按钮列表中选择"后退"类型,然后在幻灯片的合适位置拖动鼠标即出现了一个动作按钮,同时弹出如图 15-7 所示对话框,设置动作为超级链接到第 2 张"内容提要"幻灯片。

图 15-6　剪辑管理器

图 15-7　按钮动作设置

④ 双击"动作"按钮,打开"设置自选图形格式"对话框,可以设置按钮的颜色等。

(6) 编辑第 4 张幻灯片(包括表格、动画)。操作步骤:

① 选择"格式"→"幻灯片版式",在任务窗格中选择"标题和表格"版式。

② 输入标题"在校成绩表",并设置字体格式。

③ 双击表格占位符,在弹出的对话框中设置为 5 行、4 列,创建表格。

④ 在"表格和边框"工具栏中单击"绘制表格"按钮 ,然后在表格左上角的单元格内画斜线,输入表头和其他单元格的内容。

⑤ 选定整个表格,单击"表格和边框"工具栏中的"垂直居中"按钮 ▤,使单元格居中对齐。

⑥ 分别选定表格的第一行和第一列,单击"表格和边框"工具栏中的"填充颜色"按钮 ◇▾,为单元格选定一种背景色。

⑦ 选择表格占位符,在快捷菜单中选择"自定义动画"命令,然后在任务窗格中选择"添

加效果"→"进入"→"向内溶解"，即为表格的出现设置了一个动画形式。

⑧ 参照第 3 张幻灯片中动作按钮的操作方法，为此张幻灯片添加一个同样的按钮。也可以直接将第 3 张幻灯片中的动作按钮复制过来。

（7）编辑第 5 张幻灯片（包括标题、图表、动作按钮）。操作步骤：

① 选择"格式"→"幻灯片版式"，在弹出的任务窗格中选择"标题和图表"版式。

② 输入标题"成绩图表"，并设置字体格式。

③ 双击图表占位符，出现一个图表模板和数据表，更改数据表中的数据，使其与第 4 张幻灯片表格中的数据一致，然后关闭数据表。

④ 参照以前的方法为此张幻灯片添加动作按钮。

（8）编辑第 6 张幻灯片（包括标题、项目清单、动画、动作按钮）。操作步骤：

① 输入标题和项目内容，并设置字体的格式。

② 选定第一项内容，在菜单中选择"自定义动画"命令，在任务窗格中选择"百叶窗"的进入动画效果。

③ 用同样的方法为以下几项内容设置百叶窗的动画效果。

④ 在幻灯片右下角添加动作按钮，使其能链接返回到第 2 张幻灯片。

（9）为演示文稿中的幻灯片设置水平百叶窗的切换方式。操作步骤：选择"幻灯片放映"→"幻灯片切换"，在弹出的任务窗格中选择"水平百叶窗"效果，设置速度为"慢速"，声音为"打字机"效果，单击"应用于所有幻灯片"按钮。

（10）保存演示文稿。选择"文件"→"保存"，将演示文稿命名为 my.ppt 并保存到磁盘。

模拟试卷(1～3)

期末考试模拟试卷(1)

一、对错判断题(共 5 题,每题 2 分,本题 10 分)(用√或×判断对错)

1. DOC 是 Microsoft Word 软件文档的默认扩展名。(　　)
2. WWW 是 Internet 互联网的简称。(　　)
3. UNIX 是微软公司研发的一种操作系统。(　　)
4. E-mail 地址格式正确表示的是 http://www.znufe.edu.cn。(　　)
5. 软件是一系列按照特定顺序组织的计算机数据和指令的集合。(　　)

二、选择题(共 10 题,每题 1 分,本题 10 分)(请将答案填在下表中)

1. "死机"是指_____。
   A. 计算机读数状态 　　　　　　　　　　B. 计算机运行不正常状态
   C. 计算机自检状态 　　　　　　　　　　D. 计算机处于运行状态

2. PowerPoint 文档的扩展名是_____。
   A. XLS 　　　　　B. DOC 　　　　　C. PTP 　　　　　D. PPT

3. 计算机网络的主要目的是_____。
   A. 使用计算机更方便 　　　　　　　　　B. 学习计算机网络知识
   C. 测试计算机技术与通信技术结合的效果　D. 共享联网计算机资源

4. 电子邮件是世界上使用最广泛的 Internet 服务,下面_____是一个电子邮件地址。
   A. sjq@znufe.edu.cn 　　　　　　　　　B. http://127·110·110·46
   C. ftp://ftp.znufe.edu.cn/ 　　　　　　D. Ping198·105·232·2

5. 计算机内部采用的数制是_____。
   A. 十进制 　　　　　　　　　　　　　　B. 二进制
   C. 八进制 　　　　　　　　　　　　　　D. 十六进制

6. 微机硬件系统中最核心的部件是_____。
   A. 内存储器 　　　　　　　　　　　　　B. 输入输出设备
   C. CPU 　　　　　　　　　　　　　　　D. 硬盘

7. 计算机网络最突出的优点是_____。
   A. 资源共享和快速传输信息 　　　　　　B. 高精度计算
   C. 运算速度快 　　　　　　　　　　　　D. 存储容量大

8. 计算机系统软件中最核心、最重要的是_____。
   A. 语言处理系统 　　　　　　　　　　　B. 数据库管理系统
   C. 操作系统 　　　　　　　　　　　　　D. 诊断程序

9. 下列设备组中,属于输入设备的一组是_____。
　　A. 显示器　　　　　　　　　　　　B. 绘图仪
　　C. 键盘、鼠标器　　　　　　　　　D. 打印机
10. 下列设备组中,属于输出设备的一组是_____。
　　A. 打印机,显示器　　　　　　　　B. 键盘
　　C. 扫描仪　　　　　　　　　　　　D. 鼠标器

三、名词解释(共 5 题,每题 4 分,本题 20 分)
1. 数据库:
2. 木马:
3. 数字签名:
4. 大数据:
5. 机器人:

四、简答题(共 5 小题,每题 6 分,本题 30 分)
1. 计算机网络的发展经过几个阶段?

2. 简单介绍计算机网络的几种拓扑结构。

3. 计算机病毒有什么危害?

4. 简单介绍有几种数据结构。

5. 简单介绍操作系统的几个功能。

五、论述题(共 2 题,每题 15 分,共 30 分)
1. 如何看生物技术对信息安全的结合?

2. 学习信息安全导论课程后你有何体会?(答题建议:谈谈未来你希望涉足的具体领域,并介绍你对该领域的理解和未来展望。畅谈你未来 4 年、10 年、20 年为之奋斗的计划。)

期末考试模拟试卷(2)

一、单项选择题(每题 1 分,共 10 分,结果填入答案表上)
1. "死机"是指_____。
　　A. 计算机读数状态　　　　　　　　B. 计算机运行不正常状态
　　C. 计算机自检状态　　　　　　　　D. 计算机处于运行状态
2. 格式化磁盘的主要目的是_____。
　　A. 磁盘初始化　　B. 删除数据　　C. 复制数据　　D. 测试容量

3. 在 Word 的编辑状态下,执行"文件"菜单中的"保存"命令后_____。
　　A. 将打开的文件存盘
　　B. 将当前文档存储后退出
　　C. 将当前文档改名
　　D. 将文档删除

4. 在 Word 文档操作中,经常利用_____操作过程相互配合,用以将一段文本内容移到另一处。
　　A. 选取、复制、粘贴　　　　　　　　　　B. 选取、剪贴、粘贴
　　C. 选取、剪切、复制　　　　　　　　　　D. 选取、粘贴、复制

5. Word 文档的扩展名是_____。
　　A. XLS　　　　　　B. DOC　　　　　　C. PTP　　　　　　D. PPT

6. 计算机网络的主要目的是_____。
　　A. 使用计算机更方便　　　　　　　　　B. 学习计算机网络知识
　　C. 测试计算机技术与通信技术结合的效果　D. 共享联网计算机资源

7. 网络要有条不紊地工作,每台联网的计算机都必须遵守一些事先约定的规则,这些规则称为_____。
　　A. 标准　　　　　　B. 协议　　　　　　C. 公约　　　　　　D. 地址

8. 下面_____是一个电子邮件地址。
　　A. sjq@znufe. edu. cn　　　　　　　　B. http://127 · 110 · 110 · 46
　　C. ftp://ftp. znufe. edu. cn/　　　　　D. Ping198 · 105 · 232 · 2

9. 下面 IP 地址中,正确的是_____。
　　A. 202. 9. 1. 12　　　　　　　　　　　B. CX. 9. 23. 01
　　C. 202. 122. 202. 345. 34　　　　　　 D. 202. 156. 33. D

10. 万维网引进了超文本的概念,超文本指的是_____。
　　A. 包含多种文本的文本　　　　　　　　B. 包括图像的文本
　　C. 包含多种颜色的文本　　　　　　　　D. 包含链接的文本

二、填空题(每题 2 分,共 10 分,结果填入答案表上)

1. 微型机中,用来存储信息的最基本单位是_____。

2. WWW 指_____。

3. LAN 指_____网。

4. E-mail 地址格式正确表示的是_____。

5. 计算机病毒是一种造成计算机出现故障的_____。

三、名词解释(每题 5 分,共 20 分)

1. 软件:

2. 局域网:

3. 云计算:

4. 计算机犯罪:

四、简答题(每题 10 分,共 30 分)

1. 计算机系统中的密码有什么作用?

2. 怎样有效地防治计算机病毒?

3. Word 软件的主要功能是什么?

五、论述题(每题 15 分,共 30 分)

1. 你怎样看待黑客?

2. 如今有些人利用计算机进行经济犯罪,未来你将可能成为一名经济信息安全方面的工作者,你觉得如何解决这个问题?(提示:从道德、法律、技术 3 个方面论述。)

期末考试模拟试卷(3)

一、对错判断题(共 5 题,每题 2 分,本题 10 分)(用√或×判断对错)

1. 计算机的速度完全由 CPU 决定。(　　)

2. Http://www.sina.com.cn 表示的网址位于中国大陆。(　　)

3. 常用的 CD-ROM 光盘只能读出信息而不能写入。(　　)

4. 计算机硬件系统一直沿用"冯·诺依曼结构"。(　　)

5. 一个汉字在计算机中用两个字节来储存。(　　)

二、多项选择题(共 10 题,每题 1 分,本题 10 分)

1. 计算机软件系统包括_____两部分。

　　A. 系统软件　　　　B. 编辑软件　　　　C. 实用软件　　　　D. 应用软件

2. 计算机语言按其发展历程可分为_____。

　　A. 低级语言　　　　B. 机器语言　　　　C. 汇编语言　　　　D. 高级语言

3. 下列叙述中,正确的是_____。

　　A. "剪贴板"可以用来在一个文档内进行内容的复制和移动

　　B. "剪贴板"可以用来在一个应用程序内部一个文档之间进行内容的复制和移动

　　C. "剪贴板"可以用来在一个应用程序内部几个文档之间进行内容的复制和移动

　　D. 一部分应用程序之间可以通过"剪贴板"进行一定程度的信息共享

4. 在打印文档时,欲打印第 1、3、9 及 5～7 页,在打印对话框中"页码范围"栏应输入_____。

　　A. 1,3,5,7,9　　　　　　　　　　　B. 1～9

　　C. 1,3,5,6,7,9　　　　　　　　　　D. 1,3,5～7,9

5. 在 Excel 2000 中建立的文档通常称为_____。

　　A. 工作表　　　　B. 单元格　　　　C. 二维表格　　　　D. 工作簿

6. 一般情况下,Excel 2000 文件的扩展名是_____。

　　A. DOC　　　　B. XLS　　　　C. BMP　　　　D. TXT

7. 目前,连接因特网的方式有_____。

    A. 通过有线电视网   B. 拨号 IP

    C. 仿真终端   D. 通过局域网连接入网

8. 局域网传输介质一般采用_____。

    A. 光缆   B. 同轴电缆   C. 双绞线   D. 电话线

9. Internet 采用的基础协议是_____。

    A. HTML   B. OSMA

    C. SMTP   D. TCP/IP

10. OSI 参考模型将网络的层次结构划分为_____。

    A. 三层   B. 四层

    C. 五层   D. 七层

三、名词解释(每题 5 分,共 20 分)

1. 黑客:

2. 程序:

3. 加密:

4. 计算机网络:

四、简答题(每题 10 分,共 30 分)

1. 计算机系统面临的安全威胁主要是什么?

2. 简单介绍计算机硬件系统组成。

3. PowerPoint 软件的主要功能是什么?

五、论述题(每题 15 分,共 30 分)

1. 计算机犯罪的危害主要是什么?

2. 技术不是万能的,法律也有漏洞,管理不可能天衣无缝。未来你可能接触到重要部门的核心经济数据,不仅可以浏览,还可以修改,而且可以从中获得巨大的利益。(请从职业道德、法律和技术 3 个方面论述你对这个问题的看法。)

参 考 答 案

期末考试模拟试卷(1)参考答案

一、对错判断题(共 5 题,每题 2 分,本题 10 分)(用√或×判断对错)

1. √　2. ×　3. ×　4. ×　5. √

二、选择题(共 10 题,每题 1 分,本题 10 分)

1. C　2. A　3. D　4. C　5. C　6. D　7. D　8. C　9. D　10. C

三、名词解释(共 5 题,每题 4 分,本题 20 分)

1. 数据库:是按照数据结构来组织、存储和管理数据的仓库。

2. 木马:也称木马病毒,是指通过特定的程序(木马程序)来控制另一台计算机。

3. 数字签名:是一种类似写在纸上的普通物理签名,但是使用了公钥加密领域的技术实现,用于鉴别数字信息的方法。

4. 大数据:指无法在一定时间范围内用常规软件工具进行捕捉、管理和处理的数据集合。

5. 机器人:是自动执行工作的机器装置。

四、简答题(共 5 小题,每题 6 分,本题 30 分)

1. 计算机网络的发展经过几个阶段?

60 年代,Internet 起源。

70 年代,TCP/IP 协议出现,Internet 随之发展起来。

80 年代,NSFNET 出现,并成为当今 Internet 的基础。

90 年代,Internet 进入高速发展时期。

2. 简单介绍计算机网络的几种拓扑结构。

总线型拓扑、星型拓扑、环型拓扑、树型拓扑

3. 计算机病毒有什么危害?

破坏系统,使数据丢失,影响运行速度,抢占系统资源,堵塞网络。

4. 简单介绍有几种数据结构。

集合结构,线性结构,树型结构,图形结构。

5. 简单介绍操作系统的几个功能。

处理机管理,存储管理,设备管理,文件管理,进程管理

五、论述题(共 2 题,每题 15 分,共 30 分)

1. 如何看生物技术对信息安全的结合?

利用人体特征,学习人体免疫系统,利用人工智能等。

2. 学习信息安全导论课程后你有何体会?

略

期末考试模拟试卷(2)参考答案

一、选择题(共 10 题,每题 1 分,本题 10 分)

1. C　2. A　3. A　4. B　5. B　6. D　7. B　8. A　9. A　10. D

二、填空题(每题 2 分,共 10 分,结果填入答案表上)

1. 微型机中,用来存储信息的最基本单位是bit。

2. WWW 指万维网。

3. LAN 指局域网。

4. E-mail 地址格式正确表示的是 *** @ *** . *** 。

5. 计算机病毒是一种造成计算机出现故障的程序。

三、名词解释(每题 5 分,共 20 分)

1. 软件:是一系列按照特定顺序组织的计算机数据和指令的集合。

2. 局域网:是指在某一区域内由多台计算机互联成的计算机组。一般是方圆几千米以内。

3. 云计算:是基于互联网的相关服务的增加、使用和交付模式,通常涉及通过互联网来提供动态易扩展且经常是虚拟化的资源。

4. 计算机犯罪:就是在信息活动领域中,利用计算机信息系统或计算机信息知识作为手段,或者针对计算机信息系统,对国家、团体或个人造成危害,依据法律规定,应当予以刑罚处罚的行为。

四、简答题(每题 10 分,共 30 分)

1. 计算机系统中的密码有什么作用?

密码是一种用来混淆的技术,使用者希望将正常的(可识别的)信息转变为无法识别的信息,以便对计算机系统进行保护,而不受非法用户的侵害。

2. 怎样有效地防治计算机病毒?

安装杀毒软件,定期杀毒,尽早发现病毒,有效控制病毒危害。发现病毒并清除,将病毒危害减少到最低限度。

3. Word 软件的主要功能是什么?

Word 是由 Microsoft 公司的一个文字处理软件。主要功能有多媒体混排、制表功能、Web 工具、打印功能、文件格式转换等。

五、论述题(每题 15 分,共 30 分)

1. 你怎样看待黑客?

黑客(Hacker)通常是指对计算机科学、编程和设计方面具高度理解的人,但大部分的媒体习惯将"黑客"指作计算机侵入者。白帽黑客指有能力破坏计算机安全但不具恶意目的的黑客,他们很清楚道德规范,并常常试图同企业合作去改善被发现的安全弱点。灰帽黑客指对于伦理和法律含糊不清的黑客。黑帽黑客指利用公共通信网路,如互联网和电话系统,在未经许可的情况下载入对方系统的人。

2. 如今有些人利用计算机进行经济犯罪,未来你将可能成为一名经济信息安全方面的工作者,你觉得如何解决这个问题?(提示:从道德、法律、技术三方面论述。)

略。

期末考试模拟试卷(3)参考答案

一、对错判断题(共 5 题,每题 2 分,本题 10 分)(用√或×判断对错)

1. × 2. √ 3. √ 4. √ 5. √

二、多项选择题(共 10 题,每题 1 分,本题 10 分)

1. AD 2. BCD 3. ABCD 4. CD 5. AD 6. B 7. ABD 8. ABCD 9. D 10. D

三、名词解释(共 5 题,每题 4 分,本题 20 分)

1. 黑客:通常是指对计算机科学、编程和设计方面具高度理解的人,但大部分的媒体习惯将"黑客"指作计算机侵入者。

2. 程序:指一组指示计算机执行动作或做出判断的指令,通常用某种程序设计语言编写,运行于某一计算机系统上。

3. 加密:是以某种特殊的算法改变原有的信息数据,使得未授权的用户即使获得了已加密的信息,但因不知解密的方法,仍然无法了解信息的内容。

4. 计算机网络:指将地理位置不同的具有独立功能的多台计算机及其外部设备,通过通信线路连接起来,在网络操作系统、网络管理软件及网络通信协议的管理和协调下,实现资源共享和信息传递的计算机系统。

四、简答题(每题 10 分,共 30 分)

1. 计算机系统面临的安全威胁主要是什么?

计算机病毒;内部用户非恶意或恶意的非法操作;网络外部的黑客。

2. 简单介绍计算机硬件系统组成。

计算机硬件系统通常由输入设备、输出设备、存储器、运算器和控制器 5 个部分组成。

3. PowerPoint 软件的主要功能是什么?

PowerPoint 是一个专门编制电子文稿的软件,由它制作的电子文稿,其核心是一套可以在计算机屏幕上演示的幻灯片。

五、论述题(每题 15 分,共 30 分)

1. 计算机犯罪的危害主要是什么?

计算机网络犯罪对其系统及信息安全构成严重的危害。因为计算机网络等技术所构建的信息社会区别于工业社会的重要特征就在于信息的生产和使用在社会生活中起着关键的作用,由于网络的广泛应用,社会各领域更依赖于信息,破坏社会信息安全将导致整个社会正常秩序的被破坏。表现为对自然人的威胁、对企业的威胁和对国家的威胁。

2. 技术不是万能的,法律也有漏洞,管理不可能天衣无缝。未来你可能接触到重要部门的核心经济数据,不仅可以浏览,还可以修改,而且可以从中获得巨大的利益。(请从职业道德、法律和技术 3 个方面论述你对这个问题的看法。)

略。

参 考 文 献

[1] 张凯.计算机导论[M].北京：清华大学出版社,2012.

[2] 张凯.物联网导论[M].北京：清华大学出版社,2012.

[3] 张凯.物联网安全教程[M].北京：清华大学出版社,2014.

[4] 张凯.计算机科学技术前沿技术[M].北京：清华大学出版社,2010.

[5] 邓萍丽,朱斌红,唐春燕,等.信息安全威胁及安全防范策略综述[J].电子产品可靠性与环境试验,
2014,32(02)：60-64.

[6] 宋向瑛.信息安全综述[J].电脑知识与技术,2006(17)：67-69.

[7] 马红丽.保护网络安全 各国争相出招[J].中国信息界,2016(1)：82-85.

[8] 李欲晓,谢永江.世界各国网络安全战略分析与启示[J].网络与信息安全学报,2016,2(01)：1-5.

[9] 周亮.各国网络安全战略之争议[J].电力信息化,2013,11(1)：9-11.

[10] 林国勇.大数据时代面临的信息安全机遇与挑战[J].信息化建设,2016(1)：19-20.

[11] 陈左宁,王广益,胡苏太,等.大数据安全与自主可控[J].科学通报,2015,60(增刊)：427-432.

[12] 靖鸣,娄翠.人工智能技术在新闻传播中伦理失范的思考[J].出版广角,2018(1)：9-13.

[13] 钟全德.浅谈企业数据安全风险分析及保护[J].电脑知识与技术,2017,13(32)：58-60＋73.

[14] 杨卓越.人工智能在金融领域的应用现状及安全风险分析[J].金融经济,2017(2)：147-148.

图 书 资 源 支 持

感谢您一直以来对清华版图书的支持和爱护。为了配合本书的使用，本书提供配套的资源，有需求的读者请扫描下方的"书圈"微信公众号二维码，在图书专区下载，也可以拨打电话或发送电子邮件咨询。

如果您在使用本书的过程中遇到了什么问题，或者有相关图书出版计划，也请您发邮件告诉我们，以便我们更好地为您服务。

我们的联系方式：

地　　址：北京海淀区双清路学研大厦 A 座 707

邮　　编：100084

电　　话：010－62770175－4604

资源下载：http://www.tup.com.cn

电子邮件：weijj@tup.tsinghua.edu.cn

QQ：883604(请写明您的单位和姓名)

用微信扫一扫右边的二维码，即可关注清华大学出版社公众号"书圈"。

资源下载、样书申请

书 圈

图书资源支持

感谢您一直以来对清华版图书的支持和爱护。为了配合本书的使用，本书提供配套的资源，有需求的读者可以扫描下方的"书圈"二维码，在最新图书详情页上获取。您也可以扫描下面的二维码或链接清华大学出版社官方网站进行下载。

如果您在使用本书的过程中遇到了什么问题，或者有相关图书出版计划，也请您发邮件告诉我们，以便我们更好地为您服务。

我们的联系方式：

地　　址：北京市海淀区双清路学研大厦A座707

邮　　编：100084

电　　话：010-62770175-4604

网　　址：http://www.tup.com.cn

电子邮件：weijj@tup.tsinghua.edu.cn

QQ：883604（请写明您的单位和姓名）

书圈

用微信扫一扫下面的二维码，即可关注清华大学出版社公众号"书圈"。